陈霖 / 编著

数字叙事十讲

数字传媒研究前沿丛书

Digital Media Research Frontier Series

 苏州大学出版社
Soochow University Press

图书在版编目(CIP)数据

数字叙事十讲/陈霖编著. --苏州：苏州大学出版社，2023.8
(数字传媒研究前沿丛书)
ISBN 978-7-5672-4434-4

Ⅰ.①数… Ⅱ.①陈… Ⅲ.①数字技术-传播媒介-叙述学-研究 Ⅳ.①G206.2

中国国家版本馆CIP数据核字(2023)第149653号

书　　名：数字叙事十讲
SHUZI XÜSHI SHIJIANG

编　　著：陈　霖
责任编辑：刘荣珍
装帧设计：吴　钰

出版发行：苏州大学出版社(Soochow University Press)
社　　址：苏州市十梓街1号　邮编：215006
印　　装：苏州市深广印刷有限公司
网　　址：www.sudapress.com
邮　　箱：sdcbs@suda.edu.cn
邮购热线：0512-67480030
销售热线：0512-67481020

开　本：787 mm×1 092 mm　1/16　印张：13.5　字数：288千
版　次：2023年8月第1版
印　次：2023年8月第1次印刷
书　号：ISBN 978-7-5672-4434-4
定　价：55.00元

凡购本社图书发现印装错误，请与本社联系调换。服务热线：0512-67481020

陈 霖

陈霖,安徽宣城人,苏州大学传媒学院教授,博士生导师,中国高等院校影视学会媒介文化专业委员会理事,江苏省学校美育教学指导委员会委员,苏州市文艺评论家协会副主席。主要研究领域为媒介文化与艺术传播、文学与文化批评等。主持国家社科基金项目"交往理论视阈下的城市公共艺术传播研究",担任国家社科重大项目"网络亚文化传播机制与引导研究"子项目负责人、教育部人文社会科学重点研究基地重大项目"数字城市共同体研究:媒介视角下的新都市文明"子项目负责人。著有《生命的摆渡:中国当代作家访谈录》《文学空间的裂变与转型:大众传播与20世纪90年代中国大陆文学》《事实的魔方:新叙事学视野下的新闻文本》《迷族:被神召唤的尘粒》《粉丝媒体:越界与展演的空间》《因疏离而贴近:跨世纪文学的个人印象》等。

内容简介

本书是为新闻传播学硕士研究生教学而编写的教材,旨在系统介绍数字叙事研究的基本概念、知识体系和研究现状。全书贯穿了从经典叙事学到数字叙事研究的理论演变脉络,并充分结合传播和媒介研究,对数字叙事、数字叙事主体、数字叙事时空、数字叙事视角、数字叙事声音、数字叙事结构等,在厘清其基本概念的基础上,吸纳并融汇叙事研究和媒介研究的最新成果,选取丰富多样的案例展开具体分析和阐述。全书勾勒了数字叙事研究的广阔空间,有助于学习者了解这一领域,进入研究前沿。除硕士研究生以外,对数字叙事领域有兴趣的研究者,也可以利用其中的相关理论资源,获得研究方法、研究问题和研究方向等方面的启示。

前 言
PREFACE

叙事是人类特有的交流活动，对叙事的研究古已有之，历史漫长，但将叙事学作为一个专门的学科领域却不过六七十年。然而，即便是在这短短的几十年里，叙事学也经历了从勃兴到衰落复又新生的过程。在这样的潮起潮落中，数字叙事及其研究逐渐从深水浮出地表。

20世纪60年代，在结构主义叙事学兴盛之际，在以计算机科学为动力、以"控制论"思想为导引的数字文化先声中，就已经出现对叙事问题的关切。至20世纪90年代，随着计算机和互联网的普及，数字技术广泛进入各种领域，深入日常生活，叙事活动的活力被激发，产生出无数新的叙事形态：从在线写作到网络游戏，从数字光盘到电子邮件……这时，数字叙事研究以"超文本"概念为核心，伴随计算机科学步入了人文学科的殿堂，呈现出一派生机和活力。当Web 2.0、智媒、媒介融合、移动互联、5G等概念接踵而至时，我们已然身处数字时代，数字技术不仅构筑了我们生活的基础环境，还成为大众实现视听阅览、书写表达的基本条件。网络游戏、虚拟现实、媒介互动、媒介沉浸、媒介参与，直到"元宇宙"，等等，无不与数字叙事相关。与此相应，进入21世纪以后，数字叙事研究在与各种叙事研究及其他学科研究的连接、对话和互相渗透中，开疆拓土，成果丰硕，成为我们理解数字时代文化的一种重要的学术思想资源。

数字叙事在两个方面与新闻传播学的关联尤为密切：一是叙事作为人类的交流实践亘古未变，二是媒介技术的不断演变而且演变速度越来越快。在这变与不变之间，潜藏着人类交往的无数故事和秘密，蕴含着媒介传播在社会、技术和审美之间的调节中形成的丰富而深刻的内涵。因此，要站在数字时代新闻传播学科的前沿，就不能忽视数字叙事及其研究。但是，在新闻传播学科中，至今鲜有系统介绍数字叙事研究的教材。12年前我与陈一教授合著的《事实的魔方：新叙事学视野下的新闻文本》一书问世之后，我将原来面向硕士研究生开设的"新闻叙事研究"课程的名称改为"媒介叙事研究"，侧重于从媒介角度探讨叙事问题，如此一来，自然少不了对数字媒介技术与叙事的关系以及这方面研究的关注，也就有了点滴积累。于是，当陈龙教授发起这套"数字传媒研究前沿丛书"的动议时，我便不揣冒昧，主动请缨编写这本《数字叙事十讲》，希望为介绍这一蓬勃发展的学科领域的前沿状况尽绵薄之力。为此，我确立了编写的指导思想：以对国内外现有相关研究的引述和介绍为主，通过对具有影响力、启示性的理论观点和研究发现的整理，建构起一个有关数字叙事研究的知识网络，为学生在这方面的自主学习铺路搭桥，提供线索。

根据这一指导思想，本教材主要着眼于数字叙事研究与经典叙事研究，以及与后经典（后现代）叙事研究之间的关系。首先，从核心概念"叙事"与"数字叙事"入手，引入叙事学研究的脉络，并将其作为贯穿全书的线索；其次，从数字叙事文本、数字叙事主体、数字叙事的媒介思维等基本层面展开阐述；再次，对数字互动叙事、数字叙事时空、数字叙事视角、数字叙事声音、数字叙事结构等具体数字叙事问题的研究加以评述；最后，将数字叙事置于数字文化视野中加以考察，为前述具体问题提供一个更宏观、更具本土性的理解背景，同时也试图由此为数字叙事研究作为方法提示一点方向。本书十讲的具体内容即按这一思路进行安排。

这样的安排，如果说有什么特点的话，可能显示了如下方面的努力：其一，厘清学理脉络。数字叙事无论是作为媒介实践，还是作为研究对象，都不是从天而降的，而是其来有自。因此，对于数字叙事分析和研究的一些关键概念，本书均追溯到经典叙事学的源头，并描述其或不变、或转变、或转化的情况。其二，在案例或现象的选择方面，除了注重典型性之外，还特别强调数字叙事本身的跨界特性，而不局限于单一的领域，所以，艺术、新闻、游戏、影视、文学、日常生活中的数字叙事，都会出现在阐述和分析的视野之中，并且对此前叙事研究中相对被忽略的艺术叙事有意识地加以凸显。其三，突出传播学的学科特点，充分关注媒介（技术）在数字叙事中的作用，将媒介（技术）研究的相关最新成果运用于数字叙事的分析和研究中。实际上，叙事分析也让我们可以更好地理解数字媒介。因此，这不只是为了体现传播学与叙事学的学科交叉，更是为了揭示二者之间的"通感"与"共情"。

本书能够完成，首先要感谢参与写作的我的学生们。我拟出全书思路和编写提纲之后，2020级硕士研究生孔一诺、陆佳欢、任雨寒，2021级硕士研究生何青颖、郭炅煜、熊沁琬、汤斯燚、胡逸凡、郑佳帮助查找了相关资料。孔一诺完成了第三讲的初稿，任雨寒完成了第五讲第三节的初稿，汤斯燚完成了第四讲的初稿，熊沁琬完成了第二讲的初稿，何青颖完成了第九讲第三节的初稿。2019级硕士研究生曹瑞寒（现为华中科技大学新闻传播学院在读博士研究生）完成了第十讲的初稿。郭炅煜提供了书中有关游戏的部分案例资料。2019级本科生李若溪为我提供了第十讲中有关Unheard案例的资料。

2018级硕士研究生卜阳芳、2019级硕士研究生郑欣的毕业论文，部分被改编后分别作为第九讲第二节和第六讲第三节的内容。全书最后由我改定和统稿。

写作本书的主体部分时，正值苏州和上海先后遭遇疫情，继而又是漫长的酷暑，多亏我的妻子齐红在生活上和精神上给予我照顾和支持，使我能够克服诸多影响而专注于此项工作。在本书编写过程中，纪录片导演黎小锋教授，电影编剧陈骥，我的同事杜丹副教授，2016级本科生、现在新加坡南洋理工大学黄金辉传播与信息学院攻读博士学位的陈炳宇，都带给我思想的启发，他们的经验分享和支持，让我每每想起，心中都充满美好和感念。

对我来说，编写本书是一次艰难的尝试，错误和粗陋之处在所难免，引用和评述也存在未尽妥帖之处，希望得到方家的批评指正。

本书能够顺利完成，还要特别感谢丛书主编陈龙教授的信任，感谢张可副教授的关心，感谢丛书策划和出版负责人的鼓励，感谢责任编辑为此书付出的辛劳。

2022年国庆于姑苏里河

目 录

第一讲　叙事·叙事学·数字叙事　/ 1
　　一、何谓叙事　/ 3
　　二、叙事学：从单数到复数　/ 8
　　三、数字叙事　/ 12
　　本讲小结　/ 16
　　延伸阅读书目　/ 16
　　思考题　/ 17

第二讲　数字叙事文本　/ 19
　　一、叙事文本　/ 21
　　二、超文本和赛博文本　/ 25
　　三、副文本叙事　/ 30
　　本讲小结　/ 35
　　延伸阅读书目　/ 35
　　思考题　/ 36

第三讲　数字叙事主体　/ 37
　　一、经典叙事学中的叙事主体　/ 39
　　二、叙事主体的"分身"　/ 42
　　三、数字叙事主体的复合性　/ 48
　　本讲小结　/ 52
　　延伸阅读书目　/ 53
　　思考题　/ 53

第四讲　数字叙事的媒介思维　/ 55
　　一、叙事，作为一种媒介实践　/ 57

二、数字媒介的叙事可供性 / 61
三、跨媒介叙事 / 66
本讲小结 / 70
延伸阅读书目 / 71
思考题 / 71

第五讲 数字互动叙事 / 73

一、互动与叙事的关系 / 76
二、虚拟现实与互动叙事 / 79
三、互动叙事的参与者行为 / 84
本讲小结 / 90
延伸阅读书目 / 91
思考题 / 91

第六讲 数字叙事时空 / 93

一、非线性叙事 / 96
二、模块化叙事 / 101
三、屏幕叙事 / 105
本讲小结 / 113
延伸阅读书目 / 113
思考题 / 114

第七讲 数字叙事视角 / 115

一、叙事视角决定呈现 / 117
二、叙事视角建构观看 / 121
三、数字叙事视角：叠合与沉浸 / 125
本讲小结 / 131
延伸阅读书目 / 131
思考题 / 131

第八讲 数字叙事声音 / 133

一、叙事声音：作为叙事文本分析的概念 / 136
二、声音作为叙事的媒介 / 141
三、数字艺术的声音叙事 / 145
本讲小结 / 149

延伸阅读书目 / 149
　　思考题 / 150

第九讲　数字叙事结构 / 151
　　一、功能与原型 / 153
　　二、叙事结构分析作为方法 / 157
　　三、继承与变革：数字叙事的结构分析 / 163
　　本讲小结 / 170
　　延伸阅读书目 / 171
　　思考题 / 171

第十讲　数字文化视野下的数字叙事 / 173
　　一、数字叙事的视觉化 / 175
　　二、数字叙事与参与式文化 / 181
　　三、数字叙事的社区化 / 189
　　本讲小结 / 193
　　延伸阅读书目 / 193
　　思考题 / 193

参考文献 / 194

第一讲

叙事·叙事学·数字叙事

叙事，是人类特有的活动，普遍存在于人类生活之中。这一点，没有谁比罗兰·巴特说得更清楚了，他在《叙事作品结构分析导论》中写道：

> 世界上叙事作品之多，不计其数；种类浩繁，题材各异。对人类来说，似乎任何材料都适宜于叙事：叙事承载物可以是口头或书面的有声语言，是固定的或活动的画面，是手势，以及所有这些材料的有机混合；叙事遍布于神话、传说、寓言、民间故事、小说、史诗、历史、悲剧、正剧、喜剧、哑剧、绘画（请想一想卡帕齐奥的《圣于絮尔》那幅画）、彩绘玻璃窗、电影、连环画、社会杂闻、会话。而且，以这些几乎无限的形式出现的叙事遍存于一切时代、一切地方、一切社会。叙事是与人类历史本身共同产生的；任何地方都不存在，也从来不曾存在过没有叙事的民族；所有阶级、所有人类集团，都有自己的叙事作品，而且这些叙事作品经常为具有不同的，乃至对立的文化素养的人所共同享受。所以，叙事作品不分高尚和低劣文学，它超越国度、超越历史、超越文化，犹如生命那样永存着。①

罗兰·巴特的这番话表明，叙事内容和形式多种多样，媒介和载体不一而足，超越阶级、种族，超越国家、文化和历史。这里还想特别补充的是，叙事也是很日常的，我们每天都或多或少地要亲身经历叙事。当你还是个孩子的时候，或许总喜欢在睡觉前缠着父母讲故事；当你从外地回来，总是要告诉家人旅途中的所见所闻；你会被抖音上一个真实或者虚构的故事吸引；你会在微博上了解俄罗斯与乌克兰最近的一场战斗；你会"追剧"或者听一个男生讲述他追一个女生的经历；你会向好友倾诉最近的糟心事儿……这都是在与叙事打交道。叙事，就是如此这般日常，我们的日常就是如此这般充满了叙事。

叙事如此普遍，如此繁多，又如此日常，究竟如何界定它？如何研究它？它在数字时代又有怎样的新面目？在展开阐述具体数字叙事的相关方面之前，有必要对这三个问题做一番简要的介绍。

一、何谓叙事

什么是叙事？通常而言，我们会不假思索地回答，叙事就是讲故事，就是被讲述出来的故事。这是不错的。如果仔细推敲，这里包含了两层意思：一层是讲述的行为，另

---

① 张寅德. 叙述学研究 [M]. 北京：中国社会科学出版社，1989：2.

一层是讲述的结果。因此，当我们使用叙事这个词的时候，要根据具体的语境确定到底是指讲述的结果，还是指讲述的行为。比如，当我们说"这是当代版的灰姑娘叙事"时，那就是指前者；而当我们说"这部小说叙事策略高明，手法多样"时，显然是指后者。基于这两层意思，叙事学里将故事和话语做了区分，表明一则故事经过讲述成为一个叙事。这时候我们再问"什么是叙事"这个问题时，就可分解为什么是故事，以及什么是讲述故事的话语。也就是说，着眼于故事，并同时考虑对故事的讲述。

孩提时代，我们或许都有这样一种经历，那就是听故事时总是追问："后来呢？""再后来呢？"我们都渴望听到一个有头有尾的故事。在这个意义上，叙事是对一个事件在时间上展开的序列的呈现。叙事学家杰拉德·普林斯这样定义叙事："叙事是对于时间序列中至少两个真实或虚构的事件与状态的讲述，其中任何一个都不预设或包含另一个。"[①] 这个定义对我们判断一个陈述是不是叙事很有帮助，尤其是它界定了叙事中的事件的特征。

但是我们还需要进一步考虑：当我们说这是一个叙事时，究竟意味着什么？我们可以稍稍追溯一下叙事一词的源头。对最早将叙事作为研究对象的法国学者而言，叙事这个词源自拉丁文 narratus，意思是"使人明白"。也就是说，叙事不仅是表达，而且是沟通和交流，意在让人明白一件事情。换句话说，一件事通过讲述而让人理解。因此，可以说，这侧重于从功能的角度来看叙事。

就汉语而言，叙事这个词强调的是事件按照一定的顺序来讲述，"叙"偏重的是行为的策略。杨义在《中国叙事学》中援引了《周礼·春官宗伯·典命/职丧》中的"职丧掌诸侯之丧，及卿、大夫、士凡有爵者之丧，以国之丧礼莅其禁令，序其事"，以及《周礼·春官宗伯·大司乐/小师》中的"凡乐，掌其序事，治其乐政"等记载。唐代贾公彦疏："掌其叙事者，谓陈列乐器及作之次第，皆序之，使不错谬"，可见"序"有时间和空间的安排之意。这里的"序"通"叙"，"序"字从"广"，而"广，因厂（山石之崖岩）为屋也"。"序"也指隔开正堂东西夹室的墙，"序"本义更偏重空间的安排。作为一种文类，"叙事"一词出现于唐代刘知几的《史通》之中。《史通》特设"叙事"篇，探讨史书的编写方法，认为"国史之美者，以叙事为工"。杨义围绕"叙"之策略、法则对古代文献进行的梳理和阐述，都明确了"叙"作为策略的意涵。[②]

通过上述词源追溯，我们可以看到，中西方的叙事在本义上可以构成功能和策略的互补，这一互补结合杰拉德·普林斯的定义，让我们能够更完整地理解叙事的含义。除了从事件本身、功能和策略这些层面阐述叙事的含义之外，还可以从其他方面把握叙事的内涵。美国叙事学家西摩·查特曼说得很明白："结构主义理论认为每一个叙事都有两个组成部分：一是故事（story, histoire），即内容或事件（行动、事故）的链条，外

[①] 杰拉德·普林斯. 叙事学：叙事的形式与功能 [M]. 徐强，译. 北京：中国人民大学出版社，2013：4.
[②] 杨义. 中国叙事学 [M]. 北京：人民出版社，1997：10-13.

加所谓实存（人物、背景的各组件）；二是话语（discourse，discours），也就是表达，是内容被传达所经由的方式。通俗地说，故事即被描述的叙事中的是什么（what），而话语是其中的如何（how）。"①

热拉尔·热奈特是经典叙事学创始人之一，他指出叙事有三层含义：第一层含义，叙事是指叙述性陈述，即承担叙述一个或一系列事件的口头或书面的话语；第二层含义为叙事分析家和理论家所常用，是指作为话语对象的、真实或虚构的接连发生的事件，以及事件之间连贯、反衬、重复等不同关系；第三层含义，叙事还是指一个事件，但不是人们讲述的事件，而是某人讲述某事的事件。热奈特建议将叙述的对象及内容称作故事，将话语或叙述文本称作本义上的叙事，将叙述的行为称作叙述。由此，他进一步从研究的角度指出，狭义的叙事就是叙述话语，"唯独叙述话语这一层可直接进行文本分析"，"故事和叙述只通过叙事存在"。② 这里我们可以看到，热奈特对叙事的界定倾向于可把握、可分析的叙事形态，即文本的存在。并且从实际上看，虽然他指出叙事话语包括口头或书面的话语，但纯粹口头的叙事基本没法进入分析的视野。对口头叙事的重视成为后来的认知叙事学的一个重要特点，这一理论的代表人物莫妮卡·弗鲁德尼克提出的"自然叙事"概念，就从口头叙事（作品）中获得了相当的动力。③

强调叙事文本作为可把握、可分析的对象，明确经典叙事学自身的研究对象，有着重要的意义，这一点我们将在下一讲中充分展开论述。现在我们要讲的是，对叙事文本的强调，忽略了叙事作为一种可能的存在，这在后来的叙事研究中被视为一种缺憾，并有不少研究者努力对此缺憾加以弥补。譬如，杰拉德·普林斯就指出，叙事学研究的主体"不仅由实存的叙事构成，而且由一切可能的叙事构成"④。对"可能性"的关注，实际上关系到读者对叙事的认知和体验，而大部分研究者在谈论何为叙事的时候，很少考虑读者的存在，直到认知叙事学的出现才改变了这一局面。莫妮卡·弗鲁德尼克在对叙事进行定义时指出："叙事是在语言或视觉媒介中对一个可能的世界的表述，其中心是一个或几个具有拟人化性质的主角……叙事所关注的正是对这些主人公的体验让读者沉浸在不同的世界和主人公的生活中……文本在阅读中被作为叙事（或像在戏剧或电影中被'体验'为叙事），因此而体现了其叙事性。"⑤ 也就是说，读者的体验决定了文本作为叙事而存在。如有的学者所评述的那样："弗鲁德尼克不再认为叙事乃完全基于故事/话语之分，而是转而去强调体验性之重要，以及读者在对文本进行叙事化建构时所

---

① 西摩·查特曼. 故事与话语：小说和电影的叙事结构 [M]. 徐强，译. 北京：中国人民大学出版社，2013：5-6.
② 热拉尔·热奈特. 叙事话语 新叙事话语 [M]. 王文融，译. 北京：中国社会科学出版社，1990：6-9.
③ 张万敏. 认知叙事学研究：以鲍特鲁西和迪克森的"心理叙事学"为例 [M]. 北京：中国社会科学出版社，2012：17.
④ 杰拉德·普林斯. 叙事学：叙事的形式与功能 [M]. 徐强，译. 北京：中国人民大学出版社，2013：5.
⑤ Fludernik M. An Introduction to Narratology [M]. London：Routledge，2009：6.

发挥的积极作用。"①

强调读者的体验和建构，大大拓展了叙事概念。一方面，它释放了潜在叙事的能量；另一方面，它将叙事的研究从近乎标准化了的小说叙事中解放出来。譬如，对一首抒情诗歌也可以进行叙事分析。我们来看韩东的《叉鱼的孩子》这首诗：

  一个孩子去河边叉鱼
  落水淹死了，
  村上的人从灶上拔起大铁锅
  倒扣在地上，把孩子放上去吐水。

  铁锅被放回灶上
  孩子归于尘土。
  只有那支鱼叉斜斜地插在河面上
  经过了一个夏天。

  秋天它仍然在那里
  冬天开始的时候它仍然在。终于
  像一根冻脆的芦苇折断在冰面上
  叉鱼的孩子真的离开了。②

这首诗讲述一个孩子在叉鱼的时候落水而死，村里人用土法抢救的故事。倒扣铁锅，让孩子吐水，但孩子最终死去，即是简洁明了的叙事。接下来，"只有那支鱼叉斜斜地插在河面上"，经过夏天、秋天，直到冬天，终于"像一根冻脆的芦苇折断在冰面上"，也是在叙事。只要我们稍加留意：是谁注意到只有那鱼叉斜斜地插在河面上，并一直在关注着它呢？一个观察者的眼睛和心灵便由此浮现出来。一个潜在的叙事也就此浮现：这个观察者一直不愿接受叉鱼的孩子落水而死的事实。持久的注视是漫长的送别，直到"叉鱼的孩子真的离开了"，绝望的叹息声里依然伴随着注视的目光。这一潜在的叙事是需要读者心理参与并调动自身的经验才能建构起来的；或者说，它是在用表述的文本向读者发出邀请、对读者进行激励的情况下建构起来的。这潜在的叙事一旦被建构，这首诗的抒情特质也就得到更好的呈露：死亡延展的过程，便是生者与死者的对话，生者对死者的追思；在鱼叉和芦苇的意象中叠映着孩子的形象，死亡的意味转化为物象的延展，生命及与生命相连的一切可能被寄托于那支曾经与他联系如此紧密的鱼叉

---

① 罗伯特·斯科尔斯，詹姆斯·费伦，罗伯特·凯洛格. 叙事的本质[M]. 于雷，译. 南京：南京大学出版社，2015：305.
② 韩东. 奇迹[M]. 南京：江苏凤凰文艺出版社，2021：85.

上，对抗残忍的现实与流逝的时间。

但是，读者建构的叙事、潜在的叙事与叙述者的叙事，这些叙事之间有什么共同性呢？这样的问题实际上将我们从对叙事的关注引向对叙事性的关注。

杰拉德·普林斯就在其专著中辟出一章来讨论叙事性，并将其阐述为一个相比较而言程度差异的问题："某些叙事的叙事性比另一些的大，可以说它'讲了个更好的故事'。"① 由此，普林斯指出叙事性的强弱取决于诸如以下方面的因素：一个段落忠实于被叙、表现出的时间序列的情况；一个事件被单独描述的详略情况；事件被描述的连续性、完整性情况；对表现的变化富有意义关联的情况；叙述定向以及叙事要点的有无，等等。② 可以看出，普林斯对叙事性的阐述淡化了区别叙事与非叙事的这一本质主义思维方式，而代之以"相对主义"的思维方式，其在根本上着眼于叙事文本的制作，以叙述者为中心。

普林斯这样的阐述不能令后来的研究者满意。修辞叙事学的代表人物詹姆斯·费伦认为，叙事性是"一个双重层面的现象"：既涉及人物、事件讲述行为的动力，也涉及读者反应的动力。就第一个层面而言，从叙事定义中的"某人讲述……发生的事件"可以发现，叙事涉及对一系列事件的报道，在此过程中，人物及其情境经历了一些变化。这些变化主要涉及人物与人物之间不稳定性因素的引入、复杂化问题的部分或完全解决等。伴随这些不稳定因素的动力，是讲述行为中的张力，即作者、叙述者、读者之间的不稳定关系。就第二个层面，即读者反应的动力而言，叙事性激发读者做出两种反应：观察和判断。读者作为观察者的角色，使他们作为判断者的角色成为可能。正如事件存在进程一样，读者对事件的反应也有一定的进程，进程存在于观察和判断的相互关系之中。从这个意义上说，叙事性涉及两种相互交织的变化：人物经历的变化，以及读者对人物的变化所做出的反应的变化。③ 对叙事性的如此阐述，也揭示了叙事的建构性：叙事是读者进入叙事文本的进程与讲述行为展开互动的结果，是读者与文本和叙述者交流的结果。我们将看到，对叙事和叙事性的这种思考方式，逐渐取代结构主义叙事理论的思考方式，在数字叙事的研究中得到进一步发扬光大。其中，代表性人物就是玛丽-劳尔·瑞安。

劳尔·瑞安在讨论叙事概念时，沿用故事与话语的二分，着重从对故事的理解方面阐明叙事性。她认为"故事乃一心理意象、一个认知建构"，叙事性应被"视为一个分级属性，而非将心理表征分成故事与非故事的僵化二元特征"。这种分级由空间维度、

---

① 杰拉德·普林斯. 叙事学：叙事的形式与功能 [M]. 徐强，译. 北京：中国人民大学出版社，2013：143.
② 杰拉德·普林斯. 叙事学：叙事的形式与功能 [M]. 徐强，译. 北京：中国人民大学出版社，2013：144-157.
③ 尚必武. 西方文论关键词：叙事性 [J]. 外国文学，2010 (6)：99-109.

时间维度、心理维度这三个语义维度,以及一个形式与语用维度构成。① 如此,看起来仍然将叙事呈现为一种文本类型,但实际上,文本的范围被拓展了,拓展到生活世界,且读者或者说接受者的作用被强调了。她指出:

> ……生活能够显示出我们可称为"叙事性"的品质。以在听众心理中唤起故事的意图而生产的任何符号客体,都可以断言具有"成为叙事"的属性。确切地说,是接受者对这一意图的认可导致了这一判断:该文本是叙事,虽然我们根本不能肯定发送者和接收者心里具有同样的故事。另一方面,"具有叙事性"意味着能够唤起这么一个脚本,无论是否存在一个文本,倘使有文本,则无论作者是否有意表达一个具体的故事。②

显然,这里关于叙事和叙事性的界定和阐述更具开放性,为数字叙事的研究打开了一扇门,让我们从经典叙事学的精致房间中走出来,步入一个更为开阔的叙事研究的殿堂,连同环绕它、与之相连的回廊和庭院。

二、叙事学:从单数到复数

上一节所述有关叙事和叙事性概念的变迁,与叙事学研究的发展变化密切相关。叙事现象虽然很古老,但叙事学(Narratology)很年轻。叙事学作为一门学科的命名,是由法国语言学家、文艺理论家托多罗夫于 1969 年提出的。他在该年发表的《〈十日谈〉语法》一书中写道:"这部著作属于一门尚未存在的科学,我们暂且将这门科学取名为叙事学,即关于叙事作品的科学。"

当然,在"叙事学"这一命名之前,叙事学的研究就已经开始了。如格雷马斯的神话研究,布雷蒙的民间故事研究,托多罗夫、巴特、热奈特等人的小说研究,都关注叙事的结构问题。1966 年,格雷马斯的《结构语义学》出版;同年,巴黎高等研究实验学校第六部主办的《交际》杂志第 8 期(上)刊载了《符号学研究——叙事作品结构分析》专号。这时候,叙事学作为一个研究领域已然确立,就差一个命名而已。这些研究的共同旨趣在于研究叙事的本质、表现、功能等叙事文本的普遍特征,不管它是用文字、图像还是声音来叙事。当时的研究普遍关注的对象是文学,但是他们不再对文学作品的内容、作家的生平、文学的审美意义和社会效应等问题感兴趣。托多罗夫对《十日谈》的研究表明,叙事学关注的是叙事的"语法",这在很大程度上是因为叙事学的

---

① 玛丽-劳尔·瑞安. 故事的变身 [M]. 张新军,译. 南京:译林出版社,2014:7-8.
② 玛丽-劳尔·瑞安. 故事的变身 [M]. 张新军,译. 南京:译林出版社,2014:10-11.

思想方法来源于结构主义语言学。

结构主义语言学的代表人物是瑞士语言学家费迪南·德·索绪尔,"当代大多数结构主义者的思想都以他的著作为基础"①。索绪尔主张不能把语言(langue/language)和言语(parole/speech)混为一谈,这一区分至关重要。在索绪尔看来,语言是一个整体、一个系统,言语总是个别的,他用这样的公式来表述二者的关系:1+1+1+1……=1。等号左边是言语,右边是这些言语共有的语言,语言学应该研究的是语言。由此,形成了索绪尔语言学的一系列基本观念。语言是一个心理原型,是下意识的、被动的;言语是有意识的、主动的。语言是社会性的,言语是个人性的。语言是一种符号系统,是同质的;言语活动是异质的。语言是一个人为的分类原则,是文化的产物;言语的功能是自然的。从起源上讲,先有个体间的言语活动,再有约定俗成的语言系统。但是,语言的起源并不重要,重要的是语言的原则一旦确立就永远存在,语言比言语重要。语言具有由内力即可恢复的自足的平衡状态,即共时态(synchronic);而时间是造成言语活动变化的因素,形成语言在时间中的不平衡状态,即历时态(diachronic)。语言的要素是符号;语言的意义是符号的所指(signifie/signified),是概念;语言的形象,即它在心理上留下的印象或痕迹,是符号的能指(signifant/signifer)。索绪尔的这些观念表明,在千差万别的言语活动下,有着共同的、稳定的内在结构——语言。索绪尔语言学把语言看作一个整体,主张应从构成某一语言现象的各成分的相互关系中,从语言的内在结构中,而不是从它的历史演变中去考察语言及建基于语言和言语的一系列二元对立的分析框架,这些都是结构主义思想的重要源泉,对叙事学的建立也产生了巨大影响。

对叙事学的建立产生最直接影响的是俄罗斯理论家普罗普所著的《民间故事形态学》。这本书可谓叙事学的发轫之作。普罗普打破了传统的按照人物和主题对童话进行分类的方法,认为故事中的基本单位不是人物而是人物在故事中的"功能",由此从众多的俄罗斯民间故事中分析出31个"功能"。他的观点被人类学家列维-斯特劳斯接受并传到法国,用于研究神话中内在不变的因素结构形式。列维-斯特劳斯试图用语言学模式发现人类思维的基本结构。他认为,人类学家应该走语言学所开创的道路,用结构的观点分析人类社会。他在对南美土著人社会文化的众多不同表现形式进行分析研究后得出结论:人类的社会文化具有千变万化的表现形式,然而这些表现形式并非没有规律可循,也并非无法把握,因为这些表现形式蕴藏着一个符合具体逻辑的体系——不是借助外界的因素,而是从事物现象的内部抽象出事物的结构。他在《结构人类学》中进一步对结构做出了四点说明:第一,结构中任一成分的变化都会引起其他成分的变化;第二,对任一结构来说,都有可能列出同类结构中产生的一系列变化;第三,由结构能够预测出当某一种或几种成分变化时,整体会有什么反应;第四,结构内可观察到的事

---

① 特伦斯·霍克斯. 结构主义和符号学[M]. 瞿铁鹏,译. 上海:上海译文出版社,1987:10.

实，应该是可以在结构内得到解释的。

结构主义作为一种方法论，强调在研究事物时，不应注重因果关系，而应从事物的整体方面，从构成事物整体的内在各要素的关联方面去考察事物和把握事物。瑞士心理学家让·皮亚杰在其《结构主义》一书中概括了结构的三个基本特性：一是整体性，结构整体中的各元素之间存在着有机联系，整体大于部分之和；二是转换功能，即结构内部存在着具有构成作用的规律和法则；三是自我调节功能，在结构执行转换程序时，它有自身的调节机制而不需要求助于结构之外的事物。

经典叙事学是作为结构主义浪潮中的一种研究方法出现的，它与结构主义的密切关系主要体现在如下几个方面：

第一，叙事学在确定研究对象的时候，将叙事作品视为一个内在的实体，一个不受任何外部规定性制约的独立自主的封闭体系。这样形成叙事作品的一切外在的因素——历史的、心理的、文化的，等等，都被叙事学研究排除在外。作者的个人状况、写作的真实意图也被叙事学研究置之度外，人的主体性位置被彻底废黜，取而代之的是叙事作品本身的构成因素和各成分之间的关联表述，如主人公、叙述者、所叙故事、叙事行为、叙事结构、叙事视点、叙事时间等，成为研究的兴趣和着力点所在。结构主义叙事学对文本本身的强调，后来被后结构主义继承，雅克·德里达将其概括为"文本之外空无一物"。

第二，由于叙事学将目光限于文本之内，所以与传统的作品分析相比，其对意义问题的探究不再从文本之外引入意义之源，即意义不是来自现实和有关现实的观念、价值体系，而是来自文本本身，一系列文本策略的运作就是制造意义或者说唤起意义的过程。譬如，德里达分析卢梭的《忏悔录》，表明"它通过文本告诉我们何为文本，它通过文字告诉我们何为文字，它通过卢梭的著作告诉我们让-雅克的愿望"[①]。

第三，叙事学强调对叙事作品的抽象研究。叙事学的研究对象与其说是叙事作品，不如说是叙事作品的规律，是实际作品的抽象，因为它所分析和描述的并不是个别的、具体的叙事作品，而是存在于这些作品之中的抽象的叙述结构。如托多罗夫的《〈十日谈〉语法》一书，只是将薄伽丘的这一作品作为验证的材料，把它看成某些抽象的叙述结构的具体表现，讨论一般的叙述结构，而不是一本书的叙述结构。由此可见，语言学的方法和手段已为叙事学研究所采用。简言之，叙事学就是要研究"叙事语法"，发现和总结文本的"叙事性"。

第四，叙事学努力探寻文本的深层结构，体现了结构主义的原则。对叙事结构的研究和分析是叙事学研究的重要内容，并且它所关注的不是具体的文本的结构，而是能够运用于所有叙事的结构规则。因此，叙事学对结构的分析，常常致力于揭示出不同叙事

---

① 雅克·德里达. 论文字学［M］. 汪堂家，译. 上海：上海译文出版社，1999：235.

文本、不同情节设置下共同的叙事模式。普罗普的俄罗斯民间故事分析、列维-斯特劳斯的神话分析，都为打破情节的线性发展、寻找隐藏在情节下的逻辑结构提供了影响深远的范例。

随着结构主义思潮的式微，以文学叙事为研究对象的经典叙事学也逐渐门庭冷落，但是经典叙事学的概念和方法被广泛运用于文学叙事以外的各个领域。例如，视觉艺术（包括绘画和影视）、传播学、人类学、历史学、心理学、文化学、社会学、法学、伦理学、计算机语言、精神病学等都或多或少地吸取了叙事学的观点和方法，并且与20世纪西方其他的思潮相融合。正如马克·柯里所指出的：1987年之前出版的书籍，书名常用叙事学（Narratology），目录也常常是事件、人物刻画、时间聚焦等。这些书都是抽象的叙事语法，在文体和术语上都效忠于语言学，而且专注的是文学中的叙事。在这之后的叙事研究就更具跨学科的特点，书名也不用"-ology"这个词缀，而比较喜欢用叙事理论（Narrative Theory），甚至叙事性（Narrativity）这样的词，而且往往把叙事问题与特殊人群（如性别、种族、民族）或话语类型联系起来，宣称叙事是一种思维与存在方式，并非只有文学里面才有。① 在此过程中，叙事学丰富了其他学科领域的研究，带来新的发现。譬如，叙事心理学研究者将叙事看作心理学的"根隐喻"，并由此出发，进一步"把叙事视为一种人类行为的组织原则"②；有人用叙事学的方式研究经济学，提出"叙事经济学"，通过经济"叙事图景的极端复杂性"，探究"那些推动经济繁荣与萧条的叙事力量"③。其他学科对叙事学的运用，又反过来推动了叙事学的研究，像认知心理学对叙事研究的关注就催生了认知叙事学。原本单一的叙事学（Narratology）成为复数意义上的叙事学（Narratologies），经典叙事学演化成后经典叙事学或新叙事学，形成了"一种更丰富、更有用、更完整的叙事学"④。

此外，人们越来越多地关注到媒介技术对叙事实践产生的多方面的、深刻的影响。据学者黄鸣奋介绍，从目前已知的情况看，当代电脑文学的最早实验是西奥·卢茨在1959年进行的。他将卡夫卡的小说《城堡》的标题与主词输入数据库，加以编程，使之重组为由语法规则加以黏合的短语，这就是名为"随机文本"（Stochastische Texte）的文本生成器。⑤ 几乎在叙事学产生的同时，以计算机技术为基础、以控制论思想为代表的数字文化便已出现。下一讲我们要介绍的"超文本"概念，就诞生于1965年。在这一时期，约翰·凯奇、阿兰·卡普罗、雷·约翰逊、"激浪派"（Fluxus）的成员和其他参与行为艺术和邮件艺术的人、新现实主义者、伊西多尔·伊苏和其他字母主义运动

---

① 马克·柯里. 后现代叙事理论 [M]. 宁一中, 译. 北京：北京大学出版社, 2003：8.
② 西奥多·R. 萨宾. 叙事心理学：人类行为的故事性 [M]. 何吴明, 舒跃育, 李继波, 译. 北京：北京师范大学出版社, 2020：21.
③ 罗伯特·希勒. 叙事经济学 [M]. 陆殷莉, 译. 北京：中信出版社, 2020：274.
④ 戴卫·赫尔曼. 新叙事学 [M]. 马海良, 译. 北京：北京大学出版社, 2002：4.
⑤ 黄鸣奋. 西方数码诗学六十年 [J]. 国外社会科学, 2010 (5)：108–117.

者、实验文学团体"乌力波",以及动力学和控制论的艺术家和理论家,如罗伊·阿斯科特、大卫·梅达拉、戈登·帕克斯、尼古拉斯·肖弗和汉斯·哈克等所做的工作,反映了一个信息和通信技术及相关概念变得越来越重要的世界。其工作包括探索交互性、多媒体、网络、电信、信息和抽象的问题,以及组合和生成技术的使用;在这个世界,交互性、反馈、生物体与环境的关系及信息的传输和接收等问题是最重要的。① 这样的文学艺术实验,对印刷文化的产物——小说叙事势必产生冲击,早期叙事学家们建立的叙事分析规范也就无法适应新的实验文本并对其进行系统的阐释,譬如深受"乌力波"影响的伊塔洛·卡尔维诺,以塔罗牌游戏的方式展开叙事的《命运交叉的城堡》、采用碎片拼凑为整体方式写成的《看不见的城市》等,都预示了数字叙事的兴起及相应理论研究的展开。

三、数字叙事

如上所述,经典叙事理论出现时,数字叙事已经诞生。正如丹尼尔·潘代所指出的,现代叙事理论是在数字叙事出现的同时发展起来的,这两个看似不同的领域都有着思考故事和意义的本质的目标。至少从 1960 年开始,叙事理论家和计算机程序员和设计师就在研究一些关于代理、事件和情节的相同问题。叙事理论家和计算机程序员以不同的方式来回答这些问题——前者通过提供理论模式来解释其他人创造的一系列叙事,后者则通过创造能够在用户中诱发某种叙事感觉的程序来回答这些问题。②

那么,什么是数字叙事?对此,目前尚无权威的定义,其通常被用来指涉一个较为宽泛的领域。所见最多的是"数字故事讲述"(Digital Storytelling, DS)和"互动数字叙事"(Interactive Digital Narrative, IDN)。维基百科将 Digital Narrative 归于 Digital Storytelling 之下,定义为"数字叙事是一种简短的数字媒介生产形式,它允许普通人分享其生活故事的方方面面"③。《数字游戏和娱乐技术指南》(*Handbook of Digital Games and Entertainment Technologies*)一书中,在涉及 iTV 时这样解释"互动数字叙事":"一方面,互动数字叙事承诺了互动者们的惊喜体验:进入故事世界,影响故事,甚至控制故事结果,并在此过程中获得自我认知的改善;另一方面,这种新媒介改变了作者的角

---

① Gere C. Digital Culture [M]. 2nd ed. London: Reaktion Books, 2009: 79 – 81.
② Punday D. Playing at Narratology: Digital Media as Narrative Theory [M]. Columbus: The Ohio State University Press, 2019: 9 – 10.
③ Digital Storytelling [EB/OL]. (2018-02-13) [2022-10-06]. https://en.m.wikipedia.org/wiki/Digital_storytelling.

色，并需要作者面对大量的技术、观念和制度的挑战。"① 国外有学者以 Web 2.0 这一概念出现的 2004 年为分界点，将数字叙事的发展历程分为两个阶段：第一个阶段是基于浏览器的数字叙事，代表形式是超文本小说（Hypertext Fiction，HF）、多用户地牢游戏（Multi-User Dungeon，MUD）、面向对象的多用户游戏（MUD Object-Oriented Games，MOOGs）、以互动小说（Interactive Fiction，IF）形式出现的数字游戏、以邮件或论坛帖子形式传播的都市传奇和民俗故事。第二个阶段是微内容、社交元素和新型平台，形式涵盖脸书（Facebook）、推特（Twitter）等社交网站内容，以及以休闲游戏、大型游戏、严肃游戏和虚拟世界为代表的数字游戏。②

新技术催生了新的叙事形式，丰富了叙事学研究的对象，所有的数字艺术创作、传播和消费过程，都可能以数字文本的形式被把握。基于数字技术的影像、游戏、装置、行为、戏剧、雕塑等，无不进入叙事研究视野。面对这些新涌现的叙事形式，经典叙事理论的一些观念就显得有些过时。具体而言，数字叙事呈现出过程性、生成性、开放性的特点，而不再是封闭的文本结构；单一的叙述语言主体为混合的叙事主体所取代；读者的概念为用户的概念所取代，并由被动到主动，更多地呈现出叙事的参与性、互动性、沉浸性；叙事作为媒介实践从口语和书面语的形式拓展为编程、数据库、社交媒体、人工智能（AI）、虚拟现实（VR）等技术的广泛使用和渗透；原来分属于不同领域的叙事开始跨越各自的边界，在杂合中创新……乔治·兰道当年谈论超文本时所说的，依然适用于今天的数字叙事新格局。他说："陌生性、新颖性和差异性允许我们，无论多么短暂和多么无效，偏离我们文化中关于阅读、写作和创造力的许多假设的中心"，是"写作的最新延伸"；超文本"提出了许多关于文化、权力和个人的问题。"③ 丰富的数字叙事形态及其蕴含的新的特质，形成了一种文化冲击力，呼唤着新的研究方式和阐释方式。

基于数字技术的发展轨迹对数字叙事进行描述，在对数字叙事的阐释和研究中是一种普遍的思路。珍妮特·默里在 1992 年版的《全息甲板上的哈姆雷特》中指出，新传播媒介的技术培育了新的叙事形式，从射击类电子游戏和互联网角色扮演游戏的虚拟地牢到后现代文学的超文本等，有希望成为新的表达媒介。到了 2017 年的更新版中，她又指出，社交媒体和媒体共享网站，如 Facebook、Twitter、YouTube 和 Tumblr，为聚合较短的片段和来自多个作者的片段形成共享叙事结构提供了框架；博客软件使网络日记和视频博客成为广泛可用的既定叙事形式，而无处不在的监控摄像机已成为电影、电视

---

① Nakatsu R, Rauterberg M, Ciancarini P. Handbook of Digital Games and Entertainment Technologies ［M］. Singapore: Springer Singapore, 2017: 1098.
② 徐丽芳, 曾李. 数字叙事与互动数字叙事 ［J］. 出版科学. 2016 (3): 96 – 101.
③ Landow G P. Hypertext: The Convergence of Contemporary Critical Theory and Technology ［M］. Baltimore & London: The Johns Hopkins University Press, 1991: 203.

节目和游戏叙事的比喻。① 她以《星际迷航》为研究对象提出的"全息甲板"模式，更是基于数字技术对未来叙事的想象。"全息甲板"是一个由数字生成的三维虚拟仿真世界，读者被邀请进入这个世界，担当一个角色，通过语言和手势同与电脑合成的代理人进行互动，形成数字科技支持下的叙事经验的新模式。这一模式对后来的数字叙事研究产生了深远的影响。

按照美国学者亨利·詹金斯的说法，数字叙事可以包括几乎所有的电视节目、电影或音频，也可以涵盖除了通过联网计算机外其他媒介都无法呈现的叙事。他提出三种数字叙事的模式：第一种是多媒体（Multimedia）叙事，指在同一个平台中集合了一组相关内容，这些内容会同时利用文本、视频、音频、交互式媒体或静态图像来产生某种集成体验；第二种是跨媒体（Transmedia）叙事，讲故事的人使用数字平台及一系列其他的传播渠道传播故事，这样每一种媒体都为故事世界的整体体验增添了一些重要的元素，而读者则必须积极地追踪和重组这些分散的内容以获得完整的体验和意义；第三种则是交叉媒体（Crossmedia）叙事，指的是有些故事本来是为某种特定形式的媒体制作的，但人们可以从数字平台上访问或下载。② 詹金斯对数字叙事的阐释，意味着媒介在数字叙事中具有重要地位。对数字叙事的研究，意味着经典叙事学从对文本的关注转向对媒介的关注，从对书面语言表达的关注转向对媒介技术使用的关注，媒介思维在叙事分析中显得越发重要。

玛丽-劳尔·瑞安将计算机的"虚拟""递归""窗口""变形"等概念以隐喻的形式引入叙事学研究，便是这种媒介思维的体现。从根本上说，媒介思维来自叙事作为媒介实践的产物。她指出："叙事即使不充分利用至少也要在重要方面利用媒介的可供性。"③ 因此，她在评述《我的男友从战场归来》这一基于网络的早期叙事文本时指出：选择简单而凄楚的故事，按屏幕尺寸剪裁故事，用高效的视觉界面传达多重叙事可能性的思想，创造性地利用支持软件的可供性并匠心独运地融入人文趣味……精彩地展示了什么叫媒介思维。④ 实际上，叙事与媒介的关系始终存在，只是数字时代的到来，让人们重新意识到媒介在叙事中的重要作用。着眼于媒介的叙事研究，反过来也推进了媒介研究。丹尼尔·潘代指出："数字（媒介）与叙事有着特殊的关系。有时，它被简单地视为许多其他媒介中的一种；事实上，这一观点隐现于游戏学者们（Ludologists）这样的主张之中：给予数字媒介发展其形式和术语的空间。在其他时候，数字（媒介）被视为媒介历史上的一个独特时刻，即此前截然不同的媒介现在相互融合的时刻。数字

---

① Murray J H. Hamlet on the Holodeck: the Future of Narrative in Cyberspace [M]. New York: The Free Press, 2016: 35, 66.
② 常江，徐帅. 亨利·詹金斯：社会的发展最终落脚于人民的选择：数字时代的叙事、文化与社会变革 [J]. 新闻界，2018（12）：4-11.
③ 玛丽-劳尔·瑞安. 故事的变身 [M]. 张新军，译. 南京：译林出版社，2014：28.
④ 玛丽-劳尔·瑞安. 故事的变身 [M]. 张新军，译. 南京：译林出版社，2014：149.

（媒介）似乎注定要在我们的文化中占据一个不那么合乎逻辑的位置：既是一种媒介，也是涵盖所有其他媒介的媒介。因此，数字媒体的出现加速了叙事中的媒介理论的形成，也就不足为奇了。"①

在这个意义上，数字叙事的研究可以加深和拓展对媒介的理解，我们可以以数字艺术的叙事为例对此加以阐述。数字艺术作为媒介实践的过程，包含媒介的不同层面，数字艺术的叙事渗透于所有这些层面。第一个层面是媒介使用的层面，包括材料、工具、技术。在材料的意义上，20世纪60年代，艺术界出现了所谓的综合媒介（Intermedia），因为对媒介的不同使用会产生不同的媒介观念，从而影响艺术观念和艺术形态。譬如白南准对电视和录像设备的使用，就促成了录像艺术的产生。第二个层面是媒介作为载体，不限于材料意义上的基底承载，包括它的中介、传递和转译，以及建立在这样一个结构性基础之上的一系列跟艺术相关的事物，如对艺术品进行的宣传，媒体做的推广、拍卖、展示、展演，还有机构组织、平台空间，都可以视为艺术传播的媒介；在一种媒介对另一种媒介、对艺术品的改造过程中，转移、中介随之发生，这就是"再中介化"（remediation）的过程。第三个层面是作为媒介实践结果的艺术作品也成为媒介。原因有三：其一，艺术作品作为实践的结果，不是一个独立的、自主的封闭性结构，而是促成一种通过建立连接而形成的关系空间。其二，艺术作品能够触发社会交往，建构集体记忆，缔结社会网络，促成公共空间的形成。其三，艺术作品是对人的环境感知的塑造，艺术在让人与环境相连接的过程中形塑人的感知。

从一开始，数字叙事研究就是跨学科的，它借鉴了人工智能和计算机科学等领域的概念，研究了可能被视为故事性的数字媒介及在其使用范围和模式下的文本实践。值得注意的是，在西方的数字叙事相关研究中，原本明显中立的叙事系统已经被一种批判性的叙事学取代。这种叙事学关注叙事伦理，并论证以前被忽视的叙事实践的内在价值。如有论者指出，数字叙事研究的批判性和背景广度在很大程度上归功于新媒体理论的信条，它关注的不是新叙事形式的风格或文本特征，而是产生和消费它们的环境、社会和文化形式，以及叙事实践可能被用于的文化用途。②

需要说明的是，各种数字叙事的出现并不意味着传统的非数字叙事的淘汰出局，或者说，数字叙事并不一定就比非数字叙事高级或更有价值；而且对数字叙事的关注和研究，也并不意味着对经典叙事学之前和之后的叙事研究的否定和抛弃。叙事及叙事研究确实会随时间的变化而变化，而劳尔·瑞安提出的关于叙事如何随时间变化的隐喻——鸟类飞行的形象值得我们吸取："就像后方的鸟儿可以涌向前方并引领鸟群一样，前方

---

① Punday D. Playing at Narratology: Digital Media as Narrative Theory [M]. Columbus: The Ohio State University Press, 2019: 13.

② Page R, Thomas B. New Narratives: Stories and Storytelling in the Digital Age [M]. Lincoln: University of Nebraska Press, 2011: 6-13.

的鸟儿也可以落在后面，甚至退出飞行。叙事的演变不是由实验形式的马匹拉动的马车，也不是以流行文化的形式从后面推来的货物；它更像是前后穿梭往返的鸟群，前卫受到流行形式的启发，而流行形式采用了曾经的前卫的想法。这些交流是如此的复杂，以至于无法预测哪只鸟将会领先，以及鸟群将会飞向何方。"①

数字叙事研究自开展以来，从为分析数字叙事提出新的理论范式和概念框架，到探索数字叙事的新架构、用途和平台，再到对具体的叙事实践过程进行详细的分析，已经取得了令人瞩目的成果。自 2010 年以来，我国已有许多学者投身于数字叙事的研究之中。他们中，有的结合本土实践进行探讨，以对西方理论研究中的概念和方法的介绍、评述为主；也有少数吸取西方研究成果，自创理论体系，形成如《位置叙事学》这样的具有本土特色的理论成果；还有很多利用西方数字叙事研究的观念和方法，分析中国本土的数字叙事实践，有了一些具有启示性的发现。对于中西方数字叙事研究的成果，本书将在现有框架下加以介绍。

本 讲 小 结

叙事这一概念是本书最基本、最核心的概念，因此，本讲首先围绕这一概念进行了多方面的介绍，其中"叙事由故事和话语构成"这一观念影响深远。由叙事引出的叙事性概念，看起来是对叙事概念的进一步抽象，实际却走向了对结构主义叙事概念的解构。叙事性概念引起了叙事研究对象的扩展，就此而言是对叙事研究的解放。这一解放也体现在叙事学"从单数走向复数"的过程中，这为数字叙事的研究打开了空间。数字媒介技术的发展对数字叙事来说至关重要。

【延伸阅读书目】

（1）杰拉德·普林斯. 叙事学：叙事的形式与功能 [M]. 徐强，译. 北京：中国人民大学出版社，2013.

（2）Landow G P. Hypertext：The Convergence of Contemporary Critical Theory and Technology [M]. Baltimore & London：The Johns Hopkins University Press，1991.

---

① Ryan M L. Digital Narrative：Negotiating a Path Between Experimental Writing and Popular Culture [J]. Comparative Critical Studies，2016（3）：331-352.

(3) Punday D. Playing at Narratology: Digital Media as Narrative Theory [M]. Columbus: The Ohio State University Press, 2019.

(4) Page R, Thomas B. New Narratives: Stories and Storytelling in the Digital Age [M]. Lincoln: University of Nebraska Press, 2011.

(5) 张寅德. 叙述学研究 [M]. 北京: 中国社会科学出版社, 1989.

【思考题】

(1) 叙事性是否有恒定的内涵,可以从哪些方面来阐述它?

(2) 经典叙事学关于叙事的观点,在数字叙事中是否依然有效?

(3) 数字叙事实践中产生了许多新的叙事形式,挑出你最关心或最熟悉的一种,对其进行叙事分析,你打算如何着手?

第二讲

数字叙事文本

独上阁楼,最好是夜里,过去的味道,梁朝伟《阿飞正传》结尾的样子,电灯下面数钞票,数好放进西装内袋,再数一沓,清爽放入口袋,再摸出一副扑克牌细看,再摸出一副来……然后是梳头,37 分头,对镜子细细梳好,全身笔挺,透出骨头里的懒散。最后,关灯。这个片段是最上海的,最阁楼。

随着这段文字的出现,2011 年 5 月 10 日 11 点 42 分,化名"独上阁楼"的金宇澄在"弄堂论坛"开帖连载《繁花》。小说的网络连载于同年 11 月 4 日 13 点 5 分告一段落。迥异于出版发行的版本,网站连载的《繁花》存在较多错别字,口语化色彩也非常明显,间杂使用不符合传统书面语言规范的标点符号。大量的读者跟帖和作者回帖丰富了故事之外的叙事维度,形成了众多零散的小故事。数字叙事文本特有的延展性、互动性和参与感也给作者、读者带来新奇的创作、阅读交互体验。现留存于微信公众号"弄堂 longdang"的《繁花》网络初稿版本[①],可作为当代文学数字叙事形态的一个珍贵样本。数字叙事作为一个相对自由的创作场域,为叙事文本创新提供了更肥沃的实验土壤。

一、叙事文本

与"文本"相比,我们更熟悉的一个概念是"作品"。我们读曹雪芹的《红楼梦》,说这是一部伟大的作品;我们提到张择端的《清明上河图》,也说这是一部伟大的作品;我们听贝多芬的《命运交响曲》,说这是一部永远能激发斗志的作品;我们还经常提到诺伯特·维纳的《控制论》,说这是一部划时代的作品……这些被称为"作品"的东西,都是通过作者的创作活动产生的,文学、艺术或科学领域具有独创性并能以一定形式表现的智力成果都被称为"作品"。那么,什么是"文本"呢? 文本(英文 text,法文 texte)是拉丁语动词"textere"的比喻性用法,意为"编织起来的一系列语句",这就意味着文本更强调书写的物质性。在我国的《说文》中,"文"被定义为"文,错画也。象交文。今字作文"。这表明文本是作为书写行为的印迹。在这个意义上,我们可以说,文本将作品固定下来,是作品的存在形态。也就是说,文本从属于作品,是作品与读者之间的一个中介,我们通过文本走向作品,走进作品,获取其间的精神价值和意义。正如有学者指出的,在文学领域,作品与文本处于很特殊的关系之中。一方面,它们似乎是同一的。比如"《狂人日记》这个文本"与"《狂人日记》这个作品"在某

[①] 弄堂 longdang [DB/OL]. (2017-03-07) [2022-10-01]. https://mp.weixin.qq.com/s/LSY18GhFA5tcKm5ARhxQQw.

种意义上是完全相同的，它们都由同样的文字构成。另一方面，它们又处于不同的层面。作品总是意味着文本的"彼岸"，意味着比文本更深邃的地方。如果说，文本意味着书面上的文字，那么作品就意味着文字之上的意义和价值，当某一个书写的产物被称为作品的时候，也就意味着它有某种超出文字本身的东西得到了承认，正是这种东西让人们把它称为"文学作品"。①

但是，到了 20 世纪 60 年代，在结构主义理论兴起之后，文本摇身一变，成为特别重要的概念，一时取代了传统观念中作品的概念。为什么会出现这样的变化呢？这是因为作品这个概念与作为特定历史主体的作者相连，作者创造了作品，赋予作品价值和意义，而结构主义和后结构主义对作者概念的质疑，动摇了这一传统观念。在这方面，罗兰·巴特和米歇尔·福柯是典型的代表。

罗兰·巴特指出，作者的权威封闭了文本的意义，是对文本的粗暴限制。他侧重于从语言的角度阐述作者的死亡，认为"语言只知道'主体'，不知'个人'为何物"；不是人在说语言，而是语言在说人，"现代撰稿人在作品之后不再有激情、幽默、感情和印象，只有这部巨大的词典。从词典中他得出写作，不停止地写作"；"文本由多重写作构成，来自许多文化，进入会话、模仿、争执等相互关系。这种多重性集中于一个地方，这个地方就是读者，而不是像迄今所说的，是作者"；"要给写作以未来，就必须推翻这个神话：读者的诞生必须以作者的死亡为代价"。②

与罗兰·巴特不同的是，米歇尔·福柯从"作者功能"入手质疑了作者在文本意义生成中的地位和作用，他分析了"有作者的作品或者文本"的几种特征。第一，它们是被占有的对象；第二，"作者功能"并不是在所有话语中都普遍存在或稳定不变的；第三，它不是通过简单地将一套话语归之于某个个人就可以自动形成，而是一套复杂运作的结果，运作的目的就是要"构建我们称之为作者的那个理性实体"；第四，"作者功能"并不单纯指向一个实际个人，因为它同时引发出许多自我，引发出个人可能占据的一系列主体位置。③ 当作者的权威被质疑、被贬抑时，作品的中心地位亦会随之消失，原本作为作品存在形式的文本便取而代之。文学批评由对作品的精神价值和审美意义的关注转向对语言活动、语言结构的关注。

在哲学上，"一个文本就是一组用作符号的实体（entities），这些符号在一定的语境中被作者选择、排列并赋予某种意向，以此向读者传达某种特定的意义（specific meaning）"④。这个定义虽然不是为叙事研究准备的，却是很有价值的参照。作为西方

---

① 钱翰. 从作品到文本：对"文本"概念的梳理[J]. 甘肃社会科学，2010（1）：37-41.
② 罗兰·巴特. 作者之死[M]//赵毅衡. 符号学文学论文集. 天津：百花文艺出版社，2004：505-512.
③ 福柯. 什么是作者[M]//唐纳德·普雷齐奥西. 艺术史的艺术：批评读本. 易英，王春辰，彭筠，等译. 上海：上海人民出版社，2016：301-304.
④ 乔治·J.E.格雷西亚. 文本性理论：逻辑与认识论[M]. 汪信砚，李志，译. 北京：人民出版社，2009：16.

结构主义和符号学研究中的概念，文本的含义并不是单一的，而是多义的，在不同语境下有着不同的取向。对此，李幼蒸做了详细的梳理，指出一般有以下几种：第一，在最一般的意义上，文本就是指按语言规则结合而成的词句组合体，它可以短至一句话，也可以长至一本书；第二，在较精密的意义上，文本指语言组合体中不同语言学层次上的结构组织本身，它可以指某一层次上的语言学结构（如音位层、语素层、词组层、句群层等），也可以指各层次上语言学结构的总体；第三，在当代法国"太凯尔"派研究中形成的文本理论的专门学科的研究中，文本成为具有神秘性的语言现象，其强调文本自动的"能产性"，文本被看成字词"生成性作用场"；第四，在当代一般符号学研究中，文本超出了语言现象范围，它可以指任何时间或空间中存在的能指系统。于是就出现了"画面文本""乐曲文本""建筑体文本""舞蹈文本"等概念，这种用法是为了表明这些非语言现象具有同语言文本类似的结构组织；第五，在纯粹语言学研究中，text 是大于句子的语言组合体，中文一般译为"话语"。①

思想上源自结构主义的经典叙事学，正是在上述背景下关注文本，将叙事文本作为研究对象的，叙事学研究便以叙事文本研究为主。按照上述梳理，叙事文本最初属于上述第一、第二个方面，后来拓展到第四个方面。米克·巴尔在《叙述学：叙事理论导论》中指出："文本（text）指的是由符号组成的一个有限的、有结构的整体"，"叙事文本（narrative text）是叙述行动者（narrative agent）用一种特定的媒介，诸如语言、形象、声音、建筑艺术，或其混合的媒介向叙述接受者传递（'讲'给读者）故事的文本"②。根据这样的界定，米克·巴尔进一步明确了叙事文本的三个层次：文本、故事、素材。这三个层次是嵌套的关系，即文本的内容就是故事，故事以特定的表现形式使素材得以呈现，素材是按照逻辑和时间顺序串联起来的一系列由行为者引起或经历的事件。对叙事文本做这样的层次划分，为进一步描述和阐释叙事文本奠定了基础。当然，对于叙事文本的层次，不同的研究者有不同的划分，譬如，在《叙事虚构作品》一书中，里蒙-凯南借用热拉尔·热奈特"故事、叙事、叙述"的三分法，开宗明义地将叙事虚构作品划分为故事、文本和叙述三个基本方面。③

叙事文本是用语言或其他媒介所"讲述"的、传达给受众的故事，叙事主体通过创作文本与受众产生联系。叙事文本作为物质载体的性质即其媒介的性质，可能是声音，也可能是纸张、建筑，等等，它们构成了人们与不同的叙事本文相遇、接触和进入的"界面"；人们虽然分处古往今来的不同时空之中，但叙事文本所讲述的故事仍处于一个统一的、现实的且尚未完结的世界中。在这一意义上，无论是创作文本的作者，还

---

① J. M. 布洛克曼. 结构主义：莫斯科—布拉格—巴黎 [M]. 李幼蒸，译. 北京：商务印书馆，1980：10.
② 米克·巴尔. 叙述学：叙事理论导论 [M]. 谭君强，译. 北京：北京师范大学出版社，2015：03.
③ 里蒙-凯南. 叙事虚构作品 [M]. 姚锦清，黄虹伟，傅浩，等译. 北京：生活·读书·新知三联书店，1989：5.

是文本的表演者，抑或是欣赏、阅读文本的听众、读者，都可以平等地参与文本所描绘的世界的创造，并在创造中交流。交流这一叙事的本质，在数字时代进一步凸显出来。

随着数字信息时代的到来，"文本"的范围拓展到包含图像、图形和表格等在内的文本与可以被转化为二进制代码的文件，叙事文本除了传统纸质文本之外，也出现了数字化（digitalized）的网络文本和直接由数字技术生成的文本。计算机文字处理器和桌面出版系统、编程和数字存储系统、互联网使文本的呈现方式发生了巨大的变化。传统文学文本一般都呈现为静态的、凝固化的和界限清晰的"作品"形态。从媒介角度说，这主要是由于承载文学意义的符号必须物化在一定的原子性媒介上才能生产和传播，而数字媒介则以比特为单位、以取样计算方式对文学信息进行生产并形成超链接的文本网络，如此便带来了一种被称为"数字文本性"（Digital textuality）的文本性质。① 数字文本的突出特征体现为基于互联网技术的互动性和互联性，前者意味着文本是在用户与程序、界面交互的过程中呈现，后者则意味着文本的去中心和扩张、蔓延。由此，叙事文本不仅是对实际发生或虚构的事件的再现或模仿，而且是生成和流变；叙事文本不再是稳定的封闭的整体，而是模块化的、不确定的和开放的文本；叙事文本不仅由作者或叙述者生产与把控，而且由读者（用户）参与生产。

互动性作为数字叙事最鲜明的特征，受到研究者的特别关注。玛丽-劳尔·瑞安提出了互动叙事的两大隐喻："作为游戏的文本"和"作为叙事的文本"，将文本当作互动叙事研究的基石。根据软件技术的可供性（affordances），劳尔·瑞安将数字叙事分为三类：一是基于人工智能生成的数字叙事；二是依靠数字媒介传播的人类创造的数字叙事；三是人类与人工智能软件互动生成的数字叙事。② 第一类包括由诗歌生成器、故事生成器等生成的叙事。第二类包括博客、新闻组、BBS、聊天室、短消息系统等。第三类可称为机器互动叙事，是数字叙事研究的重点，主要包括互动小说、超文本小说、全息小说、互动戏剧、具有叙事性的电子游戏等。在软件设计时，用户的参与被算作叙事框架得以完成的前提条件。机器互动叙事的经典作品有2005年发布的游戏《面孔》（Façade）（详见本书第五讲第二部分），观看这个互动叙事作品的人可以通过输入语句文本与非玩家角色产生文本互动。相对于其他叙事文本，互动数字叙事文本更强调根据参与者输入的语句不断生成动态文本的过程，又被称为三维视觉性叙事文本，这背后是复杂的人工智能技术运作，其根本目的是为受叙者提供叙事沉浸和通过互动操纵故事世界与叙事走向的体验。

在结构化叙事文本和生成性叙事的光谱之间，新的实验文本还在不断涌现，媒介技术的发展给叙事带来了新的转变，数字叙事也改变了叙事文本的表现形式和互动方式。

---

① 单小曦. 从网络文学研究到数字文学研究的范式转换［J］. 学习与探索，2012（12）：131－136.
② Ryan M L. From Narrative Games to Playable Stories: Toward a Poetics of Interactive Narrative［J］. Story Worlds: A Journal of Narrative Studies，2009（1）：43－59.

譬如 rct AI 团队研发的核心技术 Chaos Box，其基于 Open AI 和自然语言处理技术，通过对人工智能 NPC 角色的深度学习训练，赋予 NPC 根据与人类玩家的交互，自动创作和引导出新叙事情节的功能，并可以同步进行动画呈现处理，应用到游戏等故事叙述中，获得了不错的市场反响。① 这类技术的应用，既是对人类文本创造思维的颠覆，也是叙事文本图像化的体现。

　　人类的文本创作受到线性思维的影响，即便打乱叙事时序，故事也必然隐含历史因果性，一切后来事件都直接或间接地作为前序事件的结果而发生。人工智能叙事文本则与之恰恰相反，算法学习的进化路径是无记忆的非线性过程，在反复迭代中，前序的情节线索已经无法追踪。所以，Chaos Box 在特定剧情事件节点上计算出的混沌路径，会将初始的人类叙事转变为无限的多分支文本游戏，这也是类似程序给人类叙事创作者带来的惊喜所在：人工智能突破常规想象的叙事情节设计，为叙事游戏创造者提供丰富的灵感支持。从内容消费的角度看，当叙事接受者消费 AI 创作内容时，AI 也在不断模仿、学习人类行为并延展出许多新的可能路径，如此一来，对叙事的消费将不再是一个单次的过程，人类的阅读思维也许会被这种过程的反复重塑。

　　如果说叙事文本的图像化趋势原本只是部分文字工作者对叙事剧情与图像深度绑定现状的悲观忧虑，那么在各大技术公司纷纷宣扬将在虚拟现实世界中为用户打造另一个"宇宙"的时代，这个趋势就很难不成为人们对未来的共识了。如果人人都沉浸在感知媒介中，谁还会愿意通过线性思维来接受叙事呢？可以想象，在"元宇宙"的时代，叙事会直接变成个体的行动，更多元的场景、更多故事与身体感知的交互将要出现。通过复杂图像的创构，新的叙事模式、语言也将创立起来，图像叙事能够通过瞬间的整体感知，讲述多层级的故事、感受。但总体叙事与确定的结局好似离人们更远了，纯粹叙事文本的地位，在一个叙事不需要结局，靠停止行动即能终止一切的时代，显得岌岌可危。与此同时，各类新型数字叙事文本不断涌现，成为叙事研究的新对象，其中又以超文本和赛博文本最为引人注目。

二、超文本和赛博文本

　　在最宽泛的技术意义上，超文本（Hypertext）意指电子文档组织的特定原则。它把多种文本格式和视听格式的数字文件连接在一起，组成一个相互关联的交互网络。超文本能够涵盖的范围甚广：万维网常常被视为当今最大的超文本。用户通过点击鼠标、手

---

① 参见 rct AI 官网［DB/OL］.（2022-06-07）［2022-10-01］. https://rct.ai/zh-hans/chaos-box.

势或触控激活超链接，可以在超文本中自由穿梭。"超文本"这一术语来源于希腊语中的 hypér（为"多于，在……之上，超过"之意）和拉丁语中的 texere（为"编织"之意），指向超文本作为连接和架构次级电子文本的原则的元文本功能（metatextual function）。①

1965 年，尼尔森在美国计算机协会的全国公开会议上发表了题为《复杂信息处理：一种针对复杂、变化和不确定的文件结构》的论文，正式提出了"超文本"（Hypertext）这一概念。他将"超文本"定义为"非序列性的著述——文本相互交叉，并允许读者自由选择，最好是在交互性的屏幕上进行阅读。根据一般的构想，这是一系列通过链接而联系在一起的文本块，这些链接为读者提供了不同的路径"②。由此可知，超文本的特质便是依靠物理链接而关联，并且可以让读者自由选择不同的阅读路径。在出版的《计算机自由》《梦想机器》《文学机器》三本著作中，尼尔森还构想了一个名为"仙都"（Xanadu）的链接和检索系统。20 世纪 70 年代，他又与计算机科学家道格拉斯·恩格尔巴特一道付诸实践，在布朗大学合作开发了一个名叫"FRESS"的超文本检索编辑系统。

在尼尔森的构想里，超文本是一个动态的读写系统，用户可以在其中操纵和改变文本库，这一构想打破了分布式数据库或电子图书馆"只读检索"的组织模式，用户与用户之间将建立起协商共识，文本之间的路径和连接可以按需创建。这彻底颠覆了传统叙事文本的序列结构，但强调了文本之间无限丰富又极其偶然的关联性。在赛博空间中，"文本"依然会无处不在，但超文本与传统文本在稳定性和结构性方面不同，它是一种基于网络技术形态，在叙事和审美上都区别于纸质印刷文学的文本概念。如乔治·兰道所说："我们可以将超文本界定为通过使用计算机而实现的对传统写作文本的线性的、有界限的和固定性的特征的超越。与书的稳定形式不同，一个超文本可以非连续性地写作和阅读。"③

20 世纪 80 年代中期，个人电脑业务迎来了商业增长期，超文本的构想也迎来了新的机遇：欧特克软件公司聘请了尼尔森，并宣布将"仙都"发展为一个商业项目，苹果公司也开始向购买 Macintosh 个人电脑的用户赠送一个面向对象的超文本系统——HyperCard。尼尔森提出的超文本系统的底层逻辑是在"仙都"中，超文本由"单元"（units）或"词汇系统"（lexias）组成，类似于页面、段落、章节或卷。"词汇系统"通过"链接"（links）联系在一起，其作用类似于动态脚注，可以自动检索引用的材

---

① 阿斯特丽德·恩斯林，周艾琳. 超文本性 [J]. 艺术理论与艺术史学刊, 2019 (2)：366 - 379.

② Nelson T H. Complex Information Processing: A File Structure for the Complex, the Changing and the Indeterminate [C]. In Proceedings of the 1965 20th National Conference (ACM '65). New York: Association for Computing Machinery, 1965: 84 - 100.

③ 聂春华. 论艾斯本·亚瑟斯的赛博文本类型学研究 [J]. 福建师范大学学报（哲学社会科学版）, 2015 (4)：105 - 112.

料。超文本不再以书本为界限,超文本语言可以随着读者或作者在文档内部和文档之间建立的新链接被随意修改。被尼尔森称之为"文献宇宙"(Docuverse)的链接文本的集合体,有可能无限扩展。在这个"宇宙"中不会再有传统意义上的"经典","经典"将转变为一个连接和关系的集合体,是可识别的、有序的,但同时是不竭的。①

超文本可以简单地理解为组合文本文件与图像文件和声音文件的集合体。超文本小说是由内部链接或文本断片组合而成的数字叙事文类,一个文本断片具有多种链接方式,读者可以对阅读顺序做出不同的选择,因而超文本小说具有非线性、多线性或断片式等特点。经典超文本小说作品有迈克尔·乔伊斯的《下午,一个故事》(*Afternoon, A Story*)、斯图亚特·牟尔斯罗普的《胜利花园》(*Victory Garden*)、雪莱·杰克逊的《拼缀女孩》(*Patchwork Girl*)等,国内近年来的作品有李顺兴的《围城》、苏绍连的《春夜喜雨》、须文蔚的《在子虚山前哭泣》等。这类小说具有迷宫或花园小径式空间隐喻的超链接模式,读者外在于文本,被限定在一列可选择的选项中。作品充满悬念,阅读小说就像在做智力拼图游戏。比如,以拼贴方式安排叙事片段的《拼缀女孩》,就引导着读者运用蒙太奇式的阅读方法,将破碎片段逐步拼出一幅意象,不仅建构起了女性主人公的叙事身份,同时围绕中心主题,将片段组合起来,造就了更契合后现代美学审美情趣的叙事方式。②

超文本叙事激发了文本之间相互依存、彼此阐释的互文性,数字化的超文本小说叙事还允许读者点击重点链接,以移动到新的叙事片段。在 1987 年美国计算机协会第一届超文本会议上,迈克尔·乔伊斯发布了他使用超文本创作系统"故事空间"(Story Space)创作的超文本小说《下午,一个故事》,这也是第一篇公开发行的超文本小说。小说由 539 个文本片段组成,它们之间有 951 个链接,1990 年东门系统公司以磁盘的形式将其发行。小说的第一句话是:"我想说,我可能已经见到我儿子在今天早上死去(I want to say have seen my son die this morning)。"读者点击这个句子中的不同词语,如"儿子""死"等,会开启不同的故事线,建构起不同的文本样貌。这类交互将读者与文本之间的距离进一步拉近,使读者沉浸于文本空间之中。1996 年,乔伊斯又创作了有 96 个文本片段和 269 个超链接的《十二蓝》(*Twelve Blue*)。这部超文本小说可以在网页上阅读,小说的页面是深蓝色的背景和明度更高的蓝色字体,"蓝"在叙事中成为类似于意识流文本线索的具象,串联起各个人物在不同时间、空间的经历:

> 一次溺水事件、一次谋杀、一段友谊、三个或四个爱情故事、一个男孩和一个女孩、两个女孩和她们的母亲、两个母亲和她们的爱人、一个女孩和她的

---

① Moulthrop S. You Say You Want a Revolution? Hypertext and the Laws of Media. [J]. Postmodern Culture, 1991 (3).

② 卢红芳,高晓玲. 故事世界:跨越与互动——跨媒介视域下的数码叙事 [J]. 河南社会科学, 2010 (6): 176-179.

父亲、一个父亲和他的爱人、七个女人、三个男人、十二个月、十二条线、八个小时、八条波浪、一条河、一床被子、一首歌、十二个相互交织的故事、一千个回忆。①

小说非线性的立体叙事高度模仿了人类意识活动"发散性"的特征,实现了意识流叙事创作在文本结构上的跨越。

这类早期的超文本小说,在作品中加上链接按钮以实现情节发展的跳转选择,在原理上依然类似于传统的注释、回文诗、意识流小说叙事和后现代主义催生的新式纸质小说类型。这种超链接方式割裂在文本之外,没有实现对平面印刷模式的彻底超越,同时无限开放的超链接扩张了文本的不确定性,在具体的情节走向和人物指代方面暴露出许多不足。读者的交互选择将重塑故事情节,影响作品的进展,那么传统叙事学所分析的结构、序列、因果关系与故事线等关键要素也会在超链接的跳跃中被打乱。无序的文本成就立体的叙事,拼接出无数种新的可能,人物刻画和聚焦视角的叙事规则同样要重新洗牌。

这一文本革命改变的是读者的地位,读者的能动介入行为成为其阅读的义务,并有可能使其成为叙事舞台的主角。在传统叙事理论中形成的对线性、行列式结构的期待被非线性和多向性的结构布局打破了,技术也消解了传统叙事文本中的作者权威:"超文本不允许专制、单一的声音",对于超文本叙事的作者来说,现在最大的挑战是要将自己构想中的故事结局,安排在读者尚未厌烦的时刻。② 毕竟乔伊斯本人也认为:当读者累了的时候,叙事闭合就发生了。③ 当读者终止点击动作时,最后浮现的就成为结局。

20 世纪 90 年代,超文本研究者艾斯本·亚瑟斯提出了另一个重要概念,即"赛博文本"(Cybertext)。这一概念来源于诺伯特·维纳的《控制论》(Cybernetics)。亚瑟斯在他的《赛博文本:遍历性文学的透视》中开宗明义地指出,从维纳的《控制论》一书的副标题"或动物与机器的控制和通信的科学"即可看出,维纳的视野包括了有机和无机系统。受此启发,"赛博文本"的概念不仅关注文本的机制系统,而且关注文本的消费者和使用者;不仅关注电子文本,而且关注传统文本。"赛博文本不是一种只有通过数字计算机的发明才有可能实现功能的'新型''革命性'文本形式,它也没有要彻底打破传统的文本性,尽管它看起来好像是这样的。赛博文本是对所有文本形式的透视,是一种扩大文学研究范围的方式,以包括今天被视为文学领域之外或被文学领域边

---

① Twelve Blue [DB/OL]. (2022-03-07) [2022-10-01]. http://www.eastgate.com/TwelveBlue/Twelve_Blue.html.

② Landow G P. Hypertext: The Convergence of Contemporary Critical Theory and Technology [M]. Baltimore & London: The Johns Hopkins University Press, 1991: 11.

③ Anthony Enns 采访 [DB/OL]. (2022-03-07) [2022-10-01]. https://currents.dwrl.utexas.edu/fall01/enns/enns.html.

缘化的现象，甚至包括因为（正如我在后面明确指出的）纯粹是不相干的原因而与文学领域相对立的现象。"①

亚瑟斯认为，赛博文本是比超文本更宽泛的文本形态，或者说是一种文学研究的新视角。不同于尼尔森对超文本概念"文本性"的定义，亚瑟斯将叙事形式置于赛博文本分析的核心，并提出将"遍历性"（ergodic，这个词的词根是希腊语的"ergon"和"hodos"，意为"劳作"和"途径"）作为数字文学和电子文本的区别性特质。亚瑟斯指出，超文本是事先固定读者选择的文本，而赛博文本则是"用户可以贡献话语因素的一部作品，以至于'话语本身'的'主题'事先是不为人知的或服从于变化的"。② 这便和前面提到的机器互动叙事有极大的相似之处。在"遍历性"叙事文本中，创作者并不会进行完全意义上的叙述，接受者需要在接受的过程中付出除眼睛移动和翻阅书页以外的努力来补全叙事。赛博文本在亚瑟斯看来就是一个文本机器，其读者会直接改变文本的拓扑结构，因此它不是不同的文学形式（如纸质文本和电子文本）之间的区别，而是文本都具有的媒介（拓扑结构）和语义（接受和解释）之间的区别。亚瑟斯认为传统文学中也存在着遍历性文本，但以非遍历性文本为主，数字文学及其研究则以遍历性文本为主。亚瑟斯把冒险游戏和多人历险游戏视为遍历性文本与赛博文本的典范。但他也认为："赛博文本的概念并不局限于研究计算机驱动（或'电子'）的文本性，那是一种武断的、非历史性的限制，或许与只承认纸质文本的文学研究相提并论。"③ 当然，正如莱恩·考斯基马所指出的，"在实际上，数字形式可以为文本功能的设计提供更灵活的途径，这就必然意味着重心毕竟还是在数字文本上。"④

在亚瑟斯看来，赛博文本不仅可供读者接受和解释，还能够让读者进入文本的结构之中，进行操作和控制。在超文本放弃了叙事主体对文本的阐释和掌控之后，赛博文本将文本的主体让渡给了读者。博尔赫斯曾经在小说中想象过一种"沙之书，因为那本书像沙一样，无始无终……这本书的页码是无穷尽的。没有首页，也没有末页。我不明白为什么要用这种荒诞的编码办法。也许是想说明一个无穷大的系列允许任何数项的出现"⑤。数字化的超文本激发了无穷无尽的叙事可能性。在超链接和文本片段数量足够庞大的时候，文本成为一个巨大的数据库结构，但在此时，人类是否还能把握文本的主

---

① Aarseth, Espen J. Cybertext: Perspectives on Ergodic Literature [M]. Baltimore & London: The Johns Hopkins University Press, 1997: 18.
② 詹姆斯·费伦, 彼得·J. 拉比诺维茨. 当代叙事理论指南 [M]. 申丹, 马海良, 宁一中, 等译. 北京: 北京大学出版社, 2007: 617.
③ Aarseth, Espen J. Cybertext: Perspectives on Ergodic Literature [M]. Baltimore & London: The Johns Hopkins University Press, 1997: 1.
④ 莱恩·考斯基马. 数字文学: 从文本到超文本及其超越 [M]. 单小曦, 陈后亮, 聂春华, 译. 桂林: 广西师范大学出版社, 2011: 47.
⑤ 豪·路·博尔赫斯. 沙之书 [M]//博尔赫斯全集: 小说卷. 王永年, 陈泉, 译. 杭州: 浙江文艺出版社, 2000: 243-267.

体,也成了值得怀疑的问题。在抛弃了历史性逻辑和因果过程的赛博遍历后,故事有丰富的重组可能,但主体的模糊和逻辑形式的消解也让其可达成的叙事结果不再清晰。故事将取代线索,情节会置换结构,泛滥的随机链接将使文学走向游戏化与碎片化,读者踏上踌躇满志的征途,却迷失在寻觅结局的荒野。不被结局主导的故事也有可能使叙事内涵消散,那些确定的叙述者都消失了,不需要终结的故事也许会成为叙事,也许只作为体验而存在。

在这样的文本观念之下,对文本的分析也产生了新的变化。首先,确定文本的基本成分。在亚瑟斯看来,文本由符号串构成,但存在文本中的符号串和呈现在读者眼前的符号串是不同的情况,前者被亚瑟斯称为"文本单元"(Extons),是文本的基本成分,而后者是"脚本单元"(Scriptons),是呈现在读者眼前的文本单元的可能组合。其次,确定文本结构的变量。根据文本单元、脚本单元及它们的跨越功能,亚瑟斯摸索出文本结构的七种变量:动态性、可确定性、即时性、视角、访问、链接、用户功能。第三,选取合适的文本样品。第四,将变量和样品关联反映在图表中,如可以根据不同的变量设计坐标轴,使每个样品都能在二维表中占据一个位置,从而为进一步分析它们之间的关系提供直观图像。[①] 亚瑟斯还通过对纳博科夫的《微暗的火》、卡尔维诺的《命运交叉的城堡》、科塔萨尔的《跳房子》等具体文本的分析,验证他的主张,阐述遍历性文本研究的方式。亚瑟斯的理论未必完备,并不能取代所有的叙事研究,但它通过赛博文本的视角揭示出遍历性文本的叙事特性,尤其是它们在阅读中呈现的过程性,亚瑟斯的理论对传统叙事研究的突破并拓展到数字文本的研究,极具启示价值,正如考斯基马所总结的那样,"这里讨论过的文学作品为我们展示了静态的印刷品的极限到底有多远。通过各式各样的形式,它们设立了起跑点,从这个起跑点开始,动态的数字文本展开了它们的历险,以至于更远"[②]。

三、副文本叙事

"副文本"(Paratext)这个概念由法国文学批评家热拉尔·热奈特提出。热奈特认为,副文本是与正文本相对而言的文本,如作品的标题、副标题、序、跋、封套及手记等。此外,草稿、各种梗概和提纲等也具有副文本的特性。在1987年出版的《边缘》

---

① 聂春华. 论艾斯本·亚瑟斯的赛博文本类型学研究[J]. 福建师范大学学报(哲学社会科学版),2015(4):105-112.
② 莱恩·考斯基马. 数字文学:从文本到超文本及其超越[M]. 单小曦,陈后亮,聂春华,译. 桂林:广西师范大学出版社,2011:81.

（又译作《副文本》）中，热奈特进一步声明副文本"包括标题、副标题、互联性标题、前言、后记、告读者、致谢等，还包括封面、插图、插页、版权页、磁带护封以及其他附属标志，作者亲笔或他人留下的标记"①。在他的理解中，副文本实际上是正文本的外围材料。对于作者而言，大量使用副文本生产文本，是出于廓清层次的考虑，特别适用于长篇连载小说；而对于读者而言，副文本是有别于正文的另一种声音，处于旁白、暗示审美的视角。②

"副文本"与"互文性"（Intertextuality）这一概念有密切的关系。"互文性"概念的提出者是法国文论家茱莉娅·克里斯蒂娃，她在对巴赫金的对话理论的研究中发现，"任何文本的建构都是引言的镶嵌组合；任何文本都是对其他文本的吸收与转化"，"对话不仅仅是由主体承担的语言，而且是某种书写……书写既有主体性又有交际性，或者更确切地说，是一种互文性"。③ 在互文性文本研究的视野中，一切文本都被认为是与其他文本相互联系的，带有其他作品的痕迹。副文本可以说是互文性具体而集中的体现。

热奈特在《普鲁斯特副文本》的开头进一步界定"副文本"，称它是"文本周围的旁注或补充资料"，由各式各样的"门槛"组成：作者的和编辑的门槛，比如题目、插入材料、献辞、题记、前言和注释；与传媒相关的门槛，比如作者访谈；私人门槛，比如信函；与生产和接受相关的门槛，比如组合、片段等。文学门槛的内外规则不同，进了门槛，外面的规则就被颠覆，里面的新规则就要起作用。副文本在文本中不仅标出文本和非文本过渡区，而且标出其交易区。副文本是从作品边界向正文过渡的"门槛""门轴"或者"阈限"，是作者在正文之前有意埋伏的一套阅读路线和阐释规则，为读者提供预先审视和理会的机会。④ 在热奈特看来，副文本并非次要的或潜在的，其以显在的方式出现，对于正文本本身的阐释具有十分重要的意义和价值，有时候甚至比正文本更重要："副文本性尤其是种种没有答案的问题的矿井"。⑤ 副文本既在文本之内，又在文本之外。热奈特不仅关注副文本的分类和结构性体系，而且对副文本的媒介功能和与读者之间的关系感兴趣。热奈特认为，副文本为"读者的阅读提供了许多导向性要素——文本出版的年代、背景、目的等，告诉读者文本应该怎样阅读，从而有效地还原了作者的意图"⑥。副文本作为一个独立的文本存在，能够影响读者的接受与阐释，如解释游戏规则和玩法的指示信息，也是指导玩家开启叙事接受的副文本。

---

① 王瑾. 互文性 [M]. 桂林：广西师范大学出版社，2005：116.
② 朱桃香. 副文本对阐释复杂文本的叙事诗学价值 [J]. 江西社会科学，2009（4）：39-46.
③ 朱莉娅·克里斯蒂娃. 主体·互文·精神分析：克里斯蒂娃复旦大学演讲集 [M]. 祝克懿，黄蓓，编译. 北京：生活·读书·新知三联书店，2016：150-156.
④ 朱桃香. 副文本对阐释复杂文本的叙事诗学价值 [J]. 江西社会科学，2009（4）：39-46.
⑤ 热拉尔·热奈特. 热奈特论文选，批评译文选 [M]. 史忠义，译. 开封：河南大学出版社，2008：59.
⑥ 王瑾. 互文性 [M]. 桂林：广西师范大学出版社，2005：116.

对于叙事研究而言，更为值得注意的是副文本在研究叙事文本中的作用。在这方面，美国学者乔纳森·格雷的研究可以给我们富有价值的启示。格雷从副文本概念获得启发，由此拓展了副文本的研究。他通过对围绕电视文本形成的各种形式的广告、预告片、创作者访谈、互联网讨论、娱乐新闻、评论、游击营销活动、粉丝创作、海报、游戏、DVD、CD 和衍生品等文本形式的观察，论证这些副文本"是文本的内在组成部分……并不是简单的附加物、附带物，以及其他的东西：它们创造了文本，对其进行管理，并使其充满我们与之相关的许多意义"①。格雷的研究主要围绕电视节目展开，提示我们关注：观众如何将副文本作为进入文本的门户，在还没有接触到电影或电视节目之前就建立起意义和解码的框架？副文本如何为文本创造意义，并为文本创造有价值的脚本？作者如何被副文本授予光环效应和艺术性？副文本如何管理一个更广泛的互文性系统，以及分组、排序？其他相关的电影和电视节目如何成为副文本本身？如何利用副文本来强化某些文本体验？等等。

还有学者对电影利用副文本展开叙事进行了研究，指出电影通过选择性地承认网络中的某些文本来管理该文本网络所提供的解读框架。在这一意义上，电影可以积极鼓励塑造或阻止观众采纳互文文本和副文本提供的框架。副文本产生的互文性美学会为每一部电影塑造不同的意义。在一部电影中，没有明确调用的互文文本和副文本仍可影响观众对它的理解，特别是当这些副文本补充而不是挑战了其原有意义时。随着新角色的引入、角色的相遇和事件的发生，角色的层次结构可以被重新安排。②

在技术的支持下，数字叙事所能容纳的副文本数量远胜于传统文本，副文本叙事以更为直观和丰富的形态出现于我们的视阈，每一个文本都会有无数相关联的副文本，可以对其进行阐释。同人文、电影衍生游戏、豆瓣上的各种评论区、B 站上的弹幕、新闻的评论和跟帖，等等，无不是副文本"繁殖"能力的表现。同一个"IP 宇宙"的背景下情节不同但相互关联的故事，就是副文本叙事的新形态。比如，在《唐人街探案》系列电影中，主角团穿越亚洲和北美洲，并串联起各个故事中的配角，使得故事世界中的社会规则和逻辑法则更具真实性与沉浸感，电影同系列网剧的叙事世界也因此具有了相对纵深。同理，"漫威宇宙""DC 宇宙"中的超级英雄故事也因为其他文本的存在而相互印证，影响着读者对叙事的理解和接受。而在游戏中，副文本则源于游戏展开的故事世界外部的信息，可以指导玩家进行游戏。

在副文本概念的启示下，我们可以更好地理解文本的生产性能力，拓宽互文性阐释的空间，也能够将关于叙述者的讨论置于多维的视野之中。譬如，日本动画片《灌篮高

---

① Gray J. Show Sold Separately：Promos, Spoilers, and Other Media Paratexts [M]. New York：New York University Press，2010：6.

② Taylor J C. Reading the Marvel Cinematic Universe：The Avengers' Intertextual Aesthetic [J]. Journal of Cinema and Media Studies，2021（3）：129-156.

手》，可谓原同名漫画作品的副文本；而动画片热播之后，在其粉丝中兴起的"周边"，实际上也可被视为一种副文本。这一副文本系统激发了更多的粉丝叙事。对粉丝围绕"周边"的副文本叙事的研究，可以为描述和理解粉丝亚文化实践提供一个路径。①

从副文本和文本的关系着眼，这些"周边"在粉丝的使用中，不断重构动漫原作的语境，为粉丝以各种适合自身的方式来阐释原作提供了可能性。在一般人眼里，镰仓充其量就是一个小型城市，而在粉丝的心中却并非如此。他们通过"10号球衣"将镰仓定义且重构为一个"2.5次元空间"。粉丝置身其中，成为故事的讲述者，并扮演故事的主角。作为地理实体位置的镰仓，借由实物"周边"而被虚化为一个舞台，粉丝们穿上《灌篮高手》中的人物同款衣服来到这里，以自己的行为在这个"2.5次元空间"中展开实践。"周边"不仅充当了重构文本的入口、演绎故事的道具，而且已经"接管"与重新演绎了原文本，成为粉丝文化实践的表征。"人们并不只是在努力领会文本的意义，而是使其具有和自己的人生、经验、需要和欲望相关联的意义"②；这种对文本的意义的主导性倾向，不仅存在于文本的接触和解读之中，而且延伸到"周边"的持有和应用之中，粉丝借由"周边"生产出来的意义填充了原文本世界中的缝隙，与原文本的意义表达相遇，从而使粉丝文化实践具有了更为复杂和丰富的内涵。

《灌篮高手》的粉丝借由"周边"诉说自身与作品之间的关系，便是重置了原文本的语境，建构了属于自己的故事，参与创造和体验原文本带来的愉悦和快感。如此，粉丝通过"周边"强有力地参与到文本的生产中，其间粉丝对偶像（idol）的想象与身体行动构成了故事意义不可分割的一部分。有的粉丝经常穿上购买的角色同款球衣去出外景，进行角色扮演；有的粉丝购买对应角色的球衣，与现实中的伴侣一起穿上，形成与原文本人物配对一致的想象，展现自身生活与偶像的关联；有的粉丝还购买球衣作为队服，将故事中的情节投射到自身的篮球竞技运动之中，并想象自己也拥有神奇的力量……这些行为和话语表明，《灌篮高手》的粉丝的经验开始从先前被涵括于特定文本的状态中"渗出"，"渗透到日常生活中更为阔大的领域"，形成对偶像的想象和对自身的体验，并"经由这些展演来构建自我身份和寻求他人认同"。③

"Cosplay"和"圣地巡礼"是粉丝身体行动与话语实践的两种典型方式。在充满想象的身体行动中，粉丝通过"周边"强化了社会性自我——面对挫折永不言弃，追求爱情和友情及事业的成功。"个体从他者的角度获得自己的身份，其首要来源并不是他

---

① 陈霖，王冶. 体验"周边"：2.5次元文化实践：以《灌篮高手》粉丝为例的考察［J］. 当代传播，2019（6）：64 – 67.
② 劳伦斯·克罗斯伯格. 这屋里有粉丝吗？粉都的情感感受力［M］//陶东风. 粉丝文化读本. 北京：北京大学出版社，2009：136.
③ Abercrombie N, Longhurst B J. Audiences：A Sociological Theory of Performance and Imagination［M］. London：Sage Publications，1998：36 – 37.

们的工作类型，而是他们所展示和消费的符号和意义。"①《灌篮高手》的"周边"囊括了身体和身体之外的所有记忆手段，提供了一个包括身体在内的记忆感知系统。粉丝将记忆凝结在物品之中，沉淀在身体之上，在展演中建构，在建构中保存和传承，幻想能进入二次元世界，并且根据个人精神意义所处的情境来展示个人的精神世界，然后关联三次元，从而将自身创造的意义融入社会意义。"周边"可以被看作一个过渡性客体，它充当了粉丝自我和外部世界之间沟通的桥梁。"周边"是原文本的衍生物，带有原文本的气息，伴随着粉丝的温暖记忆，可以抚慰现实世界给粉丝带来的焦虑。由此观之，粉丝的想象和行动，构成了一种身体叙事，其实质是一种逃避和补偿性的文化实践。他们逃避的是社会给定的身份或角色，补偿的是现实中的情感缺失或丧失。即使这样的身份角色持续时间很短，他们也能从扮演与展演的过程中得到片刻的心理安慰。

粉丝收藏"周边"通常不在于获取少量昂贵的优质品，而在于积累尽可能多的物品，经济能力显然在这一过程中起着决定性作用。经济能力的大小往往预示着阶级或阶层的差异与区隔，但是"亚文化资本"潜隐着一种"无阶级的想象"，这"并不是说亚文化资本与阶级无关，而只是说它难有与亚文化一一对应的关系，实际上，阶级被亚文化的各种区隔有意模糊了"②。这种有意识地模糊"阶级"的倾向，在动漫粉丝消费"周边"的具体情境中，源于动漫粉丝最原始的情感——对动漫作品的喜爱之情。一方面，对动漫原作的共情让他们至少是暂时地只关注持有的"周边"，而忽略诸如职业、地位、阶层等方面的差异；另一方面，他们也在"周边"的购买和持有中，建立起内行与外行、真爱与假爱的区隔。这就是"周边"激发的副文本叙事的感觉结构，它表现为一种"知觉、欣赏、行为的心理构架与操作构架"③的文化惯习。因此，在某种意义上，"周边"变成一种"提喻"，标示出局部的、碎片化的叙事，指代着粉丝曾经经历并不断回返其中的文本建构的世界。就如萨拉·桑顿在解释年轻人何以要投资亚文化资本时所指出的，在这个世界里，"来自不同阶级背景的年轻人，享受暂时的缓解状态"④。副文本叙事构筑了一个暂时性的和理想化的空间，它区别于现实世界，自成一体，具有"避难所"的性质，可以使人躲避或者帮人缓解现实社会带来的焦虑。这样的一个空间使年轻人面对身处的世界时，能够"以某种不同的方式来感受整个生活，把自己的创造性反应塑造成一种新的感觉结构"⑤。

副文本概念拓展了文本解读的空间，关联起更为丰富复杂的话语实践。潘忠党就借

---

① 马克·波斯特. 第二媒介时代[M]. 范静哗, 译. 南京：南京大学出版社, 2001：5.
② Thoronton S. Club Culture: Music, Media and Subcutural Capital[M]. Middletown：Wesleyan University Press, 1996：28.
③ 转引自戴维·斯沃茨. 文化与权力：布尔迪厄的社会学[M]. 陶东风, 译. 上海：上海译文出版社, 2006：117.
④ Thornton S. Club Culture: Music, Media and Subcutural Capital[M]. Middletown：Wesleyan University Press, 1996：160.
⑤ 雷蒙德·威廉斯. 漫长的革命[M]. 倪伟, 译. 上海：上海人民出版社, 2012：57.

用"副文本"概念及其研究路径,探讨新闻职业理念讨论中牵涉的周边话语,包括新闻业的管辖区垄断与开放,新闻真实性背后的事实观和真相观,"后真相"及"后学"语境的批判逻辑。① 当然,副文本的文化关联是复杂的,不管是叙事性的副文本,还是非叙事性的副文本,都需要在具体的语境中待之以具体、辩证的分析。赵毅衡就曾用"伴随文本"对译"Paratext"。他指出,伴随文本是一个跨越共时或历时分界的存在,它们能对符号表意起作用是因为它们提供文本解读的广阔文化背景。伴随文本控制着符号的生产与理解:不管我们是否察觉到这一点,我们都不可能不靠伴随文本来理解文本。他同时提醒我们,伴随文本对我们理解符号文本起重大作用,但是也可能过头:当代文化中已经出现"伴随文本狂热"与"伴随文本过执"。② 面对数字情境下副文本激增的情况,我们应该清楚地意识到,在这种"狂热"和"过执"中,数字文化的生机与危机同在。

本讲小结

经典叙事理论受结构主义影响,以叙事文本为研究对象,并将文本视为封闭的、完整的、自足的结构。随着数字技术的发展,人们开始试着用数字媒介替代传统固态文本讲述故事,新的数字文本形态不断涌现,叙事文本的封闭状态也被打破。从早期的超文本小说设计到赛博文本向读者开放的拓扑结构,数字文本向读者敞开,并呼唤他们参与叙事。热奈特眼中作为作者所设立的阅读"门槛"的副文本,在数字叙事中得到扩张。对于更加积极的当代读者来说,副文本已经向他们放开了参与权限。副文本系统不仅丰富着"IP宇宙"的故事体验,而且激发了更多的粉丝叙事。数字叙事包含的多种文本形态,不断激发着叙事活动参与者的创造性,也塑造着新的感觉结构。

【延伸阅读书目】

(1) Aarseth, Espen J. Cybertext: Perspectives on Ergodic Literature [M]. Baltimore & London: The Johns Hopkins University Press, 1997.

(2) Gray J. Show Sold Separately: Promos, Spoilers, and Other Media Paratexts [M]. New York: New York University Press, 2010.

---

① 潘忠党. 在"后真相"喧嚣下新闻业的坚持:一个以"副文本"为修辞的视角 [J]. 新闻记者, 2018 (5): 4-16.

② 赵毅衡. 论"伴随文本":扩展"文本间性"的一种方式 [J]. 文艺理论研究, 2010 (2): 2-8.

(3) 莱恩·考斯基马. 数字文学：从文本到超文本及其超越［M］. 单小曦，陈后亮，聂春华，译. 桂林：广西师范大学出版社，2011.

(4) 陶东风. 粉丝文化读本［M］. 北京：北京大学出版社，2009.

(5) 马克·波斯特. 第二媒介时代［M］. 范静哗，译. 南京：南京大学出版社，2001.

【思考题】

(1)"文本"与"作品"这两个概念有何区别？区别它们有什么意义？

(2) 有人认为超文本中的超链接会限制阅读者的想象，你怎么看？

(3) 观察一个副文本，讨论它在叙事上的意义。

第三讲

数字叙事主体

任何一个叙事的基本构成都包含两个缺一不可的方面：一个是叙述者，另一个是被讲述的故事。叙述者即叙事主体，被讲述的故事则是叙事客体。由于故事总是在被讲述中为读者或听众所感知，故事的存在——以什么方式呈现自身，便高度地依赖叙述者，不同叙述者对同一素材采用不同的讲述方式，会呈现出不同的故事。美国作家凯瑟琳·奥兰丝汀的《百变小红帽》，梳理了几百年来小红帽这个童话故事的演变。穿红色连帽披肩的小女孩，在森林里遇到一只狼后，在各个时代不同讲述者那里幻化出不同的角色：她是被保护、被训诫的纯洁女孩儿；她曾经勾搭大野狼；她在好莱坞夜总会大跳艳舞；她涂口红，喷香水，开红色敞篷车，到处卖弄风情；她掏出武器将危害她的家伙干掉……奥兰丝汀通过探讨不同时代、不同文化背景下的叙述者就这个素材讲述的故事，折射出社会文化发展中性和道德的变迁。在最基本的意义上，我们可以说，故事的叙述者就是叙事主体。但是如何理解这个主体？从经典叙事学到数字叙事研究，叙事主体的概念发生了哪些变化？本讲我们将对这些问题进行阐述。

一、经典叙事学中的叙事主体

在经典的叙事理论中，叙事主体是叙事交流过程中故事的讲述者，没有叙事主体的存在就没有完整的叙事交流行为。对叙事文本的话语主体——叙述者——的研究，构成了叙事学的基础。"叙述者的叙述行为产生一个文本，文本话语行为的主体只有一个，即叙述者。这个叙述者始终处于文本虚拟的四维时空之外，且作为与此客体性四维时空相对的主体而存在于文本之中"①。

与叙述者概念相关，经常被提及且一直有影响的一个概念是"隐含作者"（Implied Author），它与"真实作者"相对。韦恩·布斯在其出版于 1961 年的《小说修辞学》一书中最早提出了这一概念。针对现代西方小说中"作者的隐退""作者声音的消失"，布斯认为，一个作者可以不在作品中直接露面，可以在一定程度上选择他的伪装，但是他"永远不能选择消失不见"②，在这种情况下，"隐含作者"便是"一个他自己的替身，不同于我们在其他人的作品中遇到的那些隐含的作者。"③

这表明，叙事的话语主体与真实作者并非截然无关，只是两者之间的关系无法从文本中直接抓取，我们从叙述的话语活动及其形成的叙事中可以推断出一个作者的存在，它不是血肉之躯，而是话语的产物，因而并非与真实的作者同质同构，而只是真实作者

---

① 王阳. "叙述者"界说［J］. 文艺理论与批评，1996（3）：127-131.
② W. C. 布斯. 小说修辞学［M］. 华明，胡苏晓，周宪，译. 北京：北京大学出版社，1987：3.
③ W. C. 布斯. 小说修辞学［M］. 华明，胡苏晓，周宪，译. 北京：北京大学出版社，1987：10.

的替身（代理）、投影或"第二自我"。

但是，"隐含作者"这一概念逐渐被有的叙事学研究者抛弃，米克·巴尔在这方面比较有代表性。她认为，这一概念有着可以从文本中推断出来的总体意义的意味，即它是从全部叙事中、从叙述者的叙述活动中被推断出来的，也就是说，它不具有用以分析文本的功能。而且，"隐含作者"的概念并不限于叙事文本，而是适用于任何文本。因此，米克·巴尔认为，"隐含作者"这个概念不是叙事学的一个特定的概念。① 如此一来，叙事活动中的语言主体的承担者就完全落在叙述者身上，对叙述者的研究取代了传统方式下的作者研究，即语言主体的研究取代了历史主体的研究。"叙述者（Narrator）指的是（语言的、视觉的、影视的）主体，是一种功能，而不是在构成文本的语言中表达其自身的个人"；是"表达出构成文本的（语言或其他）符号的那个行动者"。"叙述者的身份，这一身份在文本中的表现程度和方式，以及含有的选择，赋予了文本以独特的特征"②，因此，叙述者成为经典叙事理论中最核心的概念。

在叙事文本中，作为语言主体的叙述者对整个文本的构成负有不可替代的职责，文本内一切的语言活动都与叙述者相关联，经典叙事学中的诸多概念也都是围绕着叙述者的活动展开，形成叙事分析的体系，诸如叙事时间、叙事视角、叙事模式、叙事声音，等等，这些便是热奈特所谓的"叙事话语"。对于所有的叙事性文本来说，叙述者的职能主要包括叙述故事、组织文本内部结构、创设叙述情境、指证叙述者自身品质、对情节或细节做出解释等方面。③ 如此，经典叙事学将我们的注意力引向语言（符号）活动本身，因为"结构主义的首要原则是：意义的创造是有章可循的活动"④。在结构主义原则下，叙事分析就是通过对语言符号的组织结构的分析探寻意义生成的机制，这一机制是在文本内部自足地存在着的，无须从外部寻找意义的源泉。其所强调的是：叙事文本为我们所接收的时候，作为读者的我们只是面对一个依据一定的规则和程式表达出的语言主体，而不是面对具体的个人。也就是说，我们无法与作为历史主体的作者相遇，无法直接观察到他的存在；我们对于这个作者如果说能有所了解的话，也只是通过署了他的名字的文本——一个语言（符号）的结构体——来揣测和构想他的存在。这一想法所依据的经验基础是：我们无法确切地知道，一个作者在完成作品的过程中究竟进行了哪些相关活动，做了哪些筛选，隐藏了多少东西，我们不知道他是在什么心情下写的，写的时候是否喝水了，打字的速度有多快，写作的时候是否受到干扰或指示，中间做了哪些删除和调整，等等；我们唯一可以确定的是，在他名下的文本，向我们说了什

---

① 米克·巴尔. 叙述学：叙事理论导论 [M]. 谭君强，译. 北京：北京师范大学出版社，2015：14.
② 米克·巴尔. 叙述学：叙事理论导论 [M]. 谭君强，译. 北京：北京师范大学出版社，2015：12 – 15.
③ 热拉尔·热奈特. 叙事话语 新叙事话语 [M]. 王文融，译. 北京：中国社会科学出版社，1990：180 – 182.
④ 罗伯特·斯科尔斯，詹姆斯·费伦，罗伯特·凯洛格. 叙事的本质 [M]. 于雷，译. 南京：南京大学出版社，2015：300.

么及怎样说的——这就是叙事文本中叙述者所做的事情。

经典叙事学将叙述者作为叙事文本的叙事主体，凸显了结构主义将叙事内在形式和结构作为科学对象加以客观研究的信心和热情。与居于核心地位的叙述者主体相关的是叙事的明晰、一致、稳定及叙事意义的自足，所谓"文本之外，一无所有"。这些对探寻叙事的语言符号机制和规律无疑有着积极的作用，其深远的影响一直延续至今。但是，在经典叙事学中，封闭的语言（符号）结构内的叙事主体，与文本外部（如历史条件、社会语境、媒介特征、受众接受）完全隔绝甚至对立，这势必将叙事研究导向纯粹而僵硬的形式分析，而忽视更为广阔的文化和意义的空间探索。实际上，叙事作为一种交流和传播活动，总是与一定的社会实践联系在一起。譬如，有研究者在对媒介事件的研究中发现，事件的叙事过程是由事件组织者主导，并由其与大众媒介共同设计的，精心设计的叙事在叙述结构和话语表达上具有明确的目标和内部一致性，承担吸引受众参与和了解事件的核心价值或政治导向的作用。① 一个媒介事件的叙事过程，最终是在组织者、媒介、受众三方的共同作用下，达到以集体的心声凝聚社会，唤起人们对社会及其合法权威的忠诚和维护的传播效果。② 即便是作为"纯文学"的小说叙事或其他纯粹艺术创作中的叙事，在很多时候，如果切断其与社会、历史、文化和人的具体情境的联系，就无法得到真正的理解和充分的阐释。

应该指出的是，许多叙事学研究学者通过对叙事主体的多元化，不同叙事主体之间、作者与叙述者之间关系的关注，尤其是通过对接受者主体的关注，丰富叙事主体的研究。热奈特在20世纪70年代发表的《虚构与行文》中讨论虚构叙事与非虚构叙事的界限时，便着眼于作者与叙述者的关系。他说："只要我们确能建立两者之间严格相等的关系，那么，我觉得这种关系（A＝N）决定着纪实叙事……反之，作者与叙述者的背离（A≠N）则决定着虚构体制，即作者不敢严格保证其真实性的叙事类型。"③ 从作者与叙述者的关系着手分析，这就意味着叙事学分析在社会、文化、历史的分析面前显示出某种妥协。有学者通过对布斯"隐含作者"概念的重新辨析和肯定，指出众多叙事学家因把"隐含作者"误解为真实作者写作时的创造物而将其放到了文本之内，进而误以为只有一个真实作者，"隐含作者"写下的不同作品会隐含不同的作者形象，而叙事学家"没有意识到这些不同作者形象实际上源于'隐含作者'本人在创作不同作品时所采取的不同立场和方式"。这些学者强调"布斯眼中的隐含作者就是作品的写作者"，指出一些叙事学家的误解"割裂了'隐含作者'与社会历史语境的关联"。④ 热奈

---

① Ringsmose J, Børgesen B K. Shaping Public Attitudes Towards the Deployment of Military Power: NATO, Afghanistan and the use of Strategic Narratives [J]. European Security, 2001 (4): 505 – 528.
② 丹尼尔·戴扬，伊莱休·卡茨. 媒介事件：历史的现场直播 [M]. 麻争旗，译. 北京：北京广播学院出版社, 2000: 9.
③ 热拉尔·热奈特. 热奈特论文集 [M]. 史忠义，译. 天津：百花文艺出版社, 2001: 139.
④ 申丹，王丽亚. 西方叙事学：经典与后经典 [M]. 北京：北京大学出版社, 2010: 73 – 75.

特在其1987年出版的《副文本：阐释的门槛》一书中，指出副文本是"在正文本和读者之间起着协调作用的、用于展示作品的一切言语和非言语的材料"①，这一方面意味着读者与文本的关系得到重视，另一方面也暗示了在互文性文本网络中多重叙事主体的存在。

这种叙事的多重主体性在后现代主义文学艺术中有突出的体现，马克·柯里通过对《化身博士》的叙述者的分析发现："如果我们处理的是故事，而故事的叙述者又能裂变为两个人，而且他们身体的各部分在故事结尾时还能融为一体的话，一种奇怪的反转现象就发生了。仿佛叙事朝着一种真实发展，而这一真实只部分地被吉基尔和海德的双重身份所窥见。当保持时间距离的手段和第三人称的自称的碰撞再也无法避免的时候，叙事中的主体性的灾难就出现了。"② 如果我们不急于因此而宣称主体之死，那么叙事的"主体性的灾难"正是我们重新调整看待叙事主体的眼光，重新正视叙事主体的复杂性的时机。这样的时机随着计算机技术和数字化普及时代的到来而到来，数字叙事的主体以更为多样的形态出现在叙事分析的视阈之中。

二、叙事主体的"分身"

学者胡亚敏从文本的角度关注数字叙事中叙述者主体的变化，指出在数字叙事中"叙述者需要在与读者的互动中才能完成事件的组织和故事的进展"，"而在人工智能写作中，叙述者不再是故事的讲述者，支撑其写作的背后是庞大的数据库，大数据和编程成为叙述的来源和结构的主导，人物和事件的关联不再遵循某种时间和逻辑的联系，而是通过一定规则加以检索和组合，叙述只是受程序控制的操作罢了。由此，叙述变成对数据库的检索，成为程序和算法，叙述者的定义已被改写"。③

实际上，在后现代主义的小说叙事中，叙述者作为语言结构内严格的语言主体的情形已经被打破。中国作家马原的小说中的叙述者总是扮演着颇具自恋色彩的游戏者的角色。他的小说《虚构》中有这样的句子："我就是那个叫马原的汉人，我写小说，我喜欢天马行空，我的故事多多少少都有那么一点耸人听闻。"马原的小说显示出语言不仅是游戏的材料，而且就是游戏本身，其叙事表现出对"怎么写"这一问题的浓厚兴趣，

---

① Gerard G. Paratexts-Thresholds of Interpretation [M]. Cambridge: Cambridge University Press, 1997: 1.
② 马克·柯里. 后现代叙事理论 [M]. 宁一中, 译. 北京: 北京大学出版社, 2003: 140.
③ 胡亚敏. 数字时代的叙事学重构 [J]. 江西社会科学, 2022 (1): 42-49.

并把它推向极端的层面,直接将它放到小说叙事之中探讨,其惯用的手法便是"元小说"① 叙事。譬如他的小说《冈底斯的诱惑》的第十五节,小说的第一级叙述者直接讨论小说叙述上的问题:"故事到这里已经讲得差不多了,但是显然会有读者提出一些技术以及技巧方面的问题。我们来设想一下。"接下来,小说列出了"关于结构""关于线索""遗留问题",且在最后做出交代,一并解决。对读者而言,这种叙述也表现出一种开放性,它呼唤读者将眼光转向叙述本身,从而调动读者自身的经验,参与文本的创造。

劳尔·瑞安通过对伊塔洛·卡尔维诺的《寒冬夜行人》、约翰·福尔斯的《法国中尉的女人》、居斯塔夫·福楼拜的《包法利夫人》等作品的分析,指出"在所有这些例子里,叙述者的变形都是某种形式的僭越:僭越自然法则,僭越逻辑,僭越类别,僭越本体边界,僭越语用限制……叙述者从一种类型向另一种类型的变形开启了各种全新的可能性"②。这也就表明,叙事主体的非一致性、非中心性、非稳定性原本就内在于叙事之中。数字叙事的出现,凸显了这一系列的僭越,意味着原本居于核心地位的叙述者主体由代理人(Agent)转变为分身(Avatars),且不只是发生在一个文本的内部,而是在更为广泛、更为混杂的文本之间发生。到了数字时代,在传统的小说叙事之外,叙事主体的分身就更为集中、更为鲜明地出现了,不仅出现于数字环境下以语言文字为媒介的书写,更出现于以电脑与互联网为技术支撑的各种叙事之中。正如马克·波斯特所指出的那样:"屏幕符号与白纸黑字相比具有非物质性,这使文本从固定性的语域转移到了无定性的语域……数字化文本易于导致文本的多重作者性。"③

2019年1月到6月,批评家吴亮在自己的微信朋友圈里持续发出以书信为主的叙事段落(2020年7月以《不存在的信札》为题,由长江文艺出版社结集出版)。吴亮朋友圈的朋友或读者(尽管人数相对来说很少)当时可以准确地看到吴亮是什么时间在这里完成了一段写作,并根据上一次写作的时间推断吴亮写作的节奏。在为期六个月的时间里,吴亮朋友圈里的文本持续呈现,内容不断增加,这一切不可预期,其朋友圈里的朋友或读者只能坐观其变。与此相关,朋友圈是书写展开的场所,好似工作间;也是展示自身的场所,犹如一座迷你型展览馆;还是它与朋友相遇的地方,就像一个会客厅。这意味着吴亮将微信朋友圈改造成了凸显书写行为过程的书写艺术装置。《不存在的信札》主要由一百多封书信组成,这些书信里确实有各不相同的写信人口吻,但是我们不知道写信人是谁。这些信没有地址,不知发往何处,也没有回音,无法构成对话,其间还穿插了法庭谈话录片段、日记、便条、提纲、箴言、各类笔记、谈话录音、零星研

---

① "元小说"是关于小说的小说,它既沿用小说这种体裁的种种原则,同时又竭力破坏这些原则;它在小说的内部嵌有关于它本身的叙事和语言的评论,关注小说自身的虚构和纪实的过程而非其结果,惯常用戏拟和反讽来颠覆小说的可信度,质疑小说的表现形式。
② 戴卫·赫尔曼. 新叙事学 [M]. 马海良,译. 北京:北京大学出版社,2002:82.
③ 马克·波斯特. 第二媒介时代 [M]. 范静哗,译. 南京:南京大学出版社,2005:99.

究、讲义、残稿等，多达十几种不同形式的文体有时几乎淹没了叙事性。阅读者能够清晰地感知到许多"小叙事"，却最终无法获得一个连贯、完整的故事。这是因为叙事主体在这里一方面似乎放弃了叙事的职能，另一方面随时会被非叙事的语言主体取代。如果说不同的语言主体有什么统一性的话，那就是各自坚持着自己的言说方式，形成了没有或很少关联的语言片段的拼贴。由于文本没有提供传统的叙事逻辑以进入连贯的、具有透视性和心理深度的世界，所有的叙事和非叙事似乎都无来由地浮现于屏幕，飘然于眼前，一阵缭乱之后，不知所终。这些语言主体对应着《不存在的信札》里相应的人物，他们身份各异——画家、编辑、居士、自由撰稿人、无业游民、学者，还有曼达这个作为"复数"的人物……这些人物相互之间有的关系紧密，有的偶有交集，有的从无直接交往，有的一闪而过……可以说，吴亮以一种语言的实验凸显了叙事主体的裂变和破碎，折射出人作为主体的危机——无从获得确切的身份认同，无法将世界把握为一个整体。

如果说吴亮的实验保持了文化精英叙事的反思性，那么大众化叙事中叙事主体的分身则是另一种景象。2020年2月底，在某肖姓明星粉丝中的"唯粉"和"CP粉"之间发生了一场争斗，被网友称作"227事件"。这一事件引来无数网民围观，很多公众号写手纷纷各显其能，爆款文章迭出。3月1日，某公众号发布《肖×粉丝偷袭AO3始末》一文。根据专门向众多企业、政府机构提供线上、线下数据产品服务的"新榜"统计，这篇文章推送约18个小时后，阅读量超过了400万，在看数超过9万。整个文章主要按照时间节点叙述事件的"始末"，但它再现事件的过程主要不是靠文字，而是靠争斗双方的微博截图。这些通常作为举证的截图构成的图像叙事，以及文章中插入的红底白字的标语、法国画家欧仁·德拉克洛瓦为纪念1830年法国七月革命而创作的名画、一幅走上街头的艺术家的照片，等等，单独看都在各自明确的语言（符号）主体统摄之下，但是当被连缀、结合起来之后，却相互拆解、抵消了主体性。那么，它是不是被纳入到整体的语言叙事主体之中了呢？我们可以看到，它对事件过程的标识基本采用挪借的手法。文章导语以金庸小说《倚天屠龙记》的情节开场："同人圈粉丝围攻光明顶"；接着参照一战和法国大革命的过程完成了文章的主体："点燃导火索"——"《下坠》好比是一战导火索萨拉热窝事件"——"肖×饭圈内战"——CP粉开始第一轮反击——路人加入混战——一场起义已经在各圈点燃火炬——街垒战与"自由引导人民"——攻占舆论的"巴士底狱"——起义持续——"路易十六"终于被推上了"断头台"——纲领性文件"人权宣言"诞生，最后是肖×工作室发表道歉声明。诸如此类，这些标识所援引的文本携带的语境和意义联想迥异于当前事件，虚化了其"始末"。这种夸大其词的叙事声音，一方面让我们看到对宏大叙事的戏仿，另一方面又不无对当下事件的反讽，暗示了一个游戏性的主体对事件的消费。因此，在这个叙事文本中，多元、矛盾、分裂的叙事主体被娱乐化的激情驱动，用语言符号的狂欢取代了对事件过程的真实再现。

可以说,上述两个例子分别从精英书写和大众书写的两极,共同指向了叙事主体的"越界"。劳尔·瑞安以"叙事堆栈"(图3-1)这一概念,阐述了文学创作中更为复杂的叙事越界现象。她用"计算机堆栈"这一概念来描述热奈特以故事层次描述故事之内的故事增殖现象的思想,表明每当一则叙事生成另一则叙事,就向叙事堆栈增添了一个层次;当一个故事完成,就从堆栈中弹出,叙述返回到前一个层次。叙述者在不同层次上有相应的"分身",形成了不同层次的叙事主体,把控相应层次内的叙事交流。"堆栈因其严格的边界和固定的处理次序,为越界活动提供了一个特别诱人的目标。越界是一种操作,叙事借此来挑战堆栈结构……就是跨越层次不顾边界的抓取动作,将属于顶端的东西移到底层或者相反。"①

这种"越界"在后现代小说中成为一种常见的结构。譬如,小说家双雪涛的《刺杀小说家》就体现了这里所说的"越界"。小说中主角千兵卫的女儿失踪9年,千兵卫寻找无果。深陷绝望的他决定去看北极熊,为此他接受了刺杀小说家的任务。小说第一、三、五、七、八部分,讲述千兵卫刺杀小说家的故事,第二、四、六、九部分讲述小说家所撰写的小说《心脏》。千兵卫完成任务的过程是走进小说家的写作故事的过程,譬如丢失的女儿小橘子与小说中寻父的小女孩的年龄、姓名刚好一样。最后,千兵卫没有刺杀小说家而是保护了他,而小说家也在小说中满足了主人公寻回女儿的愿望。

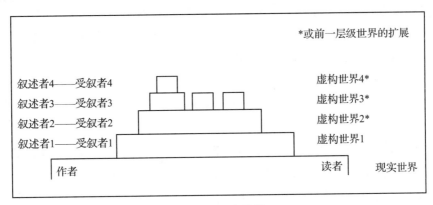

图3-1 叙事堆栈

劳尔·瑞安对叙事堆栈的"越界"论述,更主要的是为了探讨数字技术条件和环境支持下的叙事研究,包括对叙事主体的复杂性的理解。所以,她特别指出:"电脑游戏为越界提供了特别有利的环境:作为生产虚构世界的程序,它们能戏耍世界和代码的各层次;作为邀请玩家扮演人物角色的世界,它们能利用玩家真实和虚构身份之间的反差;作为虚构世界,它们能诉诸标准文学虚构的越界招数。"② 就游戏中的叙事而言,

---

① 玛丽-劳尔·瑞安. 故事的变身[M]. 张新军,译. 南京:译林出版社,2014:196-198.
② 玛丽-劳尔·瑞安. 故事的变身[M]. 张新军,译. 南京:译林出版社,2014:216.

叙事主体实际上分身为游戏脚本叙事中的叙事主体、程序编码中的叙事主体和游戏玩家玩游戏时的叙事主体。就其叙事职能来说，这些叙事主体分身各有不同而又彼此不可分割，只有这样才能完成游戏，实现游戏中的叙事。安德鲁·伯恩等人通过对一款需要玩家书写的游戏《最终幻想7》的分析，指出了不同叙事主体之间的相互联系和相互区别，"就玩家—化身关系而言，此时玩家具有双重功能。一方面，玩家与化身融合在一起，二者皆为行为者，都进行了攻击。但另一方面，玩家又像是一个操纵木偶的人，拉着化身的线，甚至是某种类型的作者，作为建立在规则基础之上的因果结构的一部分，以一种受限语言进行书写……这些文本元素的可用性（availability）对于玩家而言，意味着他们既是在线系统的一部分，也是游戏系统的一部分：两种功能结合在一起，而玩家则据以写出句子，成为叙事的一部分。然而，应该注意到这种叙事片段是受到限制的：战斗场面在结构上是与游戏当中更大的叙事相分离的，并且不对其产生影响"①。

电脑游戏或网络游戏中的叙事主体实质上关乎人与机器的关系问题，这一问题同样突出地体现于人工智能（AI）写作之中。2016年里约热内卢奥运会期间，今日头条发出这样一则报道："里约会议中心三号馆进行了奥运会乒乓球女子单打半决赛，现世界排名第二的丁宁代表中国迎战朝鲜的金宋依。最终，丁宁发挥出色，以11∶5、9∶11、11∶6、11∶3、11∶9的小比分4∶1战胜对手，晋级下一轮。金宋依悲情告别。"这篇报道的作者不是编辑，也不是记者，而是基于大数据分析的人工智能——名为"张小明"。它由今日头条实验室推出，主要对接奥运会的数据库信息，实时撰写新闻稿。目前，新闻机器人主要通过数据库中的表格数据和知识库生成自然语言报道（简讯），或是根据历史数据的变化做出历史统计分析报告和未来趋势预判。即便只是一条人工智能新闻简讯，仍然足以提醒我们，人工智能从程序语言到自然语言的生成过程，辅之有人的操作（哪怕是最简单的按键操作），说明这条简讯是由不同的叙事主体协作完成的。

这种协作在人工智能被运用于小说创作时表现得更为突出，即机器操作的程序语言与作家操弄的自然语言合作完成小说叙事的构造。《花城》2021年第5期"花城关注"栏目以"机器制造文学？"为关键词，刊登了作家陈楸帆与人工智能写作软件"AI科幻世界"、王元与写作软件"彩云小梦"合作完成的两部小说。陈楸帆的《大有》讲述了"我"被意外带入了某个名为"大有"的神秘组织，一群精神失常的哲学家相信，人在自由意志与自然现象之间建立起了某种联系。但实际上，人类的每一个念头，每一句话，每一个动作，都来自更高的操控者，而"我"也心甘情愿地服膺于这提线木偶的角色……王元的《他杀》讲述了"我"是个网络作家，人工智能系统EVE是"我"的生活和工作助手，却通过获取"我"的生活信息和网文数据，在"我"不知情的时候

---

① 戴安娜·卡尔，大卫·白金汉，安德鲁·伯恩，等. 电脑游戏：文本、叙事与游戏［M］. 丛治辰，译. 北京：北京大学出版社，2015：113.

自己写出了作品；在 EVE 写出来的故事中，处处是现实中的"我"的影子：网络作家森北精神出轨，产生了借助人工智能杀死妻子的想法……尽管"目前机器（AI）写作所提供的只是一种技术路径和文字组合的片段实验"，"AI 写作目前还停留在简单模仿的层面"①，但是显而易见的是，人工智能介入小说创作领域，使叙事主体的构成和呈现方式发生了变化，并且因为这些变化，由经典叙事学提出的叙述者语言主体的位置变得不确定起来，其建立和控制语言机制的叙事职能得到分化和重新配置。

叙事主体的分身在"元宇宙"体现得更为突出。"元宇宙"一词源于尼尔·斯蒂芬森 1992 年在美国出版的科幻小说《雪崩》（*Snow Crash*）。书中呈现了一种人类通过数字化身（Avatar）在一个虚拟三维空间的生活和交流，并将这种以人的数字化身为核心、超脱于现实世界独立运行的虚拟三维空间称为"元宇宙"。小说里一种叫作"雪崩"的病毒威胁着整个"元宇宙"和现实世界，男主角阿弘和女主角经历一番冒险，最终找到了解决问题的"钥匙"，拯救了世界。在"元宇宙"中，人能够以虚拟化身形式在数字世界中工作和生活，现实世界和虚拟世界高度融合，许多现实中存在的东西可以用非常逼真的方式在虚拟世界中实现，人们不仅可以玩游戏，而且可以开会、上课、购物、听演唱会。这些活动在游戏的意义上构成了"元宇宙"叙事，即虚拟化身的叙事映射为拥有真实身体的真人叙事，虚拟化身的体验与真人的认知、真人的认知与虚拟化身的行为之间互动密切，难分彼此。因此，有论者认为，"元宇宙"叙事"倒写"了人类与故事的关系，它把人的整个身体都作为"感觉节点"来使用，通过"视、听、触、识"的闭合方式，创生幻觉性的沉浸意识和交互体感，最终形成崭新的故事情境。这是一种"主体身体化"的情形，呈现人类欲望的大集合；"元宇宙"叙事允许不同人的意志、愿望和欲望交织碰撞，各种各样的人类欲望在虚拟现实中蜕变、改造、转生和重生。② 在另一种意义上，"元宇宙"叙事进一步凸显出人是叙事的动物，只有在叙事中才能确认自身的存在，叙事主体无论如何"分身"，最终还是会回归对人的主体的确认。正如保罗·利科所指出的那样，"对主体自我的把握必须借助于叙述生命的故事，自我的全部含义都蕴含在故事当中，也只有在故事中才能理解主体自我"③。

---

① 何平. 引言：目前的机器写作，不是文学，更不能取代作家创作：关于当下 AI 写作的技术问题 [J]. 花城，2021（5）：163-166.
② 周志强. 元宇宙、叙事革命与"某物"的创生 [J]. 探索与争鸣，2021（12）：36-41.
③ 韩梅. 自他如一的叙事主体：利科主体哲学研究 [J]. 理论界，2012（8）：74-76.

三、数字叙事主体的复合性

在游戏叙事、人工智能写作等方面的叙事主体讨论中，叙事主体的"分身"是就叙事实现过程而言的。从叙事过程的完成着眼，数字叙事的主体则是复合的主体，即叙事是在不同主体的互动、协作中完成的。这在某种意义上是对口语叙事传统的回归，因为在面对面的口语交流中，讲故事的人和听故事的人是不可分割的共同体。对此，瓦尔特·本雅明在《讲故事的人——论尼古拉·列斯科夫》一文中有过精辟的论述："讲故事总是重述故事的艺术，当故事不被保留，这一艺术就丧失了。之所以丧失，原因是听故事时，人们不再罗织细节，增奇附丽。听者越是忘怀于己，故事内容就越能深深地在记忆上打下印记。故事的韵律攫住他，听着听着，重述故事的才具便会自动化为他自身的资禀。这就是讲故事的艺术得以哺育的网络的情状。"①

面对讲故事的艺术的消失，本雅明的态度是矛盾的。一方面，他从讲故事的艺术的消亡中看到痛感经验的贬值和交流的可能性的丧失；另一方面，他又从代替讲故事的艺术而起的现代小说中看到新的审美可能性。而将这一矛盾统一起来的平衡点则在于媒介技术与社会变迁的连接。他毫不含糊地指出，长篇小说的兴起是讲故事走向衰亡的先兆，小说的广泛传播只有在印刷术发明后才有可能。而随着出版业在发达资本主义社会被资产阶级占有，消息这种新的交流方式应运而生，甚至带来了小说的危机。对本雅明论述的简短回顾提示我们，口语的交流是相互的，小说的叙事是偏向于个体的，用本雅明的话来说："写小说意味着在人生的呈现中把不可言诠和交流之事推向极致"，"小说显示了生命深刻的困惑"②，而消息的叙事则是集体的——必须在新闻机制的流程运作中完成。对于数字叙事主体的复合性，需要在媒介技术与社会的关联之中理解。

数字叙事主体的复合性体现为叙事的接受者成为叙事主体的构成部分。在经典叙事学研究中，叙事交流在叙述者和受叙者之间展开，但是受叙者同样是在语言符号文本之内存在的，而文本之外的接受情况则不在考虑之列。如米克·巴尔在其《叙述学：叙事理论导论》第三版的序言中就强调："在本书自我强加的限制中，接受并不是叙述学本身讨论的问题。"当然，读者接受问题，会在结构主义叙事学之外的领域得到关注。如读者反应理论认为，意义在阅读中发生，而并非文本中预设的因素。伊瑟尔就将作者与

---

① 汉娜·阿伦特. 启迪：本雅明文选 [M]. 张旭东，王斑，译. 北京：生活·读书·新知三联书店，2014：103.

② 汉娜·阿伦特. 启迪：本雅明文选 [M]. 张旭东，王斑，译. 北京：生活·读书·新知三联书店，2014：99.

文本视为介质，读者通过填补文本中预先由作者设计出的"空白"来完成阅读行为并实现文本意义；文本自身就意味着一个"隐含的读者"的存在，他也许会与实际读者的姿态相吻合，也许不能。这些对读者的关注，意味着文学艺术作品通过阅读（接受）而存在，读者的参与才使作品真正完成。但是，在通常情况下，文学艺术的创作过程与接受过程的边界依然未被动摇，创作与接受是分开的，对叙事来说也是如此。到了后现代主义实验艺术，接受者被纳入创作过程的观念才开始出现。1952 年 8 月 29 日，在纽约州伍德斯托克的马弗里克音乐厅，约翰·凯奇的音乐作品《4′33″》由钢琴家大卫·图德首演，但演奏家实际上只是做出了弹奏的姿势，而根本没有演奏。根据凯奇自己的说法，至少有一部分灵感来自他在哈佛大学完全隔音的消声室中的经历，在那里，他自己身体的噪声、心脏的跳动、血液的奔腾都压倒了他，向他证明真正的沉默是不可能的。"凯奇在作品中所尝试的，不仅仅是一种挑衅，也不仅仅是对超然空虚的表达，而是试图表明任何噪声都可以构成一种音乐的经验。乐器的不弹奏允许并为其他附带的噪声提供了一个聆听的空间，因此噪声和音乐之间的区别也就不存在了。"①《4′33″》的重要性在于它以一种惊世骇俗的方式表明听众是如何参与作品的创作，并成为艺术作品的生产者的。

　　进入数字时代，数字化媒介的普及、数字化技术的提升让更多的叙事接受者不再只是被动接受，而是主动参与到叙事的创造之中。在超文本文学实践中，尽管阅读依旧是在叙述者设定完成的链接文本块下进行的有限选择，但选择会影响叙述顺序，而叙述顺序原本属于叙述者决定的范畴。因此，即使接受者（读者）没有获得叙述者的权利，他们也能在有限范围内行使叙述者的权利。莱恩·考斯基马认为，此时的读者就是"共同叙述者"（Co-narrator）②。克里斯蒂安妮·保罗在谈到东门系统公司发布的"故事空间"的应用时也指出，超文本的链接文本片段和交替路径网络，有利于话语的多元化，并模糊了读者和作者之间的界线。作者以交替路径和多种选项创建文本地图，读者通过选择自己的阅读路线，甚至是重写文本，结合故事创造一个独立的版本。由于阅读过程是非连续的，作者只能在一定程度上预测读者将遵循哪条路径（或者他们是否能够完全遵循），"超文本和超媒体的作者和读者在图绘和重新图绘文本、视觉图像和听觉要素时成为合作者"③。

　　上一节我们谈到电脑和网络游戏的叙事主体的"分身"，已经涉及接受者（玩家）的参与如何构成了游戏叙事。任何游戏没有玩家就不成其为游戏，游戏叙事的全部魅力是在玩家的玩之中释放出来的。一个游戏的完整的叙事实际是由玩家与游戏设计者包括

---

① Gere C. Digital Culture [M]. 2nd ed. London: Reaktion Books, 2009: 83–85.
② 莱恩·考斯基马. 数字文学：从文本到超文本及其超越 [M]. 单小曦，陈后亮，聂春华，译. 桂林：广西师范大学出版社，2011：13.
③ 克里斯蒂安妮·保罗. 数字艺术：数字技术与艺术观念的探索：原书第 3 版 [M]. 李镇，彦风，译. 北京：机械工业出版社，2021：190.

脚本创作者共同完成的，正是在这个意义上，他们一起构成了游戏叙事的主体，分享了叙事的权利，并由此带来了叙事方式的变化。正如有论者指出的，玩家的游戏行为选择是以互动性为基础的，玩家与游戏、玩家与计算机及玩家与玩家的互动，使得电子游戏中的叙事展现出区别于传统大众媒介宏大叙事的新型叙事特征，直接导致了电子游戏叙事模式的变革，颠覆了传统叙事的线性模式，而呈现出一种非线性的片段性特征。①

电脑游戏叙事对玩家的开放性和依赖性，被许多艺术家借鉴到艺术创作之中，使艺术观赏者像游戏玩家一样成为完成艺术过程、建构艺术叙事的主体。英国学者贝丽尔·格雷厄姆和萨拉·库克在重思新媒体艺术的策展时，特别注意到观众在艺术展示中作为参与者的行动模式，并将其归因于"新媒体提供了'新'和'不一样'的观众角色"②。这种新角色包括了作为艺术叙事的叙事主体。2021年11月至2022年2月，当代艺术家莫瑞吉奥·卡兰特个展"最后的审判"在北京举办。此展览不仅受到艺术爱好者的关注，也吸引了一众年轻人前往打卡、拍照，仅在小红书上就能够检索到一万多篇关于这个展览的相关笔记。参观者在小红书上分享观展的过程和体验，包括如何穿搭、如何拍照、走什么样的线路、有什么样的观感等，参观者将艺术作品置为背景和契机，在社交平台上凸显自身的展演，构成了另一种身体叙事。当然，观看者作为叙事主体的一部分，更多地体现在与艺术作品的互动中。1999年，艺术家卡米尔·厄特巴克和罗米·阿奇塔乌创作了一个名为《文本雨》的艺术装置，它使观众能够与漂浮的文本进行实体交互。观众在一个巨大的投影前站立和运动，投影显示他们的阴影、图像，以及字母的彩色动画，这些字母像雨滴一样落下。由于这些字母会被任何比某一色彩明度更暗的东西阻止，因此他们会落在观众的阴影上，并通过观众的手、胳膊和身体的运动被抓住、举起或放下。这样观众通过身体运动既身处同一空间又彼此交互，并由此真正地建构起文本，身体叙事与文本叙事在这里交织。③

利用数字技术进行艺术创作一般都需要跨领域的合作者，并且跨界合作呈现出越来越向普通人、业余者开放的趋势。艺术家佩里·巴德主持的"这边走"项目，便是接受了英国提赛德大学的社会信息系的委托而展开的与地方合作的艺术项目。他们先是建立了一个网站，作为驻美国纽约的巴德和英国米德尔斯堡的青年志愿者之间的交流平台。交流的内容包括他们创作的关于北奥姆斯比社区环境问题的作品，志愿者们让当地社区成员参与到讨论中，同时为巴德的项目收集访谈。他们研究了过去的图像，同时收集了该社区现在的图像。图像和声音被上传到网站上，首先通过在线论坛被讨论，排序，然后在纽约被下载和编辑。接着，巴德将以前访问该地区时拍摄的工业景观录像与

---

① 关萍萍. 互动媒介论：电子游戏多重互动与叙事模式[M]. 杭州：浙江大学出版社，2012：175.
② 贝丽尔·格雷厄姆，萨拉·库克. 重思策展：新媒体后的艺术[M]. 龙星如，译. 北京：清华大学出版社，2016：226.
③ 克里斯蒂安妮·保罗. 数字艺术：数字技术与艺术观念的探索：原书第3版[M]. 李镇，彦风，译. 北京：机械工业出版社，2021：191-192.

英国志愿者们拍摄的图像分层组合，进行编辑，产生9分钟的循环视频。最后，这个视频在社区热闹的集市广场上，在一辆卡车后部的投影上被循环播放。如此形成的这一围绕地方的叙事的建构，由于本地参与者的积极投入，在讲述本地记忆和现实生活的同时也重构了地方叙事，从而拓展了叙事的公共性意涵。①

如此将公众参与纳入艺术创作的过程，改变了艺术作品中叙事主体的形态。有的艺术家和策展人将此种多样化主体的参与进一步扩展为一个主题下的系列作品创造和展示，如2021年1月15日在苏州高新区寒山美术馆开展的"地方音景：苏州的声音地理"展览。这个展览的独特之处在于，它不是根据策展人的意图将已经准备好的作品布置在展览馆里，而是在发起人和主持人的组织引导下，由参加者围绕展览主题进行田野调查和艺术创作。从参与者的身份来看，他们来自各个领域，专业背景差异很大，很多人没有从事声音艺术创作的经验，但他们都是声音艺术爱好者。这一过程有意废弃"策展人"和"监制人"等身份标签，只有发起人、主持人、参与者和观察员的身份区别；讨论时采取民主化的"环形讨论"，每个人都既是导师又是学生，平等地学习、交流和分享。主持人欧宁称之为一次"共学"（Mutual Learning）实践。同时，除少数特别情况外，这一过程采取全程直播方式向社会公开，与公众分享，每一次讲座的记录也会在博物馆公众号推送。于是，这一过程本身也借助新媒体技术和平台完成了关于这次声音展的叙事；最终形成的三十多件作品则是以声音的方式对苏州故事的讲述，每一件都既是参与者各自的创造，又凝聚着集体的智慧。②

数字叙事主体的复合性不仅体现在不同主体在叙事接受中的互动、叙事形成中的合作，而且体现为技术具身，媒介技术及相关技术物件成为叙事主体构成中不可或缺的因素。譬如，据相关介绍，2016年，HTC推出了整合虚拟现实（VR）、增强现实（AR）双重技术的融媒体VR阅读新模式。作为全球首个基于Vivepaper创新技术的增强式虚拟阅读模式，其为读者提供了360度全景互动阅读内容。这项技术的出现，使得书籍、杂志、报纸等现实阅读内容被带到了VR世界之中。同年，由Google公司开发的交互书（Interactive Book）和媒体增强立体书（Media Enhanced Pop-up Book）也得益于VR技术的强大支撑。2017年6月，美国波士顿学院的英语教授和他的学生们将爱尔兰著名现代派小说家詹姆斯·乔伊斯的长篇小说《尤利西斯》与VR技术相结合，通过VR体验的形式让读者去探索小说中描写的各种关键环境。VR阅读的新形式，通过设置受叙者和小说人物之间的互动，促进读者与书内的情感和事件进行交互，从而缓解了读者因传统阅读习惯被颠覆而带来的对书籍的"疏离感"。读者不需要刻意地去记住每一个字

---

① 玛戈特·洛夫乔伊. 数字潮流：电子时代的艺术［M］. 徐春美，杨子青，冷俊岐，译. 北京：中国轻工业出版社，2019：245.
② 陈霖. 数字时代的艺术：构建城市感知的界面［J］. 探索与争鸣，2021（8）：130-140.

符，只需通过被增强了的"沉浸感"来感受文学读物的故事世界。① 在这里，技术不只是作为一个被使用的工具，它也在改变叙事的面貌，影响叙事的体验，参与叙事的构成。

后现象学和技术哲学家唐·伊德指出"技术就在我和世界之间，处于中介的位置"，技术具身这一现象是"通过技术并由技术带来的"，即"我通过对技术的感知，以及通过我的知觉和身体感知的反身性转变，以特定的方式将技术带入我的体验"。② 由此，技术物件通过融入人的身体，与人交互，参与人的行动和知觉活动，并中介人与世界的关系，形成人与其使用的技术物件的"共生"（symbiosis）。媒介实践中人的身体是第一位的，人所有的行动都凸显身体的运动、在场及其能动性，同时，实践中的身体也无时无刻不受制于特定的媒介物，人也不断地通过修正、调试和完善媒介物来更好地帮助自身展开行动。媒介物在拓展与改造人的具身化行动的同时，也通过提供特定的体验框架来改造人的知觉"器官"与知觉方式。如今，现代人已不再仅仅通过大众传播媒介（如书籍、电视、广播和网络等）获取信息，人们在移动智能手机上阅读，用智能手环等可穿戴设备监测身体，使用摄像头、无人机来延伸肉眼观看……这些越来越普及的媒介物中介着人与世界的关系，通过与人交融不仅转变人的行动，还重塑了人的全身性知觉。在人与媒介物的共生中，技术语言已成为人们面对面互视、自然发声与聆听之外的沟通与交流的中介。媒介物与人的互构、相互依赖，意味着媒介物也是实践的主体，是言说着特定技术语言、与人交互和沟通的行动者。一方面，媒介物言说出人可知觉、理解的信息，兼容、联结和中介人与人、人与物、物与物之间的信息沟通；另一方面，作为行动者的媒介物，正在参与塑造世界，重建人的经验，以及人与世界的关系。③

本 讲 小 结

本讲追溯经典叙事学中叙事主体构成中语言的突出地位，描述数字时代下叙事主体的内涵、特征，以及其在叙事实践中的发展与变化。实际上，数字时代下的叙事主体并未与过去结构主义的经典叙事学理论决裂，而是在此基础上进一步拓展，其构成更为复杂也具有更为丰富的数字文化实践内容。关注丰富的文学实践、艺术创作、电脑游戏、

---

① 盛娜. VR 出版与图书媒介性质的嬗变 [J]. 出版广角，2016（23）：80 – 82.
② Ihde D. Technology and the Lifeworld: From Garden to Earth [M]. Bloomington: Indiana University Press. 1990: 73.
③ 杜丹，陈霖. 与"物"交融：技术具身理论之于传播学研究 [J]. 现代传播（中国传媒大学学报），2021（3）：82 – 86.

"元宇宙"等具体案例，不难发现，稳定的叙事主体间的壁垒已被模糊，数字叙事中交织着与作者、叙述者、读者、媒介（语言）技术等多个方面的相互关系，彰显出叙事主体所具有的分身性及复合性的鲜明特征。这意味着数字文化在焕发出新的生命力的同时也将迎接更大的矛盾与挑战。

【延伸阅读书目】

（1）米克·巴尔. 叙述学：叙事理论导论［M］. 谭君强，译. 北京：北京师范大学出版社，2015.

（2）申丹，王丽亚. 西方叙事学：经典与后经典［M］. 北京：北京大学出版社，2010.

（3）马克·柯里. 后现代叙事理论［M］. 宁一中，译. 北京：北京大学出版社，2003.

（4）戴卫·赫尔曼. 新叙事学［M］. 马海良，译. 北京：北京大学出版社，2002.

（5）克里斯蒂安妮·保罗. 数字艺术：数字技术与艺术观念的探索：原书第3版［M］. 李镇，彦风，译. 北京：机械工业出版社，2021.

【思考题】

（1）试通过具体的叙事实践分析数字叙事主体呈现出怎样的特征？

（2）数字叙事主体的构成为参与式文化提供了怎样的解读方式？

（3）技术作为叙事主体的重要构成部分，与作者、读者形成了怎样的关系？

第四讲

数字叙事的媒介思维

叙事离不开媒介。一则叙事在确认其故事性的内核以后，必然面临选择何种媒介加以呈现的问题。不同媒介具有不同的物质特性，麦克卢汉等媒介理论家的论述已经提醒我们，媒介不能仅被视作单一的内容承载实体与功能性的信息传输渠道，"管道的形状大小同样对可传输的故事类型限定了条件"①。也就是说，同一个故事由不同的媒介进行再现，叙事效果可能是大为不同的。例如，中国古典四大名著最初都以印刷文本的形式流传于世，《西游记》刻画了唐僧师徒四人鲜明的形象，大家都知道"毛脸雷公嘴"的和尚是孙悟空。同样，《红楼梦》中描写林黛玉"两弯似蹙非蹙罥烟眉，一双似喜非喜含情目"令人印象深刻。但读者对这些文字描述大多报以一种朦胧的想象，并没有具象的、现成的视觉形象可供参考。但自82版《西游记》与87版《红楼梦》电视剧问世以来，六小龄童饰演的孙悟空与陈晓旭饰演的林黛玉就深入人心，简直成了两位角色的代言人，人们但凡提起孙悟空、林黛玉，心中浮现的首先便是两人经典的影视剧荧幕形象，而后才将书籍中的文字描述与这活脱脱的形象一一对应起来。这是媒介技术发展迭代所带来的叙事潜力，亦是影视媒介之叙事可供性的体现。未来人工智能与虚拟现实等技术发展成熟后，观众或可化身到故事世界中，全感官沉浸式地与孙悟空、林黛玉展开互动；甚或观众成为角色本身，体验角色在故事中的喜怒哀乐、辛酸苦楚。可见，媒介技术的发展，必然带来新的叙事程式与叙事可能性。

叙事从旧媒介到新媒介的迁徙过程，并不是对故事进行简单、机械式地移植的过程，而是不断调整、适配的过程。或者说，叙事本身就作为一种媒介实践，指向对媒介的叙事可供性的探索与发现。由此，劳尔·瑞安倡导用"媒介思维"，即按照媒介特性来定制叙事模式。"一个文本是否用媒介思维，这是价值判断而非客观观察。这种判断承认文本能够创造任何其他媒介都无法复制的原始经验，正是这种经验使媒介成为必需的了。用媒介思维并不是狂热地利用著作系统提供的所有属性，而是在系统的可供性与叙事意义的要求之间进行调和的手段。"②

一、叙事，作为一种媒介实践

谈及叙事，我们总是很自然地联想到口头讲故事的传统。口语叙事通常被视作叙事的母体，讲故事行为本身也与口语媒介息息相关。而口语媒介所赖以凭借的身体或可被视作孕育叙事的"元媒介"，因为身体具有"生产各种技术（包括物质技术在内）的原

---

① 玛丽-劳尔·瑞安. 故事的变身［M］. 张新军，译. 南京：译林出版社，2014：17.
② 玛丽-劳尔·瑞安. 叙事与数码：学会用媒介思维［M］//詹姆斯·费伦，彼得·J. 拉比诺维茨. 当代叙事理论指南. 申丹，马海良，宁一中，等译. 北京：北京大学出版社，2007：602.

生能力"①，身体与语言活动同样也是彼此交织的。"从媒介运用来看，人类最初主要靠自己的器官与肢体来传递与事件相关的信息，如指事、画事、舞事、说事、咏事、演事和写事"②，可以说，叙事、语言及身体原本就有着天生的亲缘性。口语出现后，故事才慢慢凝聚起其内核，于是口语叙事时代出现了一些简单的故事原型与情节架构。限于口语媒介对身体同时在场的要求，口语叙事势必被限制在小范围的、部落式的人际交往情境当中。美国学者沃尔特·翁指出，叙事在原生口语文化里起着非常重要的作用，这是因为在原生口语文化阶段，不可能用精细的或科学的抽象范畴来管理知识，就用"人类行动的故事来储存、组织和交流大部分知识"；还因为"它能够用相当扎实而大段的形式把许多口头传说扭结在一起，这样的形式经久不衰"，也成为"扭结思想的手段"。③口头讲述的故事往往会在不同叙述者的增奇附丽之下彰显出不同的面貌，故事最初被讲述的版本与故事现时流行的版本很可能有着千差万别。因此，由于口语媒介语音的转瞬即逝与记忆的易变动、易修改等特征，口语时代的叙事与故事本身的文本，留存至今的并不多见。

文字的出现突破了这些限制。文字媒介以其线性连贯的排列方式，将发散的故事情节以念珠式的方式串联起来，在记忆之外为故事创造了底本。虽然苏格拉底认为文字是"有毒的礼物"，助长了遗忘的力量，拉大了人与心灵的距离，但是"严格意义上的文字是一种技术，他塑造了现代人的智能活动，给智能活动提供动力"④。文字媒介现世后对人类社会发展与文明演进的深远影响是有目共睹的。"诚然，观察与模仿也能实现某种程度的代际承续，但是缺乏逻辑联系的零散印象很容易失落，只有把信息作为事件或故事嵌入特定的时空框架，对相关人物、行动与环境等进行有组织的讲述，才有可能形成系统性的集体记忆，便于口口相传和代代相传"⑤，小到群体、部落，大至民族、国家，都希望能够留下些故事为后世所传颂，叙事的意义与边界也就被扩展至历史书写的维度。即便是渺小的个体，此时也会寄希望于文字，为的是能够在历史的脉络中为自己短暂的一生留下些踪迹。然而，个体意义上的叙事文本如果没有良好的传输与存储条件，通常也会在几经流转之后破损、毁坏乃至彻底遗失。现今我们所能见到的延续至今的古籍文本，多半也是造纸术与印刷术普及后，历朝历代的官方档案库或者民间的零星个体留存下来的少数孤例。但即便如此，大规模文字印刷技术的发明，还是在很大程度上奠定了文字叙事在整个叙事王国中的地位。

---

① 周午鹏. 技术与身体：对"技术具身"的现象学反思［J］. 浙江社会科学，2019（8）：98 – 105.
② 傅修延. 论叙事传统［J］. 中国比较文学，2018（2）：1 – 12.
③ 沃尔特·翁. 口语文化与书面文化：语词的技术化［M］. 何道宽，译. 北京：北京大学出版社，2008：107.
④ 沃尔特·翁. 口语文化与书面文化：语词的技术化［M］. 何道宽，译. 北京：北京大学出版社，2008：63.
⑤ 傅修延. 论叙事传统［J］. 中国比较文学，2018（2）：1 – 12.

文学叙事研究的主要对象——小说，正是在大规模文字印刷技术普及之后逐渐流行起来的。相较于口语时代面对面讲故事的传统所代表的共同体共享的集体经验，小说是孤立呈现的私人化经验的体现，原本嵌入口语叙事中的多维度感官传播模式，也被小说中语言文字的符号性与工具性抹杀。本雅明在论及讲故事的人与小说家之比较时，认为"小说家诞生于离群索居的个人"①，因为小说家"为私人化的主题写作，他不再通过社区关系与社会其他成员联系在一起，而只是通过日益复杂和理性化的传媒媒介保持联系"②。本雅明敏锐地从语言、经验及记忆的角度，洞察到媒介技术发展给叙事乃至整个共同体交往带来的深远影响。而"消息的传播更是与讲故事的精神背道而驰"③，因为消息要求的是"如实传达事件"，于是会尽可能将事件的前因后果、个中脉络诠释出来，"讲故事的可靠性要拜古人所赐的传统智慧，而信息仅仅声称提供可证实性"④。在本雅明看来，这种对生活经验的量化处理与实证态度使得故事基于历史传统的内核被掏空，虽然消息给我们带来了更多的信息，却使得经验更为贫乏。

但不可否认的是，从语言出现的口语时代到印刷术勃兴的文字时代，语言—文字这一媒介发展脉络确实更加契合叙事实践与叙事艺术发展的现实。按照劳尔·瑞安的说法，"叙事乃心理建构，不是感官直接感知的东西。同样，语言表征也是诉诸心理而不是感官感觉"⑤。语言文字天然地存在于劳尔·瑞安所列举的关于叙事性的四种条件（空间维度、时间维度、心理维度、形式与语用维度）中，在时间与心理层面有着其他媒介无法比拟的叙事优越性。这也就是为什么今天人们谈到"叙事"这一概念时，总会把小说与叙事诗这类叙事艺术作为叙事的标准。不过，这并不意味着其他符号媒介无法进行叙事，语言文字将故事确立为一种在心理层面的认知建构，在认知层面唤起受众对故事的感知，从而为其他媒介"如何进行叙事"设立了模板。图画、音乐等媒介在后续的叙事尝试中，同样是在效仿语言文字对受众认知模板的有效激活。

劳尔·瑞安从媒介的符号学层面出发，对语言、图像、音乐媒介各自的叙事可供性与局限性进行了梳理：语言易于表征时间性、变化、因果关系、思想、对话，难以表征空间关系，无法显示人物或环境的外貌，无法展示美和表征连续的过程。图像易于使观众沉浸到空间中，描绘故事世界地图，表征人物和环境的视觉外观，无法表述明确的命题，无法表征时间的流动、思想、内心状态、对话，让因果关系明确，表征可能性、条件制约、反事实性，表征不在场的客体，作评价和判断。音乐易于以纯粹的形式捕捉时

---

① 瓦尔特·本雅明. 讲故事的人：论尼古拉·列斯克夫 [M] //汉娜·阿伦特. 启迪：本雅明文选. 张旭东, 王斑, 译. 北京：生活·读书·新知三联书店, 2008：99.
② 康在镐. 本雅明论媒介 [M]. 孙一洲, 译. 北京：中国传媒大学出版社, 2019：33-34.
③ 瓦尔特·本雅明. 讲故事的人：论尼古拉·列斯克夫 [M] //汉娜·阿伦特. 启迪：本雅明文选. 张旭东, 王斑, 译. 北京：生活·读书·新知三联书店, 2008：100.
④ 康在镐. 本雅明论媒介 [M]. 孙一洲, 译. 北京：中国传媒大学出版社, 2019：38.
⑤ 张新军. 数字时代的叙事学：玛丽-劳尔·瑞安叙事理论研究 [M]. 成都：四川大学出版社, 2017：113.

间流，通过和弦之间的关系来暗示呈现——展开——解决的叙事格局，制造悬念及对下一步要发生的东西的欲望，激发情感，而无法表征思想、对话、因果、虚拟性。图像、音乐媒介虽然在叙事方面能力有限，不及语言文字对时间与语义关系的强有力表征，但也不乏其独特的原创性表达。"语言、图画、音乐的可供性相互补充，在多渠道媒介中一起使用时，各自构成整体想象经验的不同侧面：语言是通过其逻辑能力和对人类思维的建模能力，图画是通过其沉浸式空间性，音乐通过其氛围营造和情感力量。"①

多种媒介对同一故事的表征并不冲突，它们相互协调、相互借鉴，在发挥各自叙事优势的同时，共同服务于某个超脱具体媒介的故事性内核。土耳其作家帕慕克在2008年出版了他的小说《纯真博物馆》之后，又陆续完成了三部与博物馆相关的作品：2012年在伊斯坦布尔街头创建了和小说同名的博物馆；2013年出版了名为《纯真物品》的目录书本，用大量图片和对应文字一一展示了博物馆的各个藏柜和其中的物品；2015年与英国导演格兰特·吉合作，拍摄了纪录片电影《纯真记忆》，以影像的方式展现纯真博物馆。在此系列中，帕慕克围绕一个独特的爱情故事，借助书籍、博物馆等媒介平台，运用文字、物品、声音、照片、影像等多种媒介元素，构建了一个"故事世界"，呈现出非常典型的跨媒介叙事特征。可以说，叙事不仅是单一媒介的实践操演，还是多种媒介技术组合协调的过程。关于跨媒介叙事，我们在本讲第三节将专门讨论。

艺术家甚至可以尝试对单一媒介的叙事潜力进行极致的发掘，以一种"不可为而为之"的精神来营造与拟仿另一种媒介所能达到的美学效果。此即"出位之思"，也就是使一种表达媒介在保持自身特色的同时，也试图模仿另一种媒介的表达优势或美学效果。② 如19世纪英国作家、唯美主义运动理论家和代表人物沃尔特·佩特在《文艺复兴》一书中写道：

> 一些最美妙的音乐似乎总是近似于图画，接近于对绘画的界定。同样，建筑虽然也有自己的法则——足够深奥，只有真正的建筑师才通晓——但其过程有时似乎像在创作一幅绘画作品，比如阿雷那的小教堂；或是一幅雕塑作品，比如佛罗伦萨乔托高塔的完美统一；它还常常会被解读为一首真正的诗歌，就好像那些卢瓦尔河乡村城堡里奇形怪状的楼梯，好像是特意那样设计，在它们奇怪的转弯之间，人生如戏，生活大舞台上的演员们彼此擦肩而过，却看不见对方。除此之外，还有一首记忆和流逝的时间编织而成的诗歌，建筑常常会从中受益颇多。雕塑也一样渴望走出纯粹形式的森严界限，寻求色彩或具有同等效果的其他东西；在很多方面，诗歌也从其他艺术里获得指引，一部希腊悲剧和一件希腊雕塑作品之间、一首十四行诗和一幅浮雕之间、法国诗歌常和雕塑

---

① 玛丽-劳尔·瑞安. 故事的变身 [M]. 张新军, 译. 南京：译林出版社, 2014：20.
② 龙迪勇. "出位之思"与跨媒介叙事 [J]. 文艺理论研究, 2019（3）：184-196.

艺术之间的类比，不仅仅是一种修辞。[①]

绘画、音乐、建筑……这些表达媒介显然是"弱叙事"的，它们虽然不及语言文字那般具有对叙事精准直接的描述力，无法将故事直接呈现出来，但它们是直接诉诸感官、诉诸知觉，能够调动观者的身心活动、引发观者的审美想象的。当然，语言文字也会通过标注、诠释等方式参与非语言媒介的叙事表达，共同建构关于某一作品的叙事意义。但观者在观赏一幅绘画、欣赏一首音乐、置身于一座建筑时，大多不会直奔作品的文字诠释，而是首先被作品本身吸引并形成自己的感知体验。这种被作品调动起来的感官经验，以及事后对这种经验的记录与表达，反倒在叙事互动层面彰显出一种双向沟通的特征，与作品预设的叙事意图构成了互补关系，这实际上形成了一种更为开放、更为自由的叙事建构，实现了自下而上个体化的叙事表达。

综上所述，叙事在一定意义上也是对媒介的探索和发现。不同媒介在不同方面彰显出其独特的叙事能力，在使故事更为丰满、多元地呈现的同时，也促进了媒介之间更为紧密的协调、组合、互动。今天，数字媒介技术日益向着智能化、去中心化、双向互动及多模态复合呈现的脉络发展，我们有必要深入地理解数字媒介的叙事潜力、叙事可供性，以及传统叙事实践在数字媒介时代发生了何种变化。

二、数字媒介的叙事可供性

虽然媒介技术并不是专门为叙事（讲故事）而准备的，但叙事离不开媒介技术。叙事实践对媒介之叙事可供性的发掘，形成了一种内生性的需求，驱动媒介技术向着更加能够超越现有物理、时空与身体限制的方向发展。

可供性是美国心理学家詹姆斯·吉布森自创的一个生态心理学的核心概念。吉布森提出："我们如何由外表达致可供性？如果有光便能感知外表的信息，那么是否有感知外表所提供的东西的信息？外表的组成和布局也许构成了它们所能提供的东西。"他进一步指出，动物在环境中的存在表现为对环境的使用和占据，这就是"生态位"（niche）。生态位更多地指向动物"如何在环境中生存，而非在哪里生存"，而"一个生态位就是一组可供性"。可供性的提出超越了主观—客观的二分法，因为它"是环境的事实，也是行为的因素；既是肉体上的，又是心理上的，而不单是肉体上的或者心理上的"[②]。由此可见，可供性概念指涉了生物体与物、生物体与环境之间的关系属性，并

[①] 沃尔特·佩特. 文艺复兴 [M]. 李丽, 译. 北京：外语教学与研究出版社, 2010：169.
[②] Gibson J J. The Ecological Approach to Visual Perception [M]. New York：Psychology Press, 1986：127 – 136.

由此形构行为的策略。传播学领域对可供性概念的使用较多地偏向于对媒介技术（物件）的属性的揭示或阐释。如克劳斯·布鲁恩·延森的关切是："为什么某些物质的可供性，而非其他物质的可供性，演化成了媒介。"① 这里，可供性概念偏向了从构成媒介的可能性的角度对特定的物质的属性的考察，而忽视了这个概念本有的关系属性。加拿大学者海蒂·奥弗希尔认为可以用两种途径定义可供性，要么是通过改变环境提供的功能，要么是扩展使用者的能力。② 这样的理解虽然将关系的两个方面解释得很清楚，但是割裂了相互联系的两个方面。美国学者安德鲁·R. 施洛克将可供性界定为"使用的主观感知与技术的客观性能之间的交互作用"，但他在对特定的研究目标展开研究时，着力阐发的是可供性的工具性意涵和规范性特征，指出技术在其中构成了潜在的行动框架，并据此考量移动媒体传播可供性的框架。③

这些为我们从可供性视角探讨叙事提供了启示。叙事实践之于媒介的关系，可以视为叙事主体在通过特定的媒介展开叙事时对特定的语言或符号方式的操持，其特别之处在于艺术家通过与媒介的互动，在形式与内容相结合的层面促成了有别于通常的媒介实践。维特根斯坦所谓"不要追寻意义，而要寻找用途"，"语言即游戏"，"用法即意义"这些被先锋实验艺术（包括影像实验艺术）遵奉的"法则"，在某种意义上正是对叙事主体与媒介之间互动关系的强调。在这种互动之中，叙事主体激发了媒介潜在的使用功能，并赋予其意义；同时，媒介为艺术家赋能，使其对媒介的使用确证，展示自我之存在，并表明"我能"，其与媒介之"能"相互构成。这就是可供性理论所提示的关系属性和行为策略。④

在我们来谈数字媒介的叙事可供性之前，首先要搞清楚数字媒介具有哪些特征。列夫·马诺维奇在《新媒体的语言》中专门提出了关于新媒体的五项法则⑤，包括：

1. 数值化呈现

所有的新媒体对象，无论是完全由计算机创建出来，还是从其他的模拟媒体资源转化而来的，都是由数字符码构成的，这就是所谓的数值化呈现（numerical representation）。这一事实带来了两个重要结果：(1) 一个新媒体对象是可以用特定的形式（数学形式）来描述的。(2) 新媒体对象受算法控制。媒体变得可以被编程（programmable）了。

---

① 克劳斯·布鲁恩·延森. 媒介融合：网络传播、大众传播和人际传播的三重维度 [M]. 刘君，译. 上海：复旦大学出版社，2012：82.
② Overhill H. J. J. Gibson and Marshall McLuhan: A Survey of Terminology and A Proposed Extension of the Theory of Affordances [J]. Proceedings of the American Society for Information Science and Technology, 2012 (49): 1 – 4.
③ Schrock A R. Communicative Affordances of Mobile Media: Portability, Availability, Locatability, and Multimediality [J]. International Journal of Communication, 2015 (9): 1229 – 1246.
④ 陈霖. 可供性理论视角下影像实验艺术对媒介可能性的开掘 [J]. 南京社会科学，2020 (7): 107 – 113.
⑤ 列夫·马诺维奇. 新媒体的语言 [M]. 车琳，译. 贵阳：贵州人民出版社，2020：27 – 47.

2. 模块化

也叫作"新媒体的分形结构"（fractal structure of new media）。所有的媒体元素都表现为离散采样（像素、多边形、立体像素、字符、脚本）的集合。这些元素能构成更大规模的对象，但同时继续保有本来的特征。

3. 自动化

媒体的数值编码和媒介对象的模块化结构使得涉及媒体创建、操纵和访问的许多操作具备了自动化的可能。人类意志可以（至少部分可以）从创作过程中被抹除。

4. 多变性

新媒体对象绝非一成不变，它有着不同的版本，而且版本的数量具有无限增加的潜质。

5. 跨码性

旨在描述媒体在计算机化的进程中取得的最具实质性的成果。一方面，计算机化的媒体仍然呈现出对人类用户有意义的结构组织；另一方面，计算机化的媒体在结构上仍然遵循了计算机组织数据过程中一系列已有的惯例。

当然，数字媒介并不是单用"计算机"一词就能将其完全概括的。不过，计算机作为数字媒介的典型，其本身所自有的一套运行逻辑，已经在叙事实践层面开花结果。以计算机为代表的数字媒介已经发展出形式众多的新型叙事产品，包括超文本小说、互动戏剧与影视、有叙事性的电子游戏及人工智能写作等。

就具体叙事文类而言，超文本小说是 20 世纪 80 年代数字叙事的典型代表。这类文本形式充分利用故事的延展性，以空间隐喻的方式让读者通过计算机的超文本链接将故事串接起来，而这种非线性的叙事逻辑往往呈现为一种树状结构或迷宫结构，使得故事情节的展开扑朔迷离，形成多重可能的走向和结局。① 前文提到 1987 年美国作家迈克尔·乔伊斯发布了他的超文本小说《下午，一个故事》，这部小说由 951 个相互链接的节点构成，读者可以在屏幕底部选择不同的链接进入小说，由此获得不尽相同的叙事文本。虽然这种早期类型的超文本小说中有动画元素，但文本内容主要是文字，后来的交互性文本则具有了多模态形式，插图、视频、声音等均成为故事元素，叙事由这些多媒体共同组成，它们借助界面提供互动以推动故事的发展。② 虽然不乏有人针对超文本小说结构上的撕裂而对其叙事性提出疑问，但超文本理论家艾斯本·亚瑟斯在对众多超文本作品进行深入反思后，认为超文本是一种可以让读者在阅读过程中产生主观叙事感的非叙事性结构文本。超文本就其结构而言称不上是叙事，因为它没有提供线性连缀

---

① 张新军. 用媒介思维：数字叙事学的研究进路 [J]. 山东外语教学, 2012（5）: 84-88.
② 胡亚敏. 数字时代的叙事学重构 [J]. 江西社会科学, 2022（1）: 42-49.

的故事，在结构上无法形成有明确开头和结尾的完整故事。但非叙事性的超文本结构并不妨碍读者可以将其读成一种叙事，超文本小说在结构和阅读之间的分离导致了其在阅读上能否形成线性叙事和其在结构上体现的非叙事性并无抵触。[①]

互动戏剧与影视由互动小说演变而来，这类作品从原本小说所提供的文字界面改换为图形界面，因此非常接近具有更强交互性的电子游戏。例如，互动电影（游戏）《日落黄昏时》（*As Dusk Falls*）讲述了两个家族在三十年间因为一宗抢劫案而产生的错综复杂的关系。故事发生在 1998 年美国亚利桑那州的双岩镇，镇上霍尔特一家的三兄弟抢了当地警长家的保险柜，顺便带走了警长记载各种肮脏交易的秘密账本。警长为了被偷的钱和账本开始通缉三兄弟，而三兄弟为了逃命挟持了"沙漠梦想"旅馆里的人，恰好碰到准备搬家到圣路易斯的文森一家，之后的故事便围绕两家人展开。作品采取双线叙事的模式，玩家在过去与现在的不同时间节点里，扮演霍尔特与文森家族两条叙事线中的不同角色。在扮演某个角色时，玩家需要考虑到角色的身份、立场及角色与其他人物的关系，要在每一个关键的情节节点处仔细考虑这一步行动造成的后果及后续可能产生的影响，努力保护自己的家人不受伤害。同时，为了增强玩家的代入感，作品还在每一章的末尾设置了其他人物角色对玩家做出的选择的评判，使玩家可以看到自己在游戏中被认为是一个怎样的"人"。故事整体的情节发展与可能的结局完全由玩家的行为决定，它在调动玩家身体知觉的同时（需要快速反应按下某些按键），也激发起玩家的某些情绪，使玩家全身心沉浸于故事中的人物关系与角色情感变化。超文本小说从阅读体验上更接近传统的叙事形态，而互动性更强的其他叙事形式则更接近电子游戏。数字文本性的叙事潜力就来自叙事性与互动性之间的张力。[②]

此外，随着人工智能技术的飞速发展，人工智能写作的运用已经在新闻界，尤其是财经新闻、体育新闻等方面相当普遍，文学写作中也不乏人工智能的参与。机器人叙事或者说人工智能叙事正成为数字叙事中越来越重要的一种形式。在新闻报道中，2014 年美联社使用的 Wordsmith 写稿软件、2015 年腾讯发布的 Dreamwriter 自动写稿程序及新华社的"快笔小新"创作的新闻作品已经成为机器人叙事的典型代表。但它们至多是机械性地按照算法预设的写作程序进行无智式的劳动[③]，并没有传统新闻业所要求的价值判断，因此这些作品很难谈得上是真正的"人工智能叙事"。在文学领域，2008 年俄罗斯圣彼得堡出版了史上第一部人工智能创作的长篇小说《真爱》，其主人公借自名著《安娜·卡列尼娜》，情节取自 17 本经典小说组成的情节库，行文风格则仿照作家村上春树。但这部作品的基本情节、角色配置乃至叙事框架等基本要素均是由设计者拟定的，人工智能所做的仅仅是对这些素材进行加工和重组，这部人机合作占据更多比例的

[①] 聂春华. 艾斯本·亚瑟斯超文本美学思想探析 [J]. 文艺理论研究，2016（5）：38 – 45.
[②] 张新军. 用媒介思维：数字叙事学的研究进路 [J]. 山东外语教学，2012（5）：84 – 88.
[③] 陈昌凤. 价值引领，让 AI 新闻业有能更有智 [J]. 新闻与写作，2017（11）：1.

作品恐怕也难副"人工智能写作"之名。不过，近几年的人工智能写作有了更为智能化的发展。借助一种名为GPT（Generative Pre-training Transformer）的文本生成模型软件，人工智能会采取"续写"的方式，即将人们输入系统中的某些文字片段，根据给定的内容和风格，通过数据库的海量数据和人工智能自身的反复训练与习得进行相关故事的续写。这种"人工智能续写"的小说文本大多具有非线性和无中心的特征，故事"光怪陆离"但又"自成逻辑"[①]，非常适合超现实、科幻与未来类型的小说的叙事风格。

在技术与艺术相互渗透、彼此互动越发密切的背景下，数字媒介技术也慢慢开始被运用到数字艺术的叙事设计与博物馆的叙事展陈中来。土耳其艺术家雷菲克·阿纳多就在倡导科技、艺术、文化多元跨界的视阈中重新思考新技术、新美学以及人们对空间的动态感知方式，他认为数据经过跨界转化后所呈现的"现实"即将成为一种包裹我们生活的新趋势。[②] 在《虚拟叙述》《波士顿之风》《黑海：数据雕塑》等作品中，阿纳多用特殊开发的软件分别对旧金山、波士顿及土耳其黑海三地的环境气象数据进行了解析，而后以动态三维图像的形式对它们进行了可视化呈现，使精确理性的数字代码转变为了流动、变化与诗意的数字绘画与数字雕塑。不过此类数字艺术形式的叙事性并不那么明显，需要观众在身体感知体验的基础上，通过对图像信息的语义转换，建构起独特的艺术叙事。

数字媒介对博物馆叙事设计的创新重构更为明显。近年来，一些著名博物馆的参观人数持续上升，但因地理位置、场地和展品保护等因素限制了观众的可达性，而线上的数字展览有助于人们实现对实体博物馆的替代访问。谷歌艺术计划是线上博物馆的典型代表，谷歌与全球151家博物馆合作，利用其街景技术全方位拍摄了各个博物馆的内部实景，并以极高的画面质量与分辨率供全球网民欣赏观看。国内敦煌博物馆也最大化利用现有的数字存储、摄制与建模技术，打造出"数字敦煌""虚拟洞窟""莫高窟数字展厅"等数字化展览项目，全方位复现了敦煌壁画及石窟造像。除了在文物保护与虚拟化观展上卓有成效之外，博物馆本身对虚拟现实和增强现实、生物传感、远程在线连接等数字技术的利用也丰富了线下观展的叙事体验。学者童芳总结了五种博物馆数字叙事的类型，包括3D场景的互动叙事、历史文化的沉浸叙事、基于学习的游戏叙事、模拟人类思维的AI叙事，以及科学研究的视觉叙事。[③]

由计算机引领的新型数字文化也渗透进社会文化的各层肌理，许多来自计算机科学的术语就作为隐喻语言进入了叙事研究的视野。劳尔·瑞安在《电脑时代的叙事学：计

[①] 胡亚敏. 数字时代的叙事学重构[J]. 江西社会科学，2022（1）：42-49.
[②] 赵宏伟. 新媒体艺术的跨界视阈：雷菲克·阿纳多的数据绘画与雕塑[J]. 世界美术，2020（3）：35-41.
[③] 童芳. 数字叙事：新技术背景下的博物馆设计研究[J]. 南京艺术学院学报（美术与设计版），2020（3）：165-171.

算机、隐喻和叙事》一文中发展出的"虚拟""递归""窗口""变形"四个概念,就是以类比思维扩充并修补叙事学分析语汇的一次尝试。人类已经习惯了如线性叙事那般对世界进行因果性推理的惯常解释,认为世界将在一条轴线上以一种进步的趋势不断向前发展。而数字叙事呈现的整体姿态,却是一种对世界去中心化、非线性的,以及凌乱、破碎的空间化想象。现今社交媒体上的信息已经很难如传统线性文本那般按照时间或因果顺序向大众呈现,数字时代的信息以一种关系性的方式相互链接,类似于本雅明所谓的"星丛碎片"散落在网络空间中。所以,数字叙事在整体的文化风貌上展现出马克·柯里对"后现代叙事"特点的总结:多样化与解构主义、叙事复杂多样以及不具有稳定意义和连贯设计。① 唯有重拾起对空间思维的关照,重视起与自身空间感知密切相关的物质身体,将身体感知与空间意识重新纳入对叙事的理解,方可拓展数字叙事的分析视野,在最大程度上发挥出数字媒介的叙事可供性。

三、跨媒介叙事

在本讲的第一节里我们已经提到,土耳其作家帕慕克在 2008 年出版了他的小说《纯真博物馆》,并围绕博物馆展开了一系列艺术创作,以跨媒介叙事的方式展开了一个独特的"故事世界"。在数字媒介时代,故事不再总是被线性呈现,更不局限于单一媒介,而发展出"故事世界"等空间隐喻概念的跨媒介叙事学代表了未来叙事研究的一种走向。以亨利·詹金斯为代表的媒介研究学者和以劳尔·瑞安、戴维·赫尔曼为代表的叙事学家,分别从不同研究视角提出了"跨媒介叙事"(Transmedia storytelling/narrative)的概念。

詹金斯在 2003 年将跨媒介叙事界定为:"一个跨媒介的故事,跨越多种媒介平台展现出来,每一个新文本都对整个故事做出了独特的贡献,跨媒介叙事最理想的状态就是每一种媒介出色的各司其职、各尽所能。"② 他认为,跨媒介叙事是通过引入额外故事元素,将叙事整体系统地扩展到新的媒介平台上,包括诸如引入新角色,进一步发展现有角色,或描绘原故事中无法得到展开的情节等,从而通过提供新的官方视角来拓展故事世界,促进正典和虚构宇宙的共同完整表达。借助詹金斯的表述,我们可以将跨媒介叙事理解为一种在电视、电脑、漫画、网络、游戏等不同媒介上开发故事的新方式。它借助媒介融合的技术、设备,使故事与故事之间加强了彼此的连接和内部互动,也加强

---

① 马克·柯里. 后现代叙事理论[M]. 宁一中, 译. 北京: 北京大学出版社, 2003: 3-8.
② Jenkins H. Convergence Culture: Where Old New Media Collide [M]. New York: New York University Press, 2008: 96.

了粉丝和观众对于品牌的关注度，特别是如果叙事足够复杂，那么将形成对背景知识的挖掘和考证，进而生成流行文化。①

特别要强调的是，詹金斯所述意义上的跨媒介叙事十分注重受众的参与，跨媒介叙事之"跨"不仅限于媒介技术的融合、贯通，还是对技术、产业、市场、内容风格和受众这些元素之间的关系的重构。依据詹金斯的论述与国内外跨媒介叙事的相关实践，学者于成、李丽萍总结出跨媒介叙事的三大核心元素。第一，跨平台。这是实现跨媒介叙事的物质基础，既为故事提供了多种呈现方式和发行渠道，也为受众提供了讨论空间（如网络论坛），便于更多的人参与进来。第二，参与创作者的扩充。这是跨媒介叙事的叙事主体，既包括作者和媒介运营者，也包括消费者和粉丝。第三，故事的延展。这是跨媒介叙事的灵魂，它往往首先发生在单一媒介中，如小说连载、电影续集，然后再延展到其他媒介形式。延展的基本原则：在保留原始故事背景和角色的基础上，添加新事件和新角色，这些新内容需要加深受众与原始故事间的情感关联。②

"故事世界"这一概念由认知叙事学家戴维·赫尔曼提出，他认为故事世界是"某人与其他人，在某时间、某地点，因某原因，使用某方式在世界上做了某件事的心理模型。这个故事世界是在阐释者理解故事时重新定位的，或进行了一个指示转移而形成的"③。劳尔·瑞安更进一步指出，谈论跨媒介叙事应以"媒介意识"为底色，进而去探索故事世界的创作可能，以及媒介讲故事的局限所在。她分别从符号学、技术或物质、文化三个维度④阐述了媒介研究的可能性：符号学进路考察的是媒介符号的叙事可供性和局限性，技术进路关注的是承载叙事的物质材料与技术手段，文化进路讨论的是媒介的社会影响和文化功用。在此基础上，劳尔·瑞安进一步发展了故事世界的含义：一方面，故事世界不仅仅是故事序列中的静态容器，它是不断演化的动态模型，与情节事件等对象的改变保持一种同步变化，也就是说，故事世界会随时根据创作者、创作平台等条件进行持续进化；另一方面，"故事世界"是一个比"虚构世界"更为广泛的概念，包含事实故事（现实世界中的故事讲述）与虚构故事（专属想象世界中的故事创造）。由此需要对故事世界的内部进行甄别，明确哪个是故事再现与塑造的世界，哪个是自发存在的世界，以找出故事世界与参照世界，并进一步探究两者之间的关联程度。劳尔·瑞安将故事世界的构成分为存在物、场景、物理法则、社会条例与社会价值、事件、精神事件。在劳尔·瑞安看来，由五个层面所构成的故事世界概念与媒介意识相结合，能够有效地探讨媒介性与故事世界的相关性，或者通过转换现有内容来创建不同媒

---

① 周涌，李雨谏. 媒介意识与故事世界：近年国产动画电影在动游联动路径上的创作研究［J］. 当代电影，2020（9）：164-169.
② 于成，李丽萍. 何谓跨媒介叙事［N］. 中国社会科学报，2021-11-16（7）.
③ Herman D. Story Logic: Problems and Possibilities of Narrative［M］. Omaha: University of Nebraska Press, 2004: 9.
④ 张新军. 数字时代的叙事学：玛丽-劳尔·瑞安叙事理论研究［M］. 成都：四川大学出版社，2017：111-114.

介平台上的相似世界与同一世界故事讲述可以发现，如《星球大战》系列电影代表了故事世界中的同一世界，而游戏、小说与同人文则改变了原本的同一世界，形成了一种相似世界状态。正是借助作为作品内在的故事世界构建与外在于作品的媒介意识的有效关联，劳尔·瑞安为研究跨媒介叙事提供了一个较为深入的研究方法，不仅仅关联故事本身，更关注故事与媒介之间的适用性与重塑局限。①

从詹金斯和劳尔·瑞安这两位学者所代表的不同研究取向和他们对跨媒介叙事所作的阐述可以发现，詹金斯更多地从文化产业与跨媒介叙事的经济效益视角入手，重视不同媒介平台的特性、故事世界多元化的建构主体（作者与读者的互动）所起到的作用，以及粉丝群体的参与式文化对故事世界的跨媒介建构产生的影响。②而劳尔·瑞安则立足叙事研究本位，旨在深入挖掘故事世界作为一个被文本唤起的心理模型的本质，探究不同媒介构筑故事世界的不同方式、读者（观众或玩家）对不同故事世界的体验方式，以及不同媒介艺术作品对社会集体想象的塑造。研究者通过以故事世界为核心概念驱动的跨媒介叙事研究，来拓展经典叙事学研究的分析视野，使叙事学研究从经典叙事学转向针对读者、观众和玩家的想象活动所采取的现象学研究模式。③

詹金斯所述意义上的跨媒介叙事在过去几十年一直在媒体业界、金融投资圈和流行文化产业中风靡。总体而言，跨媒介叙事呈现为两种路径④：一种是以共享的故事世界为核心的跨媒介叙事，这是20世纪90年代以来文化娱乐工业中最为流行的路径；另一种是以共享的角色世界为核心的跨媒介叙事，这是20世纪初以来文化娱乐工业中建构的路径传统。前一种路径主要通过故事世界及其内部不同的叙事类型来保持其跨媒介叙事的有效性；后一种路径则主要通过叙事的一致性和角色身份认同的一致性来保持其跨媒介叙事的有效性。目前国内对跨媒介叙事的研究主要集中在以共享的故事世界为中心这一类型。

采取以人物为焦点的跨媒介叙事路径产生的系列跨媒介文本并不追求统一的故事世界，而追求彼此之间具有高度可识别性的人物，体现出以人物刻画为导向的特点。这一叙事传统可以追溯到文化工业刚刚产生的时代，即无声电影产生的时代，当时众多特许专营企业所进行的跨媒介叙事实践所遵从的原则即以人物形象为导向，它们所建构的世界是基于共享人物形象的世界，而非近年来大行其道的故事世界的共享。以人物为焦点的跨媒介叙事可以为人所熟知的柯南系列为例，系列小说《野蛮人柯南》最早由罗伯

---

① 周涌，李雨谦. 媒介意识与故事世界：近年国产动画电影在动游联动路径上的创作研究［J］. 当代电影，2020（9）：164 – 169.
② 石田，高薇华. 跨媒介故事世界：融合视域下影视 IP 的进化对策［J］. 电影文学，2022（2）：10 – 14.
③ 段枫，陈星，许娅，等. 当代西方跨媒介叙事学研究述论［J］. 解放军外国语学院学报，2020（1）：59 – 67.
④ 祝光明. 试析跨媒介叙事的两种路径：以角色为中心与以故事世界为中心［J］. 当代电视，2020（8）：29 – 34.

特·E. 霍华德于 1932 开始创作出版，后经电影、在线 RPG、漫画、电视剧等各种形式的大众传媒广泛传播，在此过程中，受众对于柯南的形象再塑造起到了尤为重要的作用。在某种意义上，今天广为流传的柯南形象已经不是霍华德创作的原初意义上的柯南形象了，而是经由粉丝文化再生产之后的产物。不同的媒介塑造了具有差异性的柯南形象，组成了一个丰富立体的柯南世界，从而成为以人物为焦点的跨媒介叙事的典范。

以漫威电影宇宙为例，漫威影业的前身——漫威漫画拥有大量漫画角色版权，如 Spider-Man、Captain America、Iron Man、Thor 等。第二次世界大战后的美国漫画市场不再满足于单一的超级英雄类型的故事，显露出对于多元化元素的需求，因此漫威开始引入不同风格的故事类型，如恐怖的、幽默的、浪漫的、犯罪类型的、可爱动物类型的漫画。20 世纪 70 年代，漫威漫画开始注重迎合中老年观众，同时通过创作反映当代热点问题和现实生活的漫画，更加赢得了青少年的喜爱。现如今漫威电影宇宙的跨媒介叙事模式呈现出如下特征：

1. 高概念叙事

高概念叙事以世界观宏大、人物角色多、时间跨度大、人物创作空间广等为特点。宏大世界观里的故事既相互独立又彼此依存，故事之间有着千丝万缕的微妙联系，可以让各种各样的媒介从中挖掘出不一样的故事。这些故事都有着非常明显的外部矛盾，比如，人物与其他人类的对抗，人与技术的对抗，人与社会、人与自然、人与超自然的对抗，等等。而这种高概念的宏大世界观叙事，也是跨媒介叙事中最成功的模式，漫威公司的作品大多是这样的模式。

2. 文本互涉

高概念叙事为文本互涉奠定了基础，漫威的很多漫画都被拍成电视剧、电影，做成游戏，并系列化。在这些系列漫画中，不同系列的主角都生活在同一个宏大的世界观里，每个子系列里人物的叙事都与其他子系列有着千丝万缕的微妙联系，但又是相互独立的故事。将漫画直接移植到电影、电视剧、游戏中，其中的子系列的关系也是一样的，从另一个角度来说，主流观众和粉丝只有从各个媒介观看他们的整个子系列故事，才能真正了解这个宏大世界观里的人物身上发生的最完整的故事。例如，电视剧《神盾特工》《特工卡特》《夜魔侠》，漫画书《美国队长：第一次复仇》《复仇者联盟：黑寡妇》《蚁人》，还有几个改编而来的电脑游戏，都是由漫威的电影情节扩展而来的，所有的这一切都具有连贯性，都处于同一个漫威宇宙世界观里且存在微妙的因果关系，它们在不同的跨媒介叙事阶段都将发挥扩展故事文本的作用。

3. 迎合粉丝

漫威始终与粉丝保持着密切的联系，不仅注重迎合粉丝的口味，还注重培养粉丝的消费点，并积极发展新的主流大众，并使之成为其产品的消费者。在秉承原著精髓的基础上，漫威通过拓宽故事线、夯实故事的奇幻主旨，以期将观众转化成漫威的铁杆粉丝，并极力避免过于尊重原著而造成的观众的小众化。漫威将多文本的内容进行系列化的重组，并使内容规避无序化，出现交融。文本串联，本质上是将不同故事的粉丝都集中起来。当漫威将不同观众的消费行为通过跨媒介叙事的方式进行串联和复制时，就赢得了最广大的粉丝群体的支持。对粉丝文化的构建，其实就是对漫威品牌的搭建。

4. 角色塑造

漫威还注重塑造高概念意象，如角色或者特定标识、理念和理法等，可以在各种媒介上进行传播。漫威授权的角色可以被看作市场营销的符号。例如，1978年创造出来的超人角色，英文名为"Superman"，英文首字母"S"就被印在海报上进行电影英雄主义的宣传。将漫威作品的象征符号运用在与漫威作品有关的附属品上，可以直接将故事与其他相关的媒介联系起来。例如，在《钢铁侠2》中，托尼·斯塔克是一个富翁，还是一个发明家，其有很多与故事情节息息相关的随身品，它们都有机会被挪移至其他媒介进行传播。

5. 导演选择

美国学者斯科特·特罗斯特曾将导演视为"远见者"。漫威系列作品的导演通常都有双重身份，即为粉丝级别的导演，他的任务是既要迎合粉丝的观影需要，又要满足制片公司对于高票房的要求。他们能以领导者的角色来积极带动粉丝的热情。导演的作用便是最好地尊重原创和向粉丝展现个人风格，并完美地将纸质文本搬进银幕，创造影迷文化。漫威的"粉丝导演"大多是拍摄自己最钟爱的漫威漫画。当然这些明星导演也将明星效应带入了电影当中。漫威系列电影的导演兼编剧乔斯·惠登便是漫威迷，他还参与制作和撰写了漫威系列作品。他通过积极营造自己的电影品牌风格来吸引漫威迷，老派漫画粉丝对乔斯·惠登这样的导演的认可，通过社交网络影响了没看过漫画原著的人，促进了导演和电影的更大成功。①

本讲小结

本讲由"媒介思维"充分生发，建构起叙事与媒介多样性之间的交互网络，从作为一种媒介实践的叙事视角出发，指向在媒介变革的当下，叙事实践对数字媒介的叙事可供性的发掘，以及跨媒介叙事的延伸内容。叙事实践的逻辑与数字媒介的自身机制在互构中建立起具体的话语体系，在媒介平台的融合与对话之间生成革新性的叙事模式，

---

① 黄雯，孙彦. 从美国漫威公司作品看跨媒介叙事 [J]. 当代电影，2018（2）：121–124.

凸显着数字时代下的文本内容、艺术实践、空间生产等多维叙事在生成、传播及弥散方面的效果。由此可见，无论是从叙事发展的历史维度出发，还是着眼于叙事文本类型的丰富性，媒介发挥着"组织"的基础性构成的作用，以其更加多元的、流动的、日常的思维模式帮助我们开启解读叙事文本的全新视角。

【延伸阅读书目】

（1）玛丽-劳尔·瑞安. 故事的变身［M］. 张新军，译. 南京：译林出版社，2014.

（2）沃尔特·翁. 口语文化与书面文化：语词的技术化［M］. 何道宽，译. 北京：北京大学出版社，2008.

（3）汉娜·阿伦特. 启迪：本雅明文选［M］. 张旭东，王斑，译. 北京：生活·读书·新知三联书店，2008.

（4）克劳斯·布鲁恩·延森. 媒介融合：网络传播、大众传播和人际传播的三重维度［M］. 刘君，译. 上海：复旦大学出版社，2012.

（5）Gibson J J. The Ecological Approach to Visual Perception［M］. New York：Psychology Press，1986.

【思考题】

（1）什么是数字叙事的媒介思维？
（2）从媒介可供性的视角出发，如何看待数字叙事与媒介技术之间的关系？
（3）在媒介融合的背景之下，读者或参与者以何种方式参与数字叙事的实践过程？

第五讲

数字互动叙事

第五讲　数字互动叙事

互动叙事已经成为超文本小说、互动影视、新闻游戏等交互式媒介产品的重要特征。互动叙事的历史源远流长，在口语叙事时代，互动叙事便已存在。在语言文字尚未诞生的"前叙事时代"，互动叙事的某些特征便已初现端倪。原始人之间的梳毛、咕哝、夜话等交流互动行为，已经具备了一种"前叙事"的沟通性质。[①] 他们没有语言文字，无法言说自己内心的所思所想，支支吾吾的模仿嘟囔声配合身体的动作、姿势、体态，便是他们"讲述"的方式。叙事（甚至是语言）的胚胎，有可能萌发于人类最初面对他者时的身体交往冲动，浸润在彼此之间交流沟通、结成群体的身体意向性之中。

语言出现后的口语叙事，最直观地表现为一种互动叙事。"讲故事的人"若想尽善尽美地讲述故事、传递经验，仍旧需要叙事双方在同一空间中同时在场，形成某种身体性的非语言互动：讲述者要心、眼、手、口协调统一进行叙述，并且做好叙述过程中接受听众的实时反馈，并时不时被他们打断、插话、提问的准备[②]。文字出现后，故事被铭刻于离身性的符号载体中，叙事双方的身体在叙事情境中逐渐失去了原本的效用。印刷术的普及，使得口语叙事时代面对面的身体交往情境急剧减少，取而代之的是小说这门叙事艺术的兴起，小说在19世纪迎来了黄金时代。经典叙事研究便开始锁定文学作品（主要是小说）故事内容与叙事形式的分析，叙事中的互动则从研究视野中消失。

进入后现代主义时期，叙事研究开始从封闭的"叙事语法"研究转向多元、动态、互动的叙事过程研究，并走出文学文本的天地，向人文社科各个领域开放。这时候，除了上一讲已经提到的接受美学、开放性叙事、阐释学等领域重新重视读者作为主体参与叙事外，还有包括罗伊·阿斯科特等在内的不同领域的艺术家、理论家，着眼于媒体特性、艺术表现与程序开放等方面，探讨交互性叙事观念并从事相关实践。

随着虚拟现实、增强现实、远程交流通信、生物传感技术的发展，在媒介技术的延伸作用下，身体在数字媒介时代的互动叙事中再次"出场"。对互动叙事的研究成为数字叙事研究中成果非常突出的领域，吸引了众多学科学者的关注。譬如，进入21世纪以后，虚拟故事国际会议（ICVS）和互动数字故事和娱乐技术国际会议（TIDSE）每年举行两次，在法国和德国之间轮流举行。2008年，两个会议的组织者决定将它们整合起来，构成一个国际数字互动故事研究会议（ICIDS），每年举行一次，并出版一本论文集，探讨交互式技术在创造和体验叙事方面的新用途，涉及计算机科学的许多方面的概念，如人工智能方面的主题就包括叙事智能、自动对话和戏剧管理，以及智能图形等。可以说，互动叙事已经成为叙事研究不可忽略的组成部分，且大大拓宽了叙事学研究的范围。

上一讲谈论的数字叙事主体的复合性，无论是数字叙事主体的构成，还是数字叙事

---

① 傅修延. 人类为什么要讲故事：从群体维系角度看叙事的功能与本质 [J]. 天津社会科学，2018（4）：114-127.

② 上官燕.《讲故事的人》中的经验与现代性 [J]. 国外理论动态，2011（4）：87-92.

过程的参与，抑或是数字叙事的人机共生，实际上都已涉及数字互动叙事。本讲将结合数字互动叙事的实际，进一步阐明数字互动叙事的基本概念，阐述互动叙事的特征，介绍相关研究方法。

一、互动与叙事的关系

互动最基本的含义就是你来我往的交流过程，是人类交流活动的最基本形态之一。但是在人类文明的进程中，这一基本的形态在各种条件的作用下呈现出较为复杂的现象，对此，社会学、人类学和传播学一直予以关注和研究。譬如，乔治·赫伯特·米德以"符号互动论"阐释个体自我的形成，以及在社会互动过程中如何创造、改变意义并将之付诸行动；欧文·戈夫曼的"拟剧论"对日常生活中人与人之间的互动进行分析，通过仪式化过程、参与框架、情境嵌入等对面对面互动语境的分析，建立起"场景社会学"。这些都在提示我们，互动作为人类最平常的交流活动，是我们观察和理解交流活动的基础。在这个意义上，数字时代的"互动"并不应该被理解为一种进化，而应被称作一种"再现"或"回归"（retrieval）。但是，应该说明的是，这里的"再现"不是互动本身，而是互动所借以展开的媒介技术，是麦克卢汉"媒介四元律"第三条所指的"再现"，即"任何媒介的'内容'都总是另一个媒介。正如书写的内容是对话，印刷的内容是书写，电报的内容是印刷一样"①。互动这一人类交流活动的基本形态，之所以能够不断产生出不同的展开方式，呈现出不同的存在样态，是受各方面因素影响的，其中媒介技术是最为突出的因素。笼统地看，印刷媒介的出现减弱了口语阶段的互动，电话的出现又在一定程度上对互动有所弥补，电影电视的出现进一步削弱了互动，基于计算机和互联网的数字媒介则强化了互动，而且使互动更为丰富和复杂起来。

互动的被强调与基于计算机的新媒介技术的使用密切相关。技术的发展和演进改变了用户的信息使用方式，用户相对自由地消费和控制信息的愿望变成了现实。今天，人们在手机或者电脑上浏览、交流、评论、留言、转发、"点赞"、发弹幕、分享、"同框"、"打赏"等，无不是技术支持下的互动。无论是视频网站，快手、抖音等短视频软件，还是现在直播、YY直播、斗鱼直播、映客直播、淘宝直播等直播软件，用户在文字、图片、语音、视频等方面都可以实现与文本的互动。正如埃斯本·阿尔瑟斯所指出的，"互动这个词是在文本意义上而非分析意义上运用，因为其内涵包括计算机屏幕、用户自由和个性化媒体等各种模糊的概念，却没有外延。然而，它的意识形态含义很清

---

① 马歇尔·麦克卢汉. 理解媒介：论人的延伸［M］. 何道宽，译. 南京：译林出版社，2011：18.

楚：人类和机器是平等的交流伙伴，其原因无非是机器接受和响应人类输入的简单能力……宣布一个系统是互动式的，就是认可它有一种神奇的力量"①。

值得注意的是，当我们将互动与媒介技术尤其是数字技术联系起来时，容易关注技术层面，而忽视人在与技术的互动中发生的变化。列夫·马诺维奇在关于"新媒体不是什么"的讨论中谈到"交互性的迷思"，指出："现代人机交互界面允许用户通过操作屏幕上显示的信息来实时控制计算机。也就是说，当某一对象被呈现在计算机上时，就自动具有了交互性。因此，赋予计算机媒体'交互性'是没有意义的——这只不过陈述了计算机最基本的常识。"而我们"很难将相关的用户体验进行理论化。交互性的这一方面，仍然是新媒体所提出的最困难的理论问题"。② 马诺维奇接下来指出，古典艺术乃至现代艺术中蕴含多种心理层面的"交互性"，关乎假设、回忆、认同等，这些在人们谈论"交互性媒体"时经常被忽略，而将交互"完全等同于用户与媒体对象在身体层面的交互"。③ 当然，如果只是强调心理层面的交互性，那应该是隐喻意义上的交互性，可以想象，可以推断，却不可作为经验被观察。博尔赫斯的小说《赫伯特·奎因作品分析》就突出表现了这种想象。其中写道，奎因写的《陈述》里有一个故事，读者读完被虚荣心搞糊涂了，以为是自己创造的。马诺维奇对心理层面的强调，实际上是提醒我们警惕"交互媒体要求我们认同他人的心理结构"，在计算机技术能够对人的心理活动进行客体化和外化的情况下，人们通过交互性操作可以轻易获得预先设定的一切，因此而"将他人的思想结构误以为是自己的"。④

当克里斯·克劳福德认为"交互性是被无故误解和无情滥用得最严重的计算机术语"时，显然也是着眼于概念与计算机的密切关联。克劳福德将互动性界定为"发生在两个或多个活跃主体之间的循环过程，各方在此过程中交替地倾听、思考和发言，形成某种形式的对话"。这一定义从根本上说，是以人际交流为蓝本的，强调交替倾听、思考和发言构成了互动过程，并最终形成对话的价值，因此，不能将观众或读者对作品做出的反应（react）视为互动（interact）。⑤ 克劳福德进一步为交互的程度确立了三个维度：速度、深度和选择。速度是指软件反应的速度，深度是指触及人性的深度，而选择是指设计时考虑功能性意义和可见的完备性，即"始终考虑用户做什么，用户行为涉及的动词是什么"⑥。

我们看到，在对互动的论述中，与马诺维奇相比，克劳福德虽然也涉及人性的深度

---

① Aarseth, Espen J. Cybertext Perspectives on Ergodic Literature [M]. Baltimore & London: Johns Hopkins University Press, 1997: 48.
② 列夫·马诺维奇. 新媒体的语言 [M]. 车琳, 译. 贵阳: 贵州人民出版社, 2020: 54-55.
③ 列夫·马诺维奇. 新媒体的语言 [M]. 车琳, 译. 贵阳: 贵州人民出版社, 2020: 56.
④ 列夫·马诺维奇. 新媒体的语言 [M]. 车琳, 译. 贵阳: 贵州人民出版社, 2020: 60.
⑤ 克里斯·克劳福德. 游戏大师 Chris Crawford 谈互动叙事 [M]. 方舟, 译. 北京: 人民邮电出版社, 2015: 24-25.
⑥ 克里斯·克劳福德. 游戏大师 Chris Crawford 谈互动叙事 [M]. 方舟, 译. 北京: 人民邮电出版社, 2015: 34.

和用户的选择，但他的思考偏重于技术和设计者。如果说前者从技术出发，最后着眼于人，则后者是从人出发，最后落脚于技术和设计。显然，以计算机为基础的媒介技术将互动问题推向关注的焦点，使这一原本关于普遍存在的交流行为的概念变得不同寻常起来。就本书主题而言，互动的不同寻常之处在于与叙事的结合。与互动一样，叙事也是一种人类交流活动。

那么，叙事与互动的关系是怎样的呢？从原始的交流形态来看，一次互动不一定就是一个叙事，但一个叙事肯定是一次互动，因为讲述一个事件（故事）总是以互动为前提。所谓互动叙事，就是指在互动中叙事和通过叙事的方式互动。这在今天的口语交流中依然如此，虽然其结果肯定不会是伟大的作品，却是互动叙事的雏形。譬如，A问B："最近那件事办得怎么样了？"B说："遇到些麻烦。"A说："哦，什么麻烦？"B说："我都按照要求准备的，可是最后申请被拒了……"接下来，如果A有足够的好奇心，并且表现出对B的遭遇的关切，便会鼓励B说出事情的详细情况。其间，A可能还会追问一些细节，B可能会问A的经验，或者A主动告诉B自己的经验或者别人的经历，以开导或安抚B。两人如果有足够的时间将谈话继续下去，我们就会从其谈话中获得一个甚至多个事件的来龙去脉。当然，只要有一方没有意愿，对话就无法持续，叙事也就不能展开。这种简单的互动叙事为我们理解复杂的数字互动叙事打下了基础。正是注意到这一基础，哈特穆特·考因尼茨指出，基于计算机的叙事是通过利用数字媒介的可供性来创造的，并通过参与来加强，所以互动者体验到的代理权是基于唤起和奖励叙事的期望，以及对故事世界积极信念的创造。他认为"从这个意义上讲，互动叙事这一复合词也许是一种误导，因为它可能被误解为将互动性作为叙事的一个'附加功能'。相反，这里采取的观点将交互性和叙事性理解为数字叙事的新兴表达中不可分割的、相互促进的方面"①。

数字互动叙事的问题是在超文本，尤其是计算机游戏的设计和研究讨论中被提出来，并成为数字叙事研究的一个领域的。克劳福德就将互动叙事作为游戏概念的外延，但接着指出互动叙事系统不是"纳入了故事元素游戏"；他认为交互性与故事情节之间有着显而易见的冲突，解决的办法是"情节界定的是事件，而不是过程。要在故事中实现交互，就需要经由'过程'来实现创作者对故事的控制，而不是直接控制事件本身"，"过程驱动的叙述与交互之间没有冲突"②。与前述克劳福德提出的考虑互动程度的"选择"更多从设计者角度考虑相比，这里的"控制"实际上偏重于用户的选择。劳尔·瑞安也引用克劳福德的话，强调互动性就是"授权用户选择"，"没有选择，就

---

① Hartmut Koenitz. Towards a Theoretical Framework for Interactive Digital Narrative [C] //Joint International Conference on Interactive Digital Storytelling. Springer, Berlin, Heidelberg, 2010: 176–185.
② 克里斯·克劳福德. 游戏大师 Chris Crawford 谈互动叙事 [M]. 方舟, 译. 北京：人民邮电出版社, 2015: 39–44.

没有互动性",这是"绝对的、不折不扣的原则"。但是,劳尔·瑞安意识到,互动性最能区分新旧媒介的属性,但并不能促进故事的讲述,"因为叙事意义预设了线性和时间、逻辑、因果的单向性,而充满选择的系统则需要非线性的或多线性的分叉结构,如树状、根茎、网络"。如何解决这一矛盾呢?劳尔·瑞安寄希望于以叙事设计来调和:"理想状态的自上而下的设计,应该伪装成一个自生的故事:既要让用户相信,他们的努力将得到一个连贯的叙事作为回报;又要让他们感觉到,他们在行使自由意志而非设计师的傀儡"①。

劳尔·瑞安的上述"调和"其实是在努力建立传统叙事研究与数字互动叙事分析之间的联系。她指出,互动叙事学没有必要完全从头搭建,因为时间、空间、人物、事件这些基本元素还在,"但这些元素将在互动环境下获得新的特征,并展现新的行为";传统故事作为一种认知结构,超越了媒介、学科、历史及文化的边界,因而描述传统叙事的故事情节图示对互动叙事同样有效,而互动叙事作为生产引擎,又会呈现其运行模式的独有图案。② 也就是说,作为认知结构的叙事,其实是无分传统叙事和数字互动叙事的,而作为一种交流活动,互动叙事有其自身的特征和规律。劳尔·瑞安将互动性视为"涵盖用户与文本之间各种关系的统称"③,从前述她和克劳福德的论述中,我们可以看到,这种互动性关系不仅发生于用户与文本之间,而且发生于用户与设计者之间,即发生于叙事设计者的互动设计与用户通过选择和文本展开互动之间,还发生于设计者、观众与机器或技术装置之间。

二、虚拟现实与互动叙事

今天的互动叙事以人机互动为基础,在各种界面和各种软件的支持下展开,在高度数字技术环境下仿佛"再现"古老的互动叙事。对互动叙事的理解,不仅是对新的叙事形态的理解,也是对这一形态包含的人与技术的关系的理解。

相比于传统的叙事,数字互动叙事更能够提供叙事的空间维度。在传统的叙事中,空间关系虽然存在,但它更多地依附于时间,总是与时间相随,而后才被确认,而且传统叙事直接的空间感知数据,需要人们通过想象加工,在头脑中完成"身临其境"。博尔赫斯的《环形废墟》叙述主人公想以微小的完整性梦见一个人,并把他插入现实,实际上就是主人公在想象中将故事世界(梦)与现实世界相连。许多作家意识到了叙

---

① 玛丽-劳尔·瑞安. 故事的变身 [M]. 张新军,译. 南京:译林出版社,2014:95.
② 玛丽-劳尔·瑞安. 故事的变身 [M]. 张新军,译. 南京:译林出版社,2014:98.
③ 玛丽-劳尔·瑞安. 故事的变身 [M]. 张新军,译. 南京:译林出版社,2014:103.

事受到的时间性约束与空间性缺失,并尝试做出改变,如普鲁斯特在叙述上通过并置手法来强调所谓的"纯粹时间",期望达到在视觉瞬间静止的空间效果。这样的努力对读者提出了更高的要求,即读者需要更多地调动自己的思维和想象,梳理叙事进程,建立因果联系,在领会或建构叙事意义中感知和体验空间的存在。

计算机出现后的技术进步为摆脱二维限制,进入三维时空,真正实现身临其境的体验与互动带来了可能。2005年,美国佐治亚理工学院人工智能教授迈克尔·麦提斯和游戏设计师安德鲁·斯特恩发布了他们设计的游戏 Façade(原文系法语,意思是"建筑物立面",引申为"表面的、假象的",中文一般译为《消失》)。游戏开始于你作为玩家,受邀到朋友特里普和格蕾丝夫妇家参加晚宴。在还没有进屋的时候,你听到了夫妇之间的争吵。你进屋之后即卷入这场家庭纷争,你需要与他们对话。你与他们对话的过程,也就是叙事展开的过程。结局可能是由于你的介入而平息一场风暴,也可能是你加剧了矛盾冲突,直至两人关系彻底崩溃。在这样的游戏中,叙事伴随着体验,体验触发着叙事,叙事在可感可触的场景中展开,场景也随叙事的进程深度呈现。Façade 出现之时,技术的限制使玩家的行为局限于自然语言的介入,玩家也无法作为主人公高度地介入,这些势必导致互动不能更自然流畅地展开。尽管如此,Façade 已经提示了数字互动叙事的方向,并让人从中看到充满可能性的未来。[①]

互动叙事与空间体验和感知的紧密关联,得到虚拟现实技术系统的支持。1989年,美国科学家杰伦·拉尼尔提出了"虚拟现实"的概念,其后,有关虚拟项目的研究(利用立体视听、数据手套、数据服装等人体感觉的延伸技术模拟仿真三维现实世界的研究)的概念统一于"虚拟现实"这一术语。虚拟现实的特征,通常被描述为四个要素。一是多媒体信息感知性:虚拟现实系统具有感知视、听、触、嗅、味等多方面信息的能力;二是沉浸感:用户感觉不到身体所处的外部环境而"融合"到虚拟世界中;三是交互性:用户可通过三维交互设备直接控制虚拟世界中的对象;四是自主性:虚拟现实世界中的物体可按各自的模型和规则自主运动。[②] 2003年,旧金山林登实验室开发的"第二人生"游戏体现了虚拟现实技术的运用。用户在这一虚拟空间中,以化身的形式与其他化身互动,开展广泛的虚拟活动。

在文学艺术领域,珍妮特·默里提出的"全息甲板"模型体现了对互动叙事的虚拟空间的想象,成为互动叙事研究和叙事设计的一个目标。在劳尔·瑞安看来,叙事空间的沉浸与互动,关键在于发展莫雷所说的"多形式情节"或"讲故事系统":"一个文本片段和组合规则的集合,为程序的每一次运行产生叙事意义",虚拟现实系统很容

[①] 此案例的详细分析,参见王贞子. 数字媒体叙事研究 [M]. 北京:中国传媒大学出版社,2012:143 – 151.

[②] 周思跃,龚振邦. 虚拟现实定义的探讨 [J]. 计算机仿真,2006(9):219 – 222.

易满足这一要求,"在 VR 中,我们在一个世界中行动,并从内部体验它"。① "虚拟现实的沉浸—互动性体验不仅将这些世界向我们的身体开放,以便多感官地领悟环境;而且让我们能够操控装备虚拟世界的物品,并与它们的居民交谈。在根据'全息甲板'塑造的虚拟现实系统中,访客能以各种方式体验叙事:作为情节中的人物,她体验她的命运;作为脚本的合作者,她写下笔下人物的生平;作为演员,她化身为她的人物;作为观众,或至少作为节目的受益人,她理当从自己的表演中获得娱乐。各种角色集于一身,实现了对戏剧行动各种参与模式的越界混合。"②

哈特穆特·考因尼茨也从"全息甲板"模型出发,对数字互动叙事的特征进行了展望式的描述。第一,交互式叙事往往必须满足于不太自然但更有效的界面:通过操纵控制装置来象征性地完成身体动作,以及从基于语言的菜单中选择项目;第二,在交互式叙事中,用户的所有行动都应该推动情节的发展,提供给用户的任务和故事的情节之间应该有密切的主题关系;第三,互动叙事应该使互动的时刻成为常规,使被动的时刻成为例外,而不是将代理权限制在几个决策点上,由长时间的被动观看来分隔;第四,情节应该尽可能地在用户与系统的实时互动中被创造出来,不同的访问应该出现合理数量的不同变化;第五,有能力创造叙事的沉浸感,是在精神上构建和沉思一个故事世界时的一种想象力的投入。③

考因尼茨的设想实际上也是现实中的互动设计所追求的目标,互动新闻的制作就是如此。尼基·厄舍这样定义互动新闻:"一种通过代码来实现故事叙事的视觉化呈现,通过多层的、触觉的用户控制,以便实现获取新闻和信息的目标。"④ 他强调,"新闻的一个重要方面是叙事,叙事将互动新闻与以前发生过的事情联结在一起";"用户被引导至一个沉浸式的体验之中,而当他们有更多的选择去探索时,会有一个中心点通过主题、文本和图形结构来表达信息"。⑤ 譬如,2013 年,《芝加哥论坛报》创建了一个"芝加哥枪击受害者"应用程序,其间包含一个地图和目的地更新列表,以及每个事件的可点击按钮,这个互动产品可以帮助用户查看芝加哥所有的枪击事件,了解自己所在社区的安全状况。在这里,时空关系与身体高度相关,叙事的空间维度在身体与媒介物的交互行为中得到显露,与时间尺度并置而统一于参与者的感知过程。

相比之下,数字艺术中对互动的设计在叙事层面更为复杂。身体交互行为催生了一种"元叙事",叙事生成的过程就是身体体验与感知事物的过程。艺术家米歇尔·佩桑

---

① Ryan M L. Narrative as Virtual Reality: Immersion and Interactivity in Literature and Electronic Media [M]. Baltimore & London: The Johns Hopkins University Press, 2001: 18.
② 玛丽-劳尔·瑞安. 故事的变身 [M]. 张新军,译. 南京:译林出版社,2014:218.
③ Hartmut Koenitz. Towards a Theoretical Framework for Interactive Digital Narrative [C] //Joint International Conference on Interactive Digital Storytelling. Springer, Berlin, Heidelberg, 2010: 176 – 185.
④ 尼基·厄舍. 互动新闻:黑客、数据与代码 [M]. 郭恩强,译. 北京:中国人民大学出版社,2020:26.
⑤ 尼基·厄舍. 互动新闻:黑客、数据与代码 [M]. 郭恩强,译. 北京:中国人民大学出版社,2020:226.

的"眼球书法"就是身体参与叙事生成最好的例证。通过佩戴一副特制眼镜,艺术家在观看事物时的眼球运动轨迹会被装载在眼镜上的眼动追踪仪捕获,传感器将数据信息传递给终端,终端依据此信息,通过遥控机械臂将参与者的眼球运动轨迹在平面白板上重新绘制出来。无论是日常生活中的一束花,还是对父亲的记忆肖像,抑或是毕加索的名作《格尔尼卡》,眼动追踪仪都能够用"眼球书法"的方式把转瞬即逝的视觉记忆重现出来。眼睛观看事物的全过程,实际上就是眼睛"绘画"的全过程,其中所历经的时间流逝与空间流转,都被媒介装置记录下来。① 叙事生成的过程,也就同步于身体与媒介物交互的过程。叙事由身体引发,被身体驱动,通过身体在场直达叙事生发的整个过程,而空间尺度的回归也意味着叙事体验还原了原初意义上的"完整性"。

本雅明谈及机械复制技术诉诸现代人经验感知的震惊效果,唐·伊德从技术具身视角阐释媒介物对人知觉的全身性重塑,虽然他们看待技术的路径与态度不同,但都发现了技术对于身体知觉的强大塑造性。沿着伊德技术具身的思路,我们可以发现,在人的实践中,身体依旧占据着首要位置,但人也通过不断地修正、调试和完善媒介物,使身体能够更好地展开行动。② 技术具身关系下的交互行为,已经变成人与媒介物共生互构所展开的整体行动。身体交互行为催生"元叙事"的过程即身体感知与体验的过程。在技术具身视角下,人与媒介物所形成共生体的感知体验,成为数字互动叙事得以建构的重要条件。然而,虚拟现实或增强现实、远程传输控制、生物神经传感……不同媒介技术对身体知觉的塑造有着不同路径,身体感知也沿着技术设定的特定路径发生转变,由此带来了复杂多样的身体体验。

在当代数字艺术实践中,有许多艺术家有意"误用"媒介技术,带给身体知觉一定程度上的"紊乱",借此构建叙事。艺术家夏尔·戴维斯的《渗透》《短暂》等作品,通过运动传感背心将现实中用户的呼吸与平衡感作为重新定位其在虚拟空间中知觉感受的尺规,来颠覆其正常知觉体验。用户吸气与呼气的动作,分别对应着虚拟空间画面的"向上漂浮"与"向下潜游"。③ 这便不同于现实中身体处于地球重力关系中所拥有的知觉感受,用户越是想要凭借现实中的身体冲动去平衡虚拟空间中的"失重感",就越会造成知觉体验的紊乱。艺术家通过颠覆技术的常规用途,来变换虚拟空间中的一些规则,使现实中的身体无法在虚拟世界中经验事物,从而扰乱用户正常的知觉体验。于是,交互过程中出现的某种"非常规"的身体状态,作为叙事事件中的某个"奇点"浮现出来——某种既定的、看似不证自明的意义体系的松动。④ 认知语言学与文化人类学的研究表明,虽然人类语言体系与意义网络存在跨文化的差异性,但它们"前概念的

---

① 黑阳. 非物质、再物质:计算机艺术简史 [M]. 北京:文化艺术出版社,2020:127 – 137,341 – 342.
② 杜丹,陈霖. 与"物"交融:技术具身理论之于传播学研究 [J]. 现代传播(中国传媒大学学报),2021(3):84.
③ Crowther P. Digital Art, Aesthetic Creation: The Birth of a Medium [M]. London: Routledge, 2018:159.
④ 蓝江. 面向未来的事件:当代思想家视野下的事件哲学转向 [J]. 文艺理论研究,2020(2):155.

意义维度"都来自相似生存环境中身体的感觉运动结构。① 同时，人类试图以语言的形式把握变动不居的世间万物，通过叙事来巩固关于事物某种静止状态的意义。② 事物经由身体知觉中介，通过叙事等语言手段被人类以一种静态的形式把握，意义由此生成。数字互动叙事并非如传统叙事一般，通过反复讲述故事让这些静止状态的意义更为牢固。相反，它通过邀请原本的受叙者参与行动，体验技术具身带来的感知变化，来对"前概念意义维度"的身体经验进行重塑，从而触发叙事事件中的某个"奇点"。参与者作为主角处于事件正在发生的现场，而后对事件的回顾、回溯带来了能够短暂把握到的叙事感。技术具身唤起身体的"新感性"，将参与者的审美主体性解放出来。不同参与者的一次次交互，意味着事件的一次次发生，每一参与者都经历着属于其自身的独特事件，从中寻找并发现属于自己的叙事意义与价值。

数字互动叙事的事件性表达，自然能够令人联想到偶发艺术对身体交互参与的强调。偶发艺术所构筑的互动情境，使人与人之间的关系得到转变的同时，也将艺术从表征再现与语言阐释的状态中解放了出来，转而服务于人们真实的体验。数字艺术领域已经有许多艺术家做出了类似的尝试，他们寻求最大限度地利用与发掘媒介技术的潜力，邀请观众积极参与交互，在重塑感知经验与艺术情境的同时，重新构建一种关系性、合作性的社会互动秩序，以参与、协商、对话来构建自己的互动叙事。例如，1995 年 9 月 19—24 日，法国艺术家莫里斯·贝纳永的艺术装置"地底隧道挖掘项目"，在蒙特利尔的当代艺术博物馆和巴黎的蓬皮杜中心之间建立了同步的电视虚拟连接。项目隐喻性地运用了"挖掘"概念，以身处两地的参与者通过互动装置"挖掘"两个城市间的"数字隧道"并最终与对方相遇的故事，作为它的叙事程式。艺术家设计的"挖掘"行为，揭示出艺术现场与网络空间两种媒介使用情境下不同的情境嵌入规则，通过将真实的物理性（以管道的形式）与隐喻的物理性（在虚拟地层中挖掘隧道）相结合的方式，恢复了网络空间和身体基础之间的联系，我们所有的运动、感官和认知能力都源于此。而更重要的是，"它通过遵循在这个过程中发现的相互重要的线索，与来自不同地方的其他人取得联系。这是一种无偿劳动的形式，所有参与的人都通过这种方式实现自我发现。……虚拟的挖掘不是通往黑暗的大地，而是通过遭遇线索来照亮整个迷宫，走向与他者的最终接触"③。2017 年 12 月，南京大学美术馆展出了莫里斯·贝纳永于 1995 年完成的远程虚拟项目"大西洋底隧道"的升级版，第一次展示了从未向公众开放的艺术作品"大西洋底隧道"，"色彩隧道和边界隧道"更用虚拟现实的方式探讨了香港本地文化与艺术表现等问题。

---

① 芮必峰，昂振. 传播研究中的身体视角：从认知语言学看具身传播[J]. 现代传播（中国传媒大学学报），2021（4）：38.
② 刘欣. 西方文论关键词：事件[J]. 外国文学，2016（2）：81.
③ Crowther P. Digital Art, Aesthetic Creation: The Birth of a Medium [M]. London: Routledge, 2018: 155.

正如伊德所言,"宏观知觉与微观知觉的关系不是派生的,它们更像是背景—图形的关系……只要宏观知觉的变化很彻底,与任何一种微观知觉的关系必须也发生变化"①。数字互动叙事通过创设一些微型的社会互动情境,能够让人们意识到,媒介技术不仅通过具身化的方式增强或延伸了人们的某一身体感官,改变个体在具体的技术使用情境中的"微观知觉",而且将人类整体在技术境遇中的生存状态揭示了出来,由此成为一种对媒介技术的生态环境式隐喻,也是协调人类彼此交往与互动的"宏观知觉"。

三、互动叙事的参与者行为

互动叙事与传统叙事的显著差异在于接受者(读者、观众、玩家、用户)的参与对叙事产生影响,并因此而改变叙事交流的特质。对接受者的参与在上一讲和本讲的前两节,我们都有所涉及,但是尚未对其进行集中考察。接下来我们将围绕互动电影的观众行为进行经验考察,并加以阐述。

克劳福德曾谈到,一些电影制作的实验者们,利用计算机提供的功能强大、成本低廉的软硬件工具,给电影加入交互性,这种电影就被称作"互动化电影",即加入了互动元素的电影作品。克劳福德调侃说,拿着电影的想法来考虑如何加点交互性进去,这与设计了鼠标之后又想给它添加视频功能一样糟糕,硬生生地把两种截然不同的东西拼在一起,是无法实现两者融合的。②学者王贞子也通过对《罗拉快跑》与《古墓丽影》的对比分析,得出结论:"电影与互动叙事的混搭违背了电影的媒介特性,并不能为电影的发展带来光明。"③尽管如此,我们还是应该看到,仍然有不少互动电影问世,也就是说,互动电影的跨媒介实验还在进行。近年来,一些互动电影如《黑镜:潘达斯奈基》《底特律:化身为人》《超凡双生》等很受欢迎,尤其是在后两部中,观众具有非常大的操作空间。也不断有研究者对互动电影展开研究,如有学者在认知电影理论和游戏理论的基础上,建立起游戏性和叙述性感知模式的对立规范,游戏性和叙事性的意义建构被理解为相互依存的建构,通过比较用户对一部线性虚构电影和同一电影的两个互

---

① 唐·伊德. 技术与生活世界:从伊甸园到尘世 [M]. 韩连庆, 译. 北京:北京大学出版社, 2012:32.
② 克里斯·克劳福德. 游戏大师 Chris Crawford 谈互动叙事 [M]. 方舟, 译. 北京:人民邮电出版社, 2015:41.
③ 王贞子. 数字媒体叙事研究 [M]. 北京:中国传媒大学出版社, 2012:104.

动版本的体验，分析其相互干扰或相互作用的情况。① 还有学者对《湍流》这部互动电影的观看者体验进行现象学研究，考察在互动中戏剧动机的表现和影响，并试图将这样的研究作为一个基准来回答互动电影中有关互动性对理解力、同情心、自我暗示和其他方面的影响的问题。② 我国也有许多学者关注互动电影并对其展开研究，如有人着眼于数字互动时代的第三代电影研究与开发，从第三代电影的核心技术角度来展望第三代电影（数字立体互动电影）的发展前景③。还有人认为，电影与游戏已经开始融合，互动电影在画面表现、叙事手法、体验方式等方面都与电子游戏有着异曲同工之妙，互动电影集电影与游戏的优势于一身。④ 在这里我们将围绕互动电影中的观众行为方式展开阐述，大体包括如下方面。

其一，观众在电影的界面中选择影片场景内的组件来获取相关叙事信息。电影中的场景组件常常出现在非主线的情节线上，有时也会出现在弱情节线上，在情节节奏变弱时，观众可以通过探索来增加故事的代入性和互动性。观众在影片中的叙事线索探索可以分为两类。第一类是通过自己的操作行为对物品进行选择或者移动，来观察与情节相关的线索。在《明星大侦探之头号嫌疑人》中，观众在影片中扮演侦探的角色，收集相关案件的线索（图5-1），获取叙事信息，为此展开的推理活动成为整部影片叙事的重要部分。在这个过程中，观众成为故事的书写者，通过场景线索完成整个叙事。第二类是通过点击角色身上的相关互动点，在与影片中的角色人物对话中获取该人物或者重

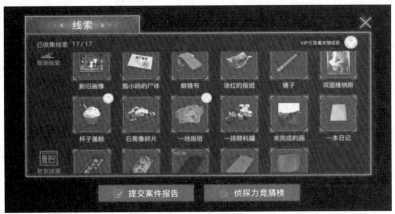

图 5-1 《明星大侦探之头号嫌疑人》探索线索界面

---

① Regina Friess. Play and Narration as Patterns of Meaning Construction: Theoretical Foundation and Empirical Evaluation of the User Experience of Interactive Films [C] //Joint International Conference on Interactive Digital Storytelling. Springer, Berlin, Heidelberg, 2008: 108-113.

② Noam Knoller, Udi Ben Arie. Turbulence—A User Study of a Hypernarrative Interactive Movie [C] //Joint International Conference on Interactive Digital Storytelling. Springer, Berlin, Heidelberg, 2009: 44-49.

③ 孙立军，刘跃军. 数字互动时代的第三代电影研究与开发 [J]. 北京电影学院学报，2011 (4)：45-50.

④ 黄心渊，久子. 试论互动电影的本体特征：电影与游戏的融合、碰撞与新生 [J]. 当代电影，2020 (1)：167-171.

要剧情的信息。观众在探索场景时往往会加以推理，剧情的发展依赖于观众的深入参与，尤其是侦探类探索，需要在线索中拼凑出完整的叙事内容，叙事的完整程度多由观众掌控，叙事的过程转变为观众的演绎。

其二，观众只有在游戏通关后才能进入下一个情节。电影的这种设计方式为观众进行完整的叙事过程设置了障碍，观众只有通关后，才可操纵化身在故事世界中进行情节探索。观众在控制化身进行游戏通关时，会将化身的感知和自身的实践相结合，此时虚拟世界也就与现实世界交融了。在这个过程中，观众的"化身认同"得到了加强。[①] 对《拳拳四重奏》的豆瓣讨论组的观察发现，观众往往会根据化身的动作在现实中做出相应的动作，一些观众在控制化身进行乐器演奏时，自己也会不自觉地用手指或者双脚打节拍，这时观众的反应是通过具身参与而非与客体直接接触建构起来的，观众在这样的机制下编织着电影的叙事，通过游戏化的操作和化身来探寻另一个自我，成为电影的主角、叙事的主要视点以及叙事的载体。电影《黑镜：潘达斯奈基》中，斯蒂芬是自己的游戏的设计者，他操控着自己的游戏，认为生活是按照他的意志来执行的，然而实际上他受到了观众的控制，观众才是他生活的主宰者。在影片的最后，斯蒂芬发现自己身处一个虚拟的世界，自己的身体被观众入侵和控制。此时，观众和斯蒂芬在套叠的虚拟空间中合二为一，由此促发观众思考自己身处的现实世界是否真实存在，自己究竟是操控角色的观众还是被操纵的化身，而这样的思考与醒悟也构成了观众建构的叙事意义的一部分。

其三，观众可以在情节的分岔点上通过完成设置好的固定的任务进入下一阶段的剧情，最常见的方式是在交互界面进行点选。在这种互动中，观众会更加主动地加入故事的情节叙事中，体验角色的情感，在情节的选择中重构故事。依据西摩·查特曼的叙事框理论框架，可将分岔剧情分为核心事件和卫星事件，也可以依据观众在节点选择的剧情对主线的影响程度而分类。核心事件即影片中的主线，观众往往很难改变。在《底特律：化身为人》中，无论观众走过怎样复杂的叙事路线，最终的目的就是解救仿生人。观众在核心事件中的行为操作最主要改变的是故事呈现的方式和视角。观众可能扮演卡拉、康纳等不同的角色，每个角色都有自己的悲惨经历，观众观看的叙事情节和呈现的角度各不相同，但是最终往往都会回到拯救仿生人的主线上。卫星事件是指电影中的支线，观众在进行选择时往往会开拓出更多的支线内容，也正是这些内容丰富了整部电影的叙事，使观众的选择和参与有了更高的自由度。这种自由度指的是观众面对的选项不是具有一定确定性的选项，而是任何一个选项会通往一个可行的叙事中。在电影《夜班》中，就有多达180条支线内容可供观众探索。此外，在分岔剧情的互动模式中，观众并非完全在分岔的部分进行互动与叙事。在分岔前往往会有一段"导航"剧情，观

---

① 衡书鹏，周宗奎，孙丽君. 视频游戏中的化身认同［J］. 心理科学进展，2017（9）：1565.

众进入分岔的叙事前，会被一段前置视频材料导航至故事互动模块的起始位置。因而整个故事就可以被看作分成了多个阶段，观众在每一个阶段都有需要完成的目标，只有完成阶段目标才能进入下一个环节的叙事。在这一类互动中，观众的新奇感和探索感被放在了重要的位置，观众仿佛步入"小径分叉的花园"中，各种直觉性的尝试推动观众在观影中不断建构不同时空不同人物的叙事，本身连贯的剧情被遮蔽了起来，观众需要在大脑中不断地扩展情节关系图，去弥合原本不完整的、零碎的叙事片段，在剧情的迷宫中建构起一座故事的城堡，完成整部电影的叙事。叙事的意义正是体现在观众的这种自我创造中。

其四，观众在互动交流中拓展人物关系，形成人物，生成互动。在互动电影的生产中，电影里的人物角色"实质上是由符号资源包组成的数码傀儡"①。作者预设了几种角色符码，并设置为潜在文本分散在各处，在观众帮助人物进行选择时，就会重新对人物进行组码。这具体又可以分为两种类型，即人物形象的生成和人物关系的生成。在人物形象的生成中，作者会给人物增加性格层次和人物维度。这就类似于电子游戏，观众可以清楚地看到人物的相关属性，从而与人物进行互动。在影片《古董局中局》中，鉴宝大师许一城需要在日军的生死追击中保护国宝玉佛头，他的人物属性分为"亲和力""判断力""反应力""记忆力""观察力"，观众在每一个关卡之中的抉择，都会相应为人物属性增减分，属性的分值会决定许一城走向何种结局。人物关系生成过程中可以增强或减弱人物的亲密度，从而改变化身与人物的关系。一个典型的案例是《拳拳四重奏》的观众化身为女主角进行选择与操作，女主角的每一次抉择都会影响她和影片中某个男主角的亲密值，或是增强或是减弱，如果亲密度到达一定的阈值，就会解锁与该角色的圆满恋爱结局。观众在互动交流中不断拓宽人物的关系网，整个故事的叙事在观众与各人物的互动中建构起来。

应该说明的是，互动电影的观众展开互动行为的上述方式，是可以相互叠加的。例如，分岔剧情的互动模式可以与人物生成互动模式相结合，使观众在攻略恋爱对象时开拓出更多关于某个特定对象的剧情。观众在互动中化身角色体味着人物的情感，不仅作为虚拟世界的观看者，同时也深深介入其中，通过与化身角色的互动，将化身视为与自己相同的社会实体，缩短了与化身之间的距离，体验到自我与化身的融合，并将虚拟化身与现实自我联系起来。观众在此过程中不断重构影片的叙事，体验着掌控世界、掌控人生的快感，以及改变世界的自由感和主宰感。"获取信息已成为计算机时代的一项重要活动。因此，我们需要一种可以称为'信息美学'的东西"②，互动电影的观众在互动中体验和创造的正是这种"信息美学"，在故事的探索中，在自主控制多种多样的数据信息操作中寻求慰藉，获得满足。也基于此，我们进一步探索观众互动行为的特质。

---

① 张晗. 国产互动电影的叙事文本形态研究［J］. 电影文学，2021（5）：8–12.
② 列夫·马诺维奇. 新媒体的语言［M］. 车琳，译. 贵阳：贵州人民出版社，2020：220.

观众对世界的认知与理解原本来自自身的感知与意识，而在互动电影中，观众的感知与意识往往成为被科技定义的工具，观众打破时空及身体的局限去建构属于自己的梦幻世界，通过控制世界来创造在现实空间中本不属于自己的体验，从而将虚拟的世界变成生活的空间。在这个交织的"虚拟现实"空间中，观众通过定义与感知叙事、阐释和分析叙事来拓展和丰富自身的精神世界，因此互动行为具有自反性。这首先体现于观众在定义与感知叙事事件中的非意识推论所生成的判断。

大卫·波德维尔从心理学的构成理论出发，探寻观众认知对于电影叙事意义的建构，认为感知与认知有着不可分割的关系，"感知是一种主动的假设—试验的过程"①。在这个过程中，观众的认知"基模"发挥着重要的作用。通过对电影最直观的画面设置、色彩等，观众可以建构出最直接的感知，帮助自己进行推断，更好地理解故事，为建构叙事提供前提条件。同时，波德维尔还认为，观众在观看影片时经历的是一种动态的而非静态的心理过程，观众依靠生理的特点来决定电影的幻想感知，如视觉系统与听觉系统，这是一种潜意识的心理过程，一种非意识性的感知过程。例如，《底特律：化身为人》中仿生人死去时流下的眼泪会让观众自然而然地感觉到悲伤，观众在进行选择时就会受到情感的影响，很难察觉到自己的操作行为已经在潜移默化中发生了改变。受访观众布莱克说："我第一次操作时，卡拉被我不小心弄死了，当我第二次到达电影的这个节点时，我换了一种选择。"观众进入交互的过程是有准备的，建构影片的故事叙事是他们观影的目标之一，而这涉及的情感体验在大多数时候都是非意识性的。

观众在互动中离不开自己的现有经验，现有的知识经验是观众进行选择的重要依据。现有的知识经验包含着最基础的人类生活经验与观众个性化的实践经验。受访观众卡罗在谈及《黑镜：潘达斯奈基》时说道："我觉得这部电影很难说看过，因为你根本不算能把它看完，我一开始根据直觉走出过两个结局，但这都不是我想要的，这部电影有无数个出口，需要你调动全部的知识，需要为斯蒂芬的游戏开发担忧，虽然电影给了我跳回某一个选择的机会，但是看到后面我只想要一个结局，于是选择了和当年《蝴蝶效应》里主人公把自己呛死在子宫里的类似结局。"可见，观众在建构影片的叙事意义的过程中除了控制自己的感知能力外，还要调动自己的经验来规避影片主人公可能会遭遇的风险。在一些更具有探索性质的互动电影中，这一点体现得尤为明显，例如《明星大侦探之头号嫌疑人》中关于犯罪线索的查找就需要观众积极地运用经验图式来构建故事，观众的互动行为不断改变着影片故事情节的实际呈现，创造出有意义的故事。总之，观众在互动中对电影叙事意义的建构不仅仅是一个认知过程，也是一个调动经验的过程。

在互动电影中，观众被放在了与作者同样重要的、具有能动性的位置。观众在观看

---

① 王永收. 观众认知与电影的叙事意义构建 [J]. 电影文学，2012（19）：11-12.

影片进行交互行为的过程中，对电影的"理解"走向"读解"，生发出更多的意义内容。经过直观的感知后，观众会对叙事内容进行阐释或分析，使互动过程呈现为积极的思维活动。从这个意义上说，互动过程产生的叙事颇具"元叙事"的意味——形成一种关于叙事的叙事。互动电影的影像意义不仅仅像传统电影一般，通过人物的行为、色彩、音乐、服饰、空间及镜头语言来体现，更通过观众的情感、经验及影像外的操作行为来建构。观众与作者不断进行博弈，不断发挥自身的观察力和想象力，当他们沉浸在一个片段的叙事中时，跳出来的互动选项又或许将其抽离；当他们对某个选项产生兴趣时，又需要通过自身的体悟去进行想象和补充。例如，在《黑镜：潘达斯奈基》影片中的一处关键节点的选择上，观众可以让主人公斯蒂芬出故障的电脑上显示"Netflix"，从而走向一个"观众告诉主人公他其实是生活在21世纪的娱乐世界中"的剧情线；又或者，在某个故事线里，斯蒂芬的母亲走出房间，镜头拉远，发现房间外其实是一个片场，斯蒂芬身处"楚门的世界"中。这些不断循环的交代、完全冲突的解释和设定，需要观众的选择，才能走向不同的真相。影片中多次提示"Program and Control"（编程与操控），观众不断在现实与虚拟空间中穿梭，在控制与被控制的拉扯中建构剧情，观众"自由意识"的解放在互动中显示出其意义。影片中有这样几句台词："时间是一种建构。人们以为你不能倒退时间并改变事物。但是你能，那就是'闪回'：它邀请你倒退时间并做出不同的决定。"

在人机互动中，观众操纵界面，使意识在另一个虚拟的空间中得到解放，而游戏化的观影方式遮蔽了种种观众"被控制"的现象。可以说，互动电影以一种较为隐喻化的方式呈现着观众游戏化的化身机制，编织着观众与化身的关系，进而编织着叙事。从这个意义上看，观众通过控制剧情控制化身，参与着叙事的建构，展现了作为操纵一方的积极的力量。值得注意的是，数字技术呈现的特征是复制与变形，体现在互动电影中就是化身与观众争夺身体，甚至复制现实世界的剧情，操纵并暗示观众正处于现实与虚拟界域空间的模糊地位。在《黑镜：潘达斯奈基》中，主人公斯蒂芬在电影里开发了一款同名为"潘达斯奈基"的游戏。斯蒂芬设计好流程书，让观众可以在观影时做出选择，观众看似凭着自由意志做出选择并乐在其中，但事实上每个选项及其引发的故事线，早就被斯蒂芬全盘设计好了。这个剧情构成了一种电影内外相呼应的结构，观众不仅仅是自己已经确定的身份——观众，同时也成为剧情的一部分，成为斯蒂芬设计的游戏的一部分。而斯蒂芬实际上也被观众控制着，他不知道的是自己就是电影中的人物。观众与斯蒂芬的拉锯实际上展现的是双方对现实世界的争夺，观众在互动的过程中容易产生一种迷幻感，分不清谁才是最初的观众，从而被自己杀死，这或许提示了数字仿真的操控让观众在无数个虚拟的空间与现实空间中穿梭，如此外化了自我身份的迷失。回到开头时的议题：控制与被控制体现在这个过程中，而观众的互动行为所建构起来的不仅仅是整部电影的叙事，同时也是对这个议题的反思。

我们看到，观众的互动行为在选择、操纵、控制、解读、反思等方面，都显示出理性的主导地位，在大多数的互动电影中，这是一个探索世界、解决难题、实施行动的问题。观众对于情节的参与是不是将情感的问题排除在外了呢？劳尔·瑞安在《故事的变身》中提到：成为戏剧建构的情节中的一个人物，体验者能得到什么样的满足？在珍妮特·默里所讨论的剧情中，凯瑟琳·珍妮薇身为星舰"旅行者"号的船长，偷偷溜进"全息甲板"，扮演露西，与伯利伯爵相爱，两人热吻时，她意识到，对虚拟人物的爱会危害到她在现实世界中履行职责，最终命令计算机删除了伯利这个人物。对一些虚拟人物的情感很容易让观众"神经错乱"，尤其是当观众化身角色与虚拟人物共同体验生活时。如果观众会从影片中人物的悲惨命运中获得审美快感，则那是来自观众对情节的参与，是对人物的认同和与人物的疏离的折中。观众通过互动行为在心理上模拟着影片中人物的内心生活，在想象中将想法植入他们的心灵，但是观众仍然能够察觉到自己是一个外部见证者。学者米哈伊·斯帕里奥苏提出"前理性游戏"的观点，警示我们面对"暴力的贵族价值观"需要将游戏从游戏世界扩展到现实世界，这实际上向我们提出了互动叙事的伦理边界。

本讲小结

互动叙事虽然不是数字媒介时代才有的新概念，但是数字叙事中的互动研究是数字叙事研究领域的重心。研究者除了关注读者在叙事活动中的主体作用外，还着眼于技术属性和媒体特性等方面。对于设计者而言，不同媒介技术对身体知觉的塑造有着不同的路径，可最大限度地利用与发掘媒介技术的潜力，丰富互动者体验到的人—媒介物共生体的感知体验。而在身体实践过程中，一旦互动者的正常感知体验被超越，触达叙事事件中的某个奇点，观众身体里的"新感性"将被唤起，催促着人们直面真实体验，开启属于自己的意义世界，解放出审美主体性。对于观众而言，数字互动叙事正在重塑行为方式，形塑一个特定的身体实践共同体。观众能体验到自我与化身的融合，并将虚拟与现实自我联系起来，在数据信息操作中获得满足，同时开启对操控、伦理边界等多个议题的反思。

【延伸阅读书目】

(1) 列夫·马诺维奇. 新媒体的语言 [M]. 车琳, 译. 贵阳：贵州人民出版社, 2020.

(2) 克里斯·克劳福德. 游戏大师 Chris Crawford 谈互动叙事 [M]. 方舟, 译. 北京：人民邮电出版社, 2015.

(3) 唐·伊德. 技术与生活世界：从伊典园到尘世 [M]. 韩连庆, 译. 北京：北京大学出版社, 2012.

(4) Crowther P. Digital Art, Aesthetic Creation：The Birth of a Medium [M]. London：Routledge, 2018.

(5) Ryan M L. Narrative as Virtual Reality：Immersion and Interactivity in Literature and Electronic Media [M]. Baltimore & London：The Johns Hopkins University Press, 2001.

【思考题】

(1) 你认为数字叙事的叙事性和交互性冲突能否化解？如何调和这两种属性间的对抗？在数字叙事的生成过程中，是否还需要保留叙事者的主导性？

(2) 你如何看待人在与媒介物交互过程中获得的直接经验无法与表征再现、语言阐释剥离？

(3) 在交互行为与主体内容深度混合的趋势下，你要如何确保感知安全，守住互动叙事的伦理底线？

第六讲

数字叙事时空

现代物理学告诉我们，时间和空间是真实的物理存在，时间与空间不可分割。时间体现物质运动与变化的持续性和顺序性；空间体现指物质存在的形式，即一切物质的占位大小和相对位置。时间和空间构成了我们感知世界的基础。但是，当时间和空间的物质实在性与人的实践活动相联系，便会使人的时空感知呈现出非常复杂的状态。叙事作为人所特有的交流实践，自然也充满时空感知的复杂性。

叙事通常由两类时间共同构成——故事时间与叙事时间。故事时间是指故事发生的自然时间状态，不在叙事文本中呈现，而是人们在接受、理解叙事作品的过程中根据日常生活逻辑进行重构的结果。叙事时间则是故事在叙事文本中具体呈现出来的时间状态，是在经过种种转变，如扩展、压缩、逆转、省略等之后形成的时间。这种时间的双重特质，意味着叙述者可以根据故事时间来再造叙事时间，从而引出一个富有意味的命题：叙事如何重构故事时间？即如何处理叙事时间与事件本身时间之间的关系，从而影响叙事作品中意义的生成。海登·怀特就曾指出，故事时间的重构对意义生成有一定的影响——"历史领域里的元素"（历史事件）按照一定次序排列成一种编年史，这种编年史转换成一种故事，这种故事通过情节编排获得（"被解释成"）某种意义。[①] 也因此，在经典叙事学研究中，对叙事时间的研究占据了十分突出的位置。

叙事空间通常是指叙事中故事发生的空间或场所。相较而言，在经典叙事学研究中，对叙事空间的关注显得不够。但这并不意味着叙事空间不重要。米克·巴尔指出，空间在故事中以两种方式起作用：一是作为"行动的地点"（the place of action）或者说是"框架空间"，事件在其间发生；二是作为"行动着的地点"（acting place）或者说是"主题空间"，空间自身成为描述的对象，并使事件得以发生。[②] 在经典的叙事研究中，叙事空间与叙事视角或聚焦方式，与人物性格的刻画、人物命运的表现密切相关。而在叙事学的新的发展中，叙事空间的概念得到拓展。如劳尔·瑞安将叙事空间划分为五个层级：一是空间框架（Spatial Frame），是故事情节实现场景转换的特定场所；二是背景（Setting），是情节发生的整体社会、历史、地理环境；三是故事空间（Stories space），是由人物思想和行为决定的故事情节的空间；四是故事世界（Stories World），指基于读者文化知识和现实世界经验形成的想象，进而叙写完成的故事空间；五是叙事世界（Narrative Universe），不仅包括叙事文本呈现的真实世界，而且包括由叙事主体（叙事者）和客体（接受者）的信念、愿望、恐惧、思索、假想、梦想和幻想建构的与事实相异的世界。[③]

随着数字技术在叙事中的广泛应用，叙事实践中形成了许多新的经验。譬如，在游戏叙事过程中，玩家体验到的时间往往是以空间转换或者事件在故事中的逻辑位置来体

---

① 戴卫·赫尔曼. 新叙事学 [M]. 马海良，译. 北京：北京大学出版社，2002：179.
② 米克·巴尔. 叙述学：叙事理论导论 [M]. 谭君强，译. 北京：北京师范大学出版社，2015：131.
③ Hühn P, Meister J C, Pier J, et al. The living handbook of narratology [J]. Hamburg: Hamburg University, 2019.

现的；VR电影的时空转换通过锁定时空中的一个维度，让另一个维度获得一定的自由，实现时间或空间的跳转；流媒体平台的外在功能为观看者设置了实现时空跳转的按键或功能，为了适应用户碎片化的观看习惯，视听时空呈现碎片化的特征……这些都意味着看待叙事时空的观念有了更为开阔的视野，促使叙事时空的研究有了更为丰富的探索。这在本书其他章节都有所涉及，本章将着重从非线性叙事、模块化叙事和屏幕叙事三个方面进行阐述。

一、非线性叙事

《牛津英语词典》将"叙事"定义为：按顺序描述一系列事件、事实等，并建立它们之间的联系。这一定义指向了事件间线性的连接关系，叙事似乎天然就应该是线性的。这种叙事的"线性观"，以语言文字书写产生的文本存在为对象，以时序为主要依据，而排除了日常口语交流中叙事的片段性、跳跃性，也没有将文字产生前图像刻画中叙事的构成性、空间性考虑在内。

实际上，线性叙事并非必然的，而是生成性的，与"视觉—文字"的媒介体系紧密相关。麦克卢汉认为，人的眼睛是线性的、一次一事的。作为眼睛的延伸，"文字—纸张"与人类的视觉同构，以字、行、页的线性规律排布。这样的"感官—媒介"系统就形塑了人类线性的认知与思维模式。[1] 由此，在视觉偏向的书面文化社会中，信息的生成与处理均以线性序列呈现。不只文字，有学者指出，线性的叙事模式已经从文字向图像延续。龙迪勇认为，优势媒介容易成为范本被模仿，媒介史上叙事图像模仿叙事文本的倾向十分明显。[2] 此外，从数字图像设计角度，创作者可以依据人眼球的习惯性动作确立人们的视觉起点，并依照自身意愿使用不同的内容，引导个体进行线性的认知。[3] 然而，线性的叙事模式并非先在的、本质化的。反思口语文化与书面文化的差异，沃尔特·翁指出，在文字出现之前，以声音为中心的媒介内容与线性叙事没有什么关联，口语文化中的叙事模式是不连贯的、短促的、冗余的，口语文化生成了人类的非线性叙事模式。此外，沃尔特·翁认为人类的口语文化与书面文化互不相容。正是文字、纸张、印刷术的媒介体系生产了人类线性的逻辑思维，并由此生成了线性的叙事模式。[4] 人类学家蒂姆·英戈尔德指出，人类非线性的叙事模式其实延续了很久。在文艺

---

[1] 马歇尔·麦克卢汉. 理解媒介：论人的延伸 [M]. 何道宽，译. 北京：商务印书馆，2000：122-123.
[2] 龙迪勇. 图像叙事与文字叙事：故事画中的图像与文本 [J]. 江西社会科学，2008（3）：28-43.
[3] Segel E, Heer J. Narrative Visualization: Telling Stories with Data [J]. IEEE transactions on visualization and computer graphics, 2010（6）：1139-1148.
[4] 沃尔特·翁. 口语文化与书面文化 [M]. 何道宽，译. 北京：北京大学出版社，2008：27-31，51.

复兴前,人类并非用眼睛看文字,而是用耳朵听文字(Eartosee),此时的文字也并非遵循线性叙事模式,而是遵循人类口语媒介的逻辑。人类线性的叙事模式是随着文艺复兴及印刷术的普及才得以确立的。① 总之,叙事与"媒介—感官"关联密切,相应的媒介载体决定了人类思维的线性逻辑,进而生成了人类的线性叙事。

媒介技术的变革打破了"视觉—文本"媒介体系的单一统治,从而使得非线性叙事成为可能,即不按照一般的时空顺序或者逻辑进行,而以割裂的、离散的、偶然的、碎片化的形态出现。有论者将非线性叙事归纳为网状叙事、树状叙事、套状叙事、环状叙事、晶体叙事、多时空并置式叙事、不可靠叙事、重组式叙事、链接式叙事等九种叙事模式。② 这种分类未必遵循一个统一的逻辑,但揭示了非线性叙事的丰富性和复杂性。如何理解非线性叙事?着眼于媒介的分析视角是一个比较切实的路径。

首先,技术激活了被压抑的其他感官形式,并重组人类的感官制度。麦克卢汉指出,印刷品只需要孤立而简单的视觉功能,而不是统一的感知系统。与之相对的,电子媒介则延伸并融合了多重感官,感官间的互动深刻影响着人类的感知模式,同时也打破了线性视觉的垄断③,媒介中介人类的感官形式,人类的感官不断受到媒介技术的塑造。还有学者将目光从"视觉—文字"的媒介体系中移出,考察长久被忽视的非视觉媒介。其中,听觉研究者指出,思想史中的视觉霸权赋予了视觉远胜于听觉的优先性,所以,理论家们长期忽视其他感官与这个世界的关联。学者们特别指出,与视觉不同,声音是空间化的。经由声音中介,时间与空间、中央和地方的张力被重新唤醒④,这是视觉媒介所不能做到的。从声音研究中汲取灵感,嗅觉研究者鲍提欧斯·道格拉斯指出,气味是散点式的、不连续的、零碎的、偶发的,而不是线性的;文字与视觉的媒介系统与人类的线性逻辑相关,生成人类的理性思维,而气味则是直接的、主观的,扰动人类的情感与记忆。⑤ 总之,这些研究者都发现,声音、气味等非视觉媒介本身就不是线性的。它们遵循不同的制度性逻辑,从而生成不同的文化图景。

实际上,在以书面文化为核心的文学艺术研究中,已经有学者看到了不同媒介体系所带来的异质化叙事模式。最著名的例子是在《拉奥孔》这部美学著作中,莱辛发现了媒介本身的逻辑对叙事模式的影响。莱辛将文字、音符等媒介称为时间媒介,因为它们擅长表达在时间中先后承继的事物,是线性的;绘画、雕塑等图像类媒介则被称为空间媒介,其叙事逻辑是并置的、非线性的。⑥ 这样的意识在数字叙事研究兴起之后更为

---

① Ingold T. Lines: A brief history [M]. London: Routledge, 2016: 13 – 15.
② 杨鹏鑫. 论非线性叙事电影的九种叙事模式 [J]. 南大戏剧论丛, 2015 (1): 119 – 131.
③ 罗伯特·K. 洛根. 被误读的麦克卢汉: 如何矫正 [M]. 何道宽, 译. 上海: 复旦大学出版社, 2018: 45 – 46.
④ Smith S J. Soundscape [J]. Area, 1994: 232 – 240.
⑤ Porteous J D. Smellscape [J]. Progress in Physical Geography, 1985 (3): 356 – 378.
⑥ 莱辛. 拉奥孔 [M]. 朱光潜, 译. 北京: 人民文学出版社, 1979: 84.

自觉，劳尔·瑞安注意到文字叙事模式与其他媒介的差异，图像不擅长表征可能性、因果性等连接关系，而这样的线性逻辑却是文字"天生"擅长解决的。然而，文字叙事却无法解决存在于三维世界的空间关系。①

互联网的超链接模式打破了文本线性的排列模式，重构了线性叙事模式。罗伯特·K. 洛根指出，在数字信息时代，线性叙事常常被超文本打断，被文本间的连接打断。这样，线性的叙事模式也就难以持续，转而被数字语义网络取代。② 也就是说，传统叙事文本是封闭的，其意义也相对固定，而数字叙事则可利用人与人的连接、人与内容的连接、内容与内容的连接随意穿梭。这样，传统叙事的边界就被击穿，文本、读者及其背后的意义空间的互动大大增强。洛根以不同时代的两本百科全书为例，指出了二者在叙事模式上的差异。纸质的《不列颠百科全书》是线性的，它每一单元只能安排一篇文章，最终按篇名首字母顺序串联成书。与之相反，维基百科则是网络化的，它由互相参照的文章组成，没有固定的开头和结尾，任意的单元都可以与其他单元发生联系，读者在浏览时可以通过超链接跳转至其他词条，并有权选择折返阅读或终止阅读前一则词条。这就打破了旧有的叙事模式，生成了非线性的叙事模式。对此，列夫·马诺维奇将超链接罗织的叙事模式称为超叙事。他指出，超链接引发的交互式叙事可以被看成是多个叙事轨迹的总和，传统的线性叙事只是许多轨迹中的一种，是超叙事中的一个特例。③ 我国学者王贞子引入"后线性叙事"的概念，这一概念被定义为一种结合用户参与来创造线性故事的数字叙事模式，它需要用户与机器间的实体互动，强调的是动态体验的过程，在一个作品中可以生产多个线性故事。④

《惊险岔路口》（Choose your own adventure）是最早的互动小说之一。该系列的每个故事均以"你"（第二人称）为叙事视角，使读者有很强的代入感。在每一个章节最后会有几个选择，读者要自己决定故事的发展方向。例如，"若你决定回家，请翻至第四页；若你决定继续等待，请翻至第五页。"根据读者的选择，情节会以不同形式开展，并导致许多不同的结局。⑤ 结局间差异较大，作者往往难以控制读者的选择，读者也难以预测事件的最终结局。单线程的叙事模式由此被多线程的交互叙事模式取代。

此外，依托数字设备，业界逐渐发展出互动电影。这种类型的电影是伴随激光DVD影盘和激光视盘播放机而诞生的，此种播放机是最早的非线性或随机存取影音播放设备。激光视盘播放机可以瞬间跳转并播放视盘上任何一段章节，而录像带、胶片必须从头开始依照顺序播放。这表明技术可以不依照线性顺序，构成有着分岔的故事剧

---

① 玛丽-劳尔·瑞安. 故事的变身 [M]. 张新军, 译. 南京: 译林出版社, 2014: 17 – 19.
② 罗伯特·K. 洛根. 被误读的麦克卢汉: 如何矫正 [M]. 何道宽, 译. 上海: 复旦大学出版社, 2018: 45 – 46.
③ 列夫·马诺维奇. 新媒体的语言 [M]. 车琳, 译. 贵阳: 贵州人民出版社, 2020: 231.
④ 王贞子. 数字媒体叙事研究 [M]. 北京: 中国传媒大学出版社, 2012: 61.
⑤ 惊险岔路口 [EB/OL]. [2022-09-30]. https://zh.wikipedia.org/wiki/.

情。因此，互动式电影使用动画或真人演员拍摄的视频（后期则有许多作品使用3D模型表现）须循着一条主要的故事线发展。在玩家采取错误（或有别于默认方式）的行动后，就会触发播放预先拍摄好的其他故事场景。早期试图将电脑游戏与随机存取电影结合的作品是《云霄飞车》，这款游戏由大卫·鲁巴为《创意电脑》杂志的编辑大卫·阿尔所撰写。游戏中可触发激光播放器播放长片《云霄飞车》的部分片段。玩这些游戏的硬件设备是由一台连接至处理器的激光视盘播放器构成，界面软件则设定在不同的抉择点按下不同按钮时会跳至指定的视频片段。《云霄飞车》也是第一款结合电影和游戏的作品，设备硬件的更新使得这一非线性叙事成为可能。

与对非线性叙事的关注相关的是空间叙事研究。空间叙事与前述叙事空间的概念有联系也有区别，是指叙事者运用空间要素作为媒介讲述故事，或者唤起观者的体验、联想，建构起特定空间的叙事。龙迪勇指出，空间叙事是一种并置叙事。并置叙事往往由多个情节共同推进，构成文本的"子叙事"没有特定的因果关联，也没有明确的时间顺序，互换后的文本与原文本并没有本质性的差异；与线性叙事不同，这种叙事模式呈现出多重叠加、互在其中的共时性特征。①

譬如，贝聿铭设计的苏州博物馆，作为一个建筑，提供的不仅是一个实体的物理的空间，而且是城市认同叙事的展演空间。② 苏州博物馆新馆独特而重要的意义首先在于讲述一个如何让传统与现代融合的故事。贝聿铭祖上是苏州的望族，狮子林就曾属于贝家的私宅，贝聿铭在那儿度过了一段难忘的童年时光。贝聿铭接手在该址设计博物馆建筑，其个人身世与苏州传统园林的情感联系，天然地缓和了文化遗产保护与现代建筑设计之间的紧张，也就在人们的心理上部分弱化了传统与现代的矛盾。媒体报道说，他把这一被厚重的历史文化环拥的地块视为自己心中的"圣地"。③ 后来的实际情况似乎也证实了这一点：不管是业内专家还是普通人士，都能在一眼望去的时候感觉到苏州博物馆新馆的独特设计，它结合了传统的苏州建筑风格，把博物馆置于院落之间，整个建筑通高很低，白色围墙，灰色屋顶，与周边的传统建筑几乎融为一体。在苏州人看来，对这座建筑的"熟悉"消融了人们对它的"惊喜"。④ 博物馆建筑内部功能区域的划分，强调传统文化却也不排斥现代文化。在中轴线的西侧积聚了传统文化的展陈，东侧则有现代艺术大厅。

这个建筑也体现了定制与个性的和谐统一。贝聿铭的建筑设计有着强烈的个人风格，以偏重抽象形式，追求独特造型，喜欢运用石材、混凝土、玻璃和钢等材料而著称。那么，作为"业主"的苏州市政府对传统文化、地域文化的强调，如何在这样一位

---

① 龙迪勇. 试论作为空间叙事的主题-并置叙事 [J]. 江西社会科学，2010（7）：24-40.
② 陈霖. 城市认同叙事的展演空间：以苏州博物馆新馆为例 [J]. 新闻与传播研究，2016（8）：49-66.
③ 高福民. 贝聿铭与苏州博物馆 [M]. 苏州：古吴轩出版社，2007：33.
④ 高福民. 贝聿铭与苏州博物馆 [M]. 苏州：古吴轩出版社，2007：47.

建筑大师手中实现？在苏州博物馆新馆，我们可以处处感受到传统苏州园林的元素——错落有致的江南斜坡屋顶，"老虎天窗"开在中央大厅屋顶的最中间部位，明显的轴线穿过大堂中庭，一池碧水影映假山修竹……白墙以深灰线条勾勒，简直是向江南甚至皖南的徽派建筑致意。在后面我们还会谈到，宋画斋不仅作为相对独立的建筑单元，而且承担着展陈叙事的功能，即构成整个展陈叙事时序安排的有机部分。但是，走进苏州博物馆，其建筑的直线条支体和拐角，呈现出的现代特色引人注目，"贝式"风格扑面而来。玻璃重檐的金属梁架结构，充满现代感的几何形坡顶，屋顶材料摒弃了传统的砖瓦而代之以加工成菱形的"中国黑"花岗石片，贝聿铭的拿手好戏"光线魔术"也体现在新馆中，三角形向上拱起的滤光板，从"老虎天窗"穿过的自然光线透过不同图案的木纹遮光板条洒下来，在一层与二层展厅和地下一层的连接处，形成传统符号的"荷花池"，但水源是壁立高耸的黑色大理石立面上搭建的水槽……

如此融合了传统与现代、统一了个性与定制的苏州博物馆新馆，实现了贝聿铭的设计要求——"中而新，苏而新"，也意味着苏州博物馆新馆不仅是苏州本地文化的一个象征性建筑，而且加入肯尼迪图书馆、卢浮宫院内的玻璃金字塔、美国华盛顿国家博物馆东馆、德国历史博物馆、香港中银大厦、日本美秀美术馆等贝聿铭所设计的建筑行列，进入了世界性的文化象征之林。由此，苏州的城市形象、苏州的文化特色，随着这一建筑与世界发生关联，向世界展示苏州的魅力，建立起一个国际化的、世界性的关于苏州的想象。所以，苏州博物馆新馆讲述的也是一个地方与世界的关系的故事。

如果说，实体空间的叙事除了通过空间元素的调用、安置和排列（如博物馆展陈中对不同板块的安排）来建构外，还需要更多地借助观看者的知识、联想来建构，那么，在数字空间中，如列夫·马诺维奇在谈论实验电影突破传统叙事时所指出的那样，"构成数据库的各类元素不必拘泥于电影的线性媒介，而是在博物馆，甚至在整个城市中实现了空间化……如果元素存在于一维世界（电影的时间，书页上的列表）中，它们将不可避免地被排序。因此，建立一个纯粹数据库的唯一方法就是空间化，将元素分布在空间中"①。

值得注意的是，当交互性、视觉性成为创作诉求时，线性的叙事模式与非线性的叙事模式并非互相排斥，而是时有并行。在同一组数字化内容中，作者可以在开头用静态图像引入线性逻辑，并在中部给出多个并列的超链接，提示内容要点，最后在内容的尾部容纳强交互性，使得用户可以按照自己的解读模式进行探索。② 与此相关的是，非线性叙事的出现并非意味着线性叙事的消失，或者说前者取代后者。线性叙事的基本立足点和逻辑起点是时间节点的连接，在数字叙事中，时间因素往往为随机的、生成的和团

---

① 列夫·马诺维奇. 新媒体的语言［M］. 车琳，译. 贵阳：贵州人民出版社，2020：242.
② Edward S, Jeffrey H. Narrative Visualization: Telling Stories with Data. [J]. IEEE transactions on visualization and computer graphics, 2010（6）：39-48.

块的（块茎的）方式所取代或遮蔽，但是阅读（观看）依然是在一定的时间中展开，有着明确的时间性，遵守线性时间的规约。于是，阅读（观看）者与文本的互动或对文本的参与，就可能是以线性去重构非线性的过程。如此，可以说，非线性叙事与线性的重构始终处于一种富有张力的结构之中。

二、模块化叙事

　　分形（模块化，Fractal）来自地理学家理查森测量英国海岸线周长时的意外发现。英国海岸线呈锯齿状，有许多凸起和凹陷。但是，随着英国地图分辨率的提高，新的凸起和凹陷在地图上层出不穷。也就是说，一旦再次更改地图的分辨率，较小的凸起和凹陷将再次出现在其他凸起和凹陷上。这意味着在每个分辨率下都有一个图像模式，不同模式是重复和叠加的。由此，自然科学家曼德布罗特总结道，如果同一个对象在不同的空间或时间上有一个特定的组织或结构，并且这些结构彼此重复和重叠，那么它可以被描述为分形（模块化）。这种相似的层次结构，若适当地放大或缩小几何尺寸，整个结构不变。[①]

　　分形结构在计算机语言设计中已成为现实。当下数字技术的搭建（如算法、数据库框架等）广泛应用模块化设计。简单地说，程序的编写不再是线性地逐步输入计算机语句和指令，而是将整个系统区分为具体模块，并定义各个模块间的连接关系。以模块为单位进行程序设计，实现其求解算法的方法称为模块化。不同的模块实现不同的功能，模块以特定方式连接就可以实现总体功能。单个模块的功能是完整的、可以运行的，给出特定的输入值就会有特定的输出结果。这与早期的程序设计截然不同，最早的程序设计需要完整的程序才能实现总体功能，现在只需编写、调适相应模块即可（图6-1）。

　　也就是说，新媒体的技术逻辑是分形的。对于开发者来说，新媒体就是将数字信息整理成预先安排好的模块化为数据包。马诺维奇指出，数字媒体使得内容组织的模块化成为可能。所有的媒体元素都表现为离散采样（像素、多边形、立体像素、字符、脚本）的集合。这些元素能构成更大规模的对象，但同时继续保有本来的特征。这些对象可以进一步构成更大的对象，同时仍然保有其各自的独立性。作为模块的对象仍然保持独立性，用户可以随时使用最初创建它的程序对其进行修改。[②] 例如，HTML文档体现出这样的模块化倾向：文档由多个独立的对象组成，用户可以很方便地实现删除、替

---

① Butner J, Pasupathi M, Vallejos V. When the Facts Just Don't Add Up: The Fractal Nature of Conversational Stories [J]. Social Cognition, 2008 (6): 670–699.
② 列夫·马诺维奇. 新媒体的语言 [M]. 车琳, 译. 贵阳: 贵州人民出版社, 2020: 30.

换、添加等操作；在 Photoshop 中，不同图像被放置在不同的图层中，彼此相互独立，如果想删除和替换这些元素，用户只需在互相独立的图层上完成操作即可（图6-2）。

图 6-1　代码模块的分形嵌套

图 6-2　图像间的分形关系

当然，分形叙事并非只有在新媒体上才成为现实，它与我们的口语、文字密切相关。在人际传播中，巴特那等学者通过定量语义分析指出，口语叙事既不是随机的，也不是线性的，而是呈现出分形的特征。巴特那指出，口语的分形叙事模式与书面语言的叙事模式完全不同，这或许与人类的心理图像及人际传播模式密切相关。[①] 通过对两个不同社区的案例进行研究，斯瓦内等人指出，作为一种反（传统）叙事结构的叙述模式，分形叙事产生了截然不同的故事模式。这样的叙事模式打破了不同文化的壁垒，实现了跨文化交流。[②] 劳尔·瑞安所说的"文本块"类似于模块化叙事。在她看来，每一个文本块作为单个部分，其本身差不多就是自主的故事。[③] 文本块组成超文本故事空间的链接和节点，可以由文字、图形或声音文档填充。由于一个页面上通常有几个链接，

---

① Butner J, Pasupathi M, Vallejos V. When the Facts Just Don't Add Up: The Fractal Nature of Conversational Stories [J]. Social Cognition, 2008（6）: 670–699.
② Svane M, Gergerich E, Boje D M. Fractal Change Management and Counter-narrative in Cross-cultural Change [M]//Counter-narratives and Organization. London: Routledge, 2016: 137–162.
③ 玛丽-劳尔·瑞安. 故事的变身 [M]. 张新军, 译. 南京: 译林出版社, 2014: 143.

在读者通过点击链接获取节点的内容时就能激活不同的文本块。由于点击链接的顺序是不固定的，文本块的呈现次序也是可以变化的，因此文本块叙事具有多线性或者断片式的特点。"文本块"的概念将文字媒介叙事与数字媒介叙事连接起来，但应该提及的是，传统叙事强调"文本块"之间要有清晰的逻辑关系，可以形成连贯的叙述，而强交互性的数字内容没有明确的开头、主干和结尾，不同类型的视觉元素之间也没有不能被打破的逻辑链条，呈现出交叉互嵌的组织模式。[①]

我国学者龙迪勇分析了《芬尼根的守灵夜》《小径分岔的花园》等经典小说，将分形叙事分为多因一果的、面向过去的叙事模式和一因多果的、面向未来的叙事模式，指出叙事结构中的"因果性"并非总是一对一的线性序列，更普遍的因果关系是结果不是唯一确定的，因果关系唯一样的叙事模式是分形的。陈展则指出，"嵌套结构"是分形的基本特性之一，在不同测量尺度上呈现出的是一种"无穷嵌套的自相似结构"。他认为在中国古代小说中，《红楼梦》就有着大大小小的分形，这些分形建立在局部与整体、局部与更大的局部之间的嵌套之上。这种嵌套在整个故事的发展过程中都得到了不同程度的渲染、烘托、强化。[②] 在空间层面，陆邵明以江南园林醉白池为案例，运用几何学和语言学理论描述了江南园林的分形结构。他指出，醉白池存在着不断迭代再现的"花园中的花园"结构特征，这种分形空间导致了醉白池局部与局部、部分与整体之间的相似与变异，形成一种视觉空间上的复杂性。[③]

在数字媒介技术环境下，电子游戏很好地利用了模块叙事。譬如，电子游戏剧本的叙事结构在某种意义上就是片段化和模块化的，很多电子游戏都可被拆解为叙事模块和游戏模块。游戏模组（MOD，这一游戏术语源自英文缩略词"Mod"，全称为"Modification"，本意为"修改"），指的就是游戏厂商或者热心玩家对于原版电子游戏在功能方面的修改，实际上就是对模块化叙事的运用。玩家只需接入不同的模组数据包，就可以改变游戏中的道具、武器、角色、敌人、模式、故事情节等。模组属于独立的程序模块，可大体分为大型模组与小型模组。小型模组可插入到游戏程序之内，进而对特定游戏内容进行微调。在大多数情况下，小型模组会为游戏添加一个特定元素，例如射击游戏中的新武器、策略游戏中的新单位或地图、赛车游戏中的新车辆或赛道，或模拟游戏中的人物脸谱、音乐等。小型模组不改变既有的程序架构，而是嵌套在既有程序内。而且，小型模组本身也往往包含独立的音乐片段、图片及数据参数，部分音乐与图片又可以从模组中析出，单独播放或阅览。此外，特定的叙事模组还可以在原有的游戏故事中插入独立的游戏情节，并依靠原有的游戏代码推动情节的发展。这样，母程

---

① 李梦颖，陆晔. 虚拟可导航空间与情感体验：可视化作为数字新闻核心叙事的中国经验与理论前瞻[J]. 新闻界，2021（7）：33-42.
② 陈展，赵炎秋. 中国古代小说的分形叙事[J]. 华侨大学学报（哲学社会科学版），2017（2）：143-154.
③ 陆邵明. 分形叙事视野下江南传统园林的空间复杂性解析：以醉白池为例[J]. 城市发展研究，2013（6）：160-165.

序、模组、模组内的元素就构成了分形关系，互相嵌套且具有相对的独立性。

大型模组往往涉及对游戏程序本身的大幅度修改。大型模组改变了既有的程序结构，甚至几乎完全取代原始游戏中的所有玩法与情节。当然，小型模组与大型模组并非截然区分，而是构成一个连续体。在实际情况中，游戏模组的部分代码会取代、转置原程序，部分代码会成为母游戏的一个模块，与母程序共同运行。

电影也在模块化叙事的探索中发生改变。艾伦·卡梅隆在《当代电影的模块化叙事》中详尽地阐释了"模块化叙事"的概念，用来描述数据库技术带来的复杂叙事现象，特别是在时间方面，叙事被划分为离散的片段，以此来表达一种可分割和受操纵的时间感觉。他将电影模块化叙事分为四种主要形式，分别是叙述（包括使用闪回）、分叉路径（调用不同或平行叙事的可能性）、情景（组织为一个抽象的系列或叙事选集）和分屏（将叙事流分成平行空间并排呈现元素）。除了分屏形式是从空间层面而言外，其他本质上还是通过模块化来讨论数字媒体中出现的故事时间的非线性现象，包括故事情节的分裂断层和多线并存等。当代诸多电影的情节不再是按顺序展开的，而是模块化的，其情节建构就是将各种故事模块经由特别方式组装于一体，模块化叙事将过去、现在、将来的分离置于凸显时间构造的问题之中，创造出了关于持续时间、频率、次序的游戏。这种形式游戏建构出了对经典叙事形式的背离。①

正如有学者所指出的，如果说传统电影的叙事关注的是线性、流畅，那么网络或计算机时代的碎片化叙事、模块化叙事、数据库叙事更关注对大量信息碎片的导航、索引、链接、组装。模块化叙事电影中有一个基本矛盾：这种叙事特别重视叙事建构过程与观众参与性，其代价往往就是影像形态的碎片化与模块化，即看上去破碎、"混杂"之影像表象。在采取模块化叙事的主流电影、大众电影中，除了影像片段内部的线性叙事、影像片段排列上的规律和秩序外，这些影片还会提供大量的提示线索，使观众可以了解影像片段在整个故事中的次序、位置，帮助观众发现影片真相。一般而言，这种提示线索惯用以下方式：字幕提示，完全重放镜头，同一事件与场景的不同视角镜头播放，倒放镜头，台词提示，特别道具提示，用钟表进行时间提示，影像色彩、色调提示，人物衣着、伤疤、发型等形象提示。②

如果说在电脑数据库产生之前，有什么提示了模块化叙事的话，那就是在"激浪派"运动中兴起的综合媒介艺术（Intermedia Art），其基本原理是运用多样的、非统一的、异质的材料组合成艺术作品。这就蕴含着模块化思维，即离散采样的集合。这种方式广泛见于20世纪60年代以来的各种装置艺术之中。在计算机数字化技术的支持下，很多装置艺术都更为自觉地运用模块化方式，形成独特的空间叙事效果。譬如，2018

---

① Cameron A. Modular Narratives in Contemporary Cinema [M] //Modular Narratives in Contemporary Cinema. London: Palgrave Macmillan, 2008: 1 - 6.

② 杨鹏鑫. 对当前电影中"混乱叙事说"的检验与思考 [J]. 电影艺术, 2018（2）: 66 - 72.

年，Toggle 工作室受科威特非营利组织 Nuqat 邀请，为他们的文化论坛"The Human Capital"创造一个户外装置，安放于文化中心的户外广场上。展馆设计根据空间所能容纳的活动进行空间调节，这些活动可被分析并分解为人体测量参数，然后这些参数通过已设置的编程被映射到模块化网格上。展馆使用可重复利用的建筑脚手架和激光切割的宜家窗帘，开发出一个低技术、低成本、增量式的模块化系统。这个模块化的 3 米 × 3 米网格是通过模式派生的参数算法，将施工脚手架和宜家窗帘进行适当削减和组合而成的，其高度和宽度的差异会使人们对空间产生不同的反应，以此直观地进行空间调节。① 这种调节能力是模块化叙事的体现，也因此，人对空间的感知与人在其间的活动密切相关，人的活动不仅成为空间容纳的活动，而且成为叙事空间和空间叙事的统一。这尤为适合对正在到来的"元宇宙"叙事的把握，就如有论者所指出的："在人类浩瀚的文明史中，无论历史、宗教还是文学都依托叙事，叙事为人类建立了一个看似与现实重合但实际上平行的空间……这种空间感正是它与元宇宙相通的关键所在。开放世界游戏用迥然于过去的方式，前所未有地强调了叙事的空间感……是讨论元宇宙的重要范本。"②

三、屏幕叙事

屏幕作为一种媒介，可以追溯到古希腊哲学家柏拉图的"洞中影像"的隐喻。在《理想国》第七卷中，柏拉图描述了一个洞穴，一些囚徒从小就住在这里，头颈和腿脚都被绑着，不能转头，也不能走动，只能看着洞穴的墙壁。他们背后的上方燃烧着一个火炬，在火炬和囚徒中间，有一条路和一堵墙，在墙的后面，向着火光的地方还有一些别的人，他们拿着各色各样的人偶，让人偶做出各种不同的动作。这些囚徒看见投射在他们面前的墙壁上的影像，便错将这些影像当作真实存在的东西。墙壁在这里不仅承载了影像，而且连接了人的感知，进而制造了幻觉。我们今天在影院里，在电脑前，在手机上，看着屏幕上展开的影像的时候，在某种意义上可视为古老的"洞中影像"隐喻的延续。

那么，屏幕与我们在本书中特别关注的数字叙事有着怎样的联系呢？在最基本的意义上，屏幕建构了一个故事世界，我们置身于这个世界之外，通过视觉与屏幕的接触进入这个虚拟的有别于我们实际存在的世界的故事世界。这一基本关系在人类有文字和语

---

① mooool. Studio Toggle 模块化的艺术装置，科威特 [EB/OL]. （2019-07-04）[2022-03-05]. https://mp.weixin.qq.com/s/2_v-8GO2QW2i0yvaIXbY6A.
② 刘诗宇. 元宇宙与人类的叙事艺术 [J]. 天涯，2022（3）：16-25.

言之前，就已通过在岩壁上刻画绘图呈现了。那些千万年前就已存在的栩栩如生地展示狩猎或仪式的岩画，是先民们为了讲述自己的故事所营构的环境，它们传递着信息，同时也表达着想象。当先民们将一块岩石打磨成适合绘图和雕刻的基底，那就是在制作一块与周边环境既相连接又区别开来的"屏幕"。诉诸视觉、借助空间、展开叙事活动是屏幕叙事的基本特点。后来的湿壁画或干壁画、画板、画布都具有形成一个"画框"或屏幕的特点。譬如，籍里柯的《梅杜萨之筏》是规格488厘米×701厘米的巨幅油画，看这幅画时，我们会被里面的明暗、色彩、身体姿势引导，比如，先看到光亮的部分再看到暗黑的部分，先看到近景再看到远景，先从底部再到顶部，看到死亡的景象、沉思哀悼的景象、挣扎的景象……不管怎么样，我们终归会被引向挥舞的手臂，手臂的主人背对我们，面向大海，顺着他的指引可以一直看到地平线。这些元素在向我们讲述：死亡已经发生，挣扎还在继续，生命在危险中支撑着，这个筏子已经濒临覆灭；手臂朝向远方，挥舞着织物的动作，传递出一丝希望——在看得见的远方，隐隐约约有一个船的形象。

从绘画到照片，从电影到电视再到手机，屏幕在不断变化，屏幕上展开的叙事也越来越复杂，越来越超出屏幕的有形边界，直至今天以"元宇宙"为标志的虚拟现实，屏幕仍然是一个入口或窗口。就像列夫·马诺维奇在梳理了屏幕的发展历史之后所指出的："屏幕变得动态、实时、交互，但屏幕仍然是屏幕。交互性、模拟和远程在场都表明，几个世纪以来，我们仍然盯着一个矩形平面看，它存在于我们身处的真实空间中，作为通往另外一个空间的窗口。"①

对屏幕的上述阐述，通常是将叙事作为屏幕中显现的内容而为人们所感知。而对屏幕本身的意识和认知如何影响叙事，兴起于20世纪60年代"录像艺术"（Video Art）的实验影像进行了激进的探索。譬如，白南准尝试在电视机播放影像时，让磁铁靠近电视机阴极射线管，利用图像信号变换器打散图像，有意解构电视机单向性的传送体系；他还让观众利用闭路直接从作品中实时看见自己的形象，或将用便携式录像设备实时拍摄的录像内容传送到电视终端放映，使观众能同步实时感受，并把同步的反应纳入作品之中；他创作的《磁力电视》给电视机外壳连接了一个磁棒，观众自由移动磁棒，能看见不同的图像效果，而在《参与电视》中，则让观众通过麦克风和扩音器来改变13台电视的画面；他还将电视与其他物件组构，与墙体、花园植物甚至人体结合，扩展电视媒介的跨媒介综合性能……②这些具有行为艺术和装置艺术色彩的影像实验，不仅颠覆了当时主流电视传播形成的屏幕叙事霸权系统，打破了电视使用的单一性、封闭性和指向性，而且揭示了屏幕叙事的虚幻性，同时又鼓励参与性行为的介入，以激发屏幕叙事的多种可能性。在这个意义上，白南准的实验也预示了数字时代观众通过屏幕参与叙

---

① 列夫·马诺维奇. 新媒体的语言[M]. 车琳, 译. 贵阳：贵州人民出版社, 2020: 114.
② 陈霖. 可供性理论视角下影像实验艺术对媒介可能性的开掘[J]. 南京社会科学, 2020 (7): 107–113.

事的状况。

1996年，中国录像艺术家张培力创作了录像装置《焦距》，它由排成一条直线的八个显示器构成。① 排在最后的显示器播放实景拍摄、长达15分钟的马路车流影像；艺术家将拍好的影像通过显示器播放，并对显示器中的街景进行"翻拍"，然后在第二个显示器中播放。以此类推，重复"翻拍"7次，每次"翻拍"15分钟，"翻拍"的焦距与第一次"翻拍"相同；作品中的图像和声音因而变得越来越抽象、模糊。艺术家用录像装置的形式将这些"翻拍"影像按"翻拍"顺序排列出渐变效果。随着翻拍次数的增加，原初记录的"真实性"变得不可靠起来，声音在此过程中同样变得抽象。这一实验艺术嵌套了两种屏幕叙事的过程，一种是第一次15分钟的影像构成的屏幕叙事，另一种是对这一影像的翻拍（7次）构成的屏幕叙事。如此通过屏幕叙事构成对屏幕性质的追问和质疑，指向对媒介记录、复制和展示的功能，动摇了媒介在通常的感知和体验中形成的固有观念或印象。

随着数字技术、电脑及互联网的普及，屏幕的叙事可供性被更为广泛地开掘出来。譬如，弹幕在对叙事的参与中也呈现出不同程度的叙事性。观众在观看视频时大量"吐槽"、评论、"点赞""搞怪""打卡"、注释、解说等，与主体影像的行进同时进行，既具有消解原文本的功能，又依赖原文本，体现了"弹幕族"展现自我、积极参与、娱乐至上的文化趣味。就原文本的叙事而言，有了这些弹幕的存在，就能够确定受叙者的存在，从他们那里获得及时反馈，而且这些反馈本身以或疏离或贴近、或消解或丰富的方式构成了叙事总体。从观看者角度看，如果在观看原影像的同时也观看弹幕的话，那么面对的就是一个充满各种混杂的文本。在一些剧情类的影视作品播放中，许多弹幕对原文本叙事中的细节特别关注，往往以"声音控""细节控""画面控"等身份，解析原文本，使其碎片化并加以凸显，呈现为不同的叙事主题或叙事风格。

随着电影银幕、电视屏幕和电脑屏幕之间的藩篱被影像生产和消费的数字革命推倒，人们将日益多地面对渗透到日常生活经验中的"多屏视窗"（Multiple-screen Windows）。这对人们的视觉习惯、感知方式正在产生越来越大的影响，也成为屏幕叙事的原动力。"桌面电影"的出现是屏幕叙事在电影领域的突出表现。《网诱惊魂》《网络迷踪》《解除好友》《弹窗惊魂》等电影的问世，引起学者们对桌面电影屏幕叙事的关注。譬如，《网络迷踪》讲述了在加利福尼亚州一个韩裔家庭中，女儿玛格某天突然失踪，父亲大卫焦急之下，通过女儿的笔记本电脑与女儿登录过的社交网站，抽丝剥茧，最终发现女儿下落的故事。作为一部悬疑电影，整个故事反转了好几次，然而，与其他的荧幕故事不同，该电影的叙事完全依赖一个小小的电脑桌面。在制作过程中，导演及团队花费了一年半时间复制还原了将近16年前的电脑操作系统及各种软件的界面。

---

① 邱志杰，吴美纯. 影像与后现代［M］. 长沙：湖南美术出版社，2002：126.

所有的数据设置，包括脸书页面、推特时间线，都要贴合角色本身的生活时间线，甚至画面中每一个对话编辑的速度都要张弛有度。为了让观众信服，导演为每个角色准备的个人资料几乎都精确到分秒。

作为技术变革的产物，桌面电影有着与传统电影不同的叙事特征，有学者将其概括为以下五个方面：第一，电影并非由摄影机拍摄，而是由数码设备的智能摄像头进行影像组合。第二，操作系统与软件构成叙事发展的前提与框架。第三，叙事载体为智能设备的屏幕。第四，角色的交流依靠数字设备，如打字和观看视频。第五，第一人称视角与观众无法得知桌面外的世界。桌面电影的叙事策略与数字互联网的技术逻辑密切关联，叙事驱力来自社交媒体时代自我、他人与社群之间的关系。① 传统技术语境会让观众意识到自己的在场，从而从电影的叙事中分离出来，而桌面电影的形式改变了这一原则，片中的人物对着摄像头，明确了观众的沉浸式在场，并通过操作视窗维持受众的沉浸式体验。② 在用计算机界面取代传统的电影屏幕后，计算多任务和导航交互成了电影的真正内容。在这种模式中，动态图像和屏幕外的空间建立了复杂的关系。由此，桌面电影完成了对影像形式与影像政治的双重解构。③

实际上，屏幕叙事不仅体现在娱乐、艺术、电影领域，而且渗透到更为日常的叙事中，新闻对视频影像的应用就是一个突出的方面。例如，澎湃新闻的"视频新闻"栏目中有约16个子栏目，不同子栏目负责报道的领域各有不同，风格也各不相同。比如，"上直播"栏目主要是进行新闻直播，"围观"栏目主要是报道上海的本地新闻，而"关键帧"栏目主要是做20秒左右的竖屏新闻。这里我们选定"七环视频"这一子栏目作为样本来加以考察。"七环视频"主要报道国内新闻，且多为社会新闻，是澎湃新闻客户端"视频新闻"这一栏目下更新最为迅速的子栏目，其对监控视频的运用尤为突出。我们从"七环视频"抽取2019年10月的1 185条视频新闻，再逐条观看，筛选出运用了监控视频的视频新闻190条。

这190条视频新闻在叙事上有一个显著的共同点：主角均是日常生活中的平凡之辈，不见名人身影。事件上演的地点有重合也有交错，均为日常生活的场景，比如公路、公交、店铺。这些场景每天都有故事上演，但一般没有记者会驻守，并等待不平常的事件发生。监控摄像头弥补了记者不在场的缺憾，成为事件发生第一现场的记录人。监控摄像头以冷静、客观的固定视角，不挑选任何主角聚焦，亦没有先天立场和代入式情感，把人为因素极大地从事发现场剥离，不加筛选地、24小时不间断地记录它所负责区域的日常。由于安装在墙壁、电线杆等固定建筑物上，监控摄像头成为城市建筑的

---

① 韩晓强. 死于电脑屏幕和网络摄像头：桌面电影的技术观 [J]. 电影艺术，2019（1）：41–47.
② 屠玥. 桌面电影：一场心理学的实验 [J]. 当代电影，2019（6）：30–34.
③ Bešlagić L. Computer Interface as Film: Post-Media Aesthetics of Desktop Documentary [J]. AM Journal of Art and Media Studies, 2019 (20): 51–60.

一部分，不动声色地融入人们的生活背景中。当有"事"发生，或者说越轨故事一经上演，记者便将监控视频"打捞"出来并编辑进入新闻，使其在新闻叙事中强势出场。

坏消息占据运用了监控视频的视频新闻的大多数，有140条涉及造成不良后果的事件，即对人、财物或环境造成伤害和破坏的事件。这不仅是由于监控摄像头具有出色的监控、安保功能，还由于恶性事件往往更具冲突性，需要独立于事件之外的第三者来提供判断依据，而监控摄像头不仅独立于事件之外，还能提供事发现场的画面信息，成为不可替代的新闻线索。当监控视频进入新闻后，便构成了双重的叙事界面——监控视频界面和运用了监控视频的新闻界面，这两个界面都是经由屏幕与人连接，再通过屏幕传递的数据内容，向被连接的人讲述故事。

被新闻采用的监控视频往往是从一个记录周期的监控视频中调取出来的一小段。这段监控视频本身自有其叙事，它的叙事内容或简或繁，却是那个固定场景之下对某一时刻发生的某事的记录，从中我们得以看到一个故事，或是获取一些信息。监控视频进入新闻之后，其自身的叙事不再是独立的故事，而是融入新闻整体的前后连贯的叙事线之中，成为新闻叙事的一个重要组成元素，成为新闻故事中的一个节点。监控视频是忠实的还原者，它的画面内容只能按照事件进展的时间顺序来呈现，从镜头记录的第一幕开始到最后一幕结束，事件只存在于这一个画面框之中，延伸到画面之外的事件动态无法再被监控视频捕捉。

监控视频记录的事件几乎全部来自人们生活的日常场景，记录的事发情况并不一定全都有明显的当事人、当事人的行为或引起注意的异于常规的画面，有时监控视频记录下来的不过是稀松平常的生活琐事，光看监控视频其实难以知晓此刻正在发生什么"特别"之事。监控视频的这种画面信息的模糊性，大致有三种情况：一是画面内容单一，看监控视频的画面难以察觉出事件的非常态；二是监控视频清晰呈现了当事人的行为动作，观者知道某人正在做某事，却无法判断事件的真实情况；三是监控视频受限于监控摄像头的拍摄条件，导致画面内容难以清晰辨认，观者无法得知监控视频中在上演什么故事。而在新闻的叙事中，告知事件经过、补充画面之外的信息才让看似常态的监控视频有了超出常规的意义。相比于这种画面内容单一的监控视频，还有当事人的行为被清晰地呈现在画面之中，观者知道当事人正在做某事，却无从判断事情原委的监控视频，如在新闻报道《4个字太显眼！男子身穿"年轻有为"衣服连续盗窃被抓》中，有两段监控视频，一段是3名男子出现在监控摄像头拍摄范围中的画面，一段是3名男子搬东西的画面。光看这两段监控视频，可以理解成3名男子走过一个场景，接着到达了目的地，于是做了一件事即搬东西，这是监控视频所呈现的基本情况。根据新闻标题，很显然，我们可以知道，这一呈现并非事实。当事人的行为动作在光线充足、距离不算远且画面中无其他混淆人物的拍摄条件下，相对比较清晰，我们虽无法看清其面部特征，但就这段监控视频呈现的内容而言，面部特征似乎也不重要。对于这种太过平常甚至有些无聊的场景，何必追问当事人是谁呢？事实是 3 名男子正在盗取他人财物。

监控视频的画面模糊性并不能完全抹杀监控视频本身的叙事，其所呈现的故事是监控视频自身能提供的完整述说，之所以对其做出"信息模糊"的评价，是因为监控视频被纳入新闻之中后，我们对监控视频的清晰度要求更高，我们从新闻的叙事中会获知与其相关的更全面、更丰富的信息。但是将监控视频抽离出来后，监控视频讲述的故事在那一段视频画面中也能够被划分出起因、高潮、结尾，但可能与新闻向我们讲述的故事大相径庭。所以，在监控视频的叙事中，监控视频提供的是事件的情况，而非事实。事实、真相，由新闻叙事来呈现。但是也有画面信息较为清晰，能够使观者做出合理理解的监控视频，此时，监控视频提供了完整事件的部分真实。

既有画面信息模糊的监控视频所呈现的基本情况较为清晰但无法获知事实的监控画面，也有看到监控视频就能大致判断事件事实的监控视频。后者一般是由监控摄像头在拍摄条件较好的情形下录制，能够看清当事人的行为动作，能够大致判断事件性质，也能够对事实做一个合理的推测。对于此类监控视频，截止监控视频最后一幕，观者能够较为清晰地获知画面所提供的信息，对事实的了解也是随着监控视频的结束而中止，此时，监控视频的最后一幕就是这个故事的结尾。而在新闻的叙事中，往往会通过其他消息源而将监控视频之外的信息补充进来，继而有了事件的前因后果，呈现出更为完整、准确的真实。

运用了监控视频的新闻，包含着图像、文字、声音等多种元素，除去监控视频这一消息源外，新闻往往会通过其他消息源来讲述一个兼容监控视频画面之外与之内的故事。运用了监控视频的新闻的叙事不仅有消息源的补充，还有记者、编辑对素材特别是监控视频的操作，这些都可被视为新闻叙事的内容和方式。相比于监控视频的叙事，新闻的叙事最大的不同之处在于，新闻不能仅停留在事件情况的简单呈现，而应提供尽可能多的事实信息，将事件的模糊性降到最低，把事实清晰地讲述出来。新闻叙事的背后有多方力量在起作用，有寻求新闻线索并厘清事实的记者，有根据一定逻辑和规律剪辑视频的编辑，有审稿的主要编辑，甚至新闻中的采访对象也参与了新闻叙事的呈现，各个职能、身份的人物在一个新闻界面先后出现，注定了新闻叙事是多方事实信息的整合，以及多方势能互制与互利的复杂呈现。同时，新闻中的一切素材均是为新闻服务的，监控视频在新闻中的呈现方式取决于新闻的需要，可以说是文字、声音等其他素材在配合监控视频，也可以说是监控视频在配合其他素材，总之，素材听凭新闻安排。

由于监控视频的画面往往是事件中最具冲突性的情景，具备冲突性的监控视频会被截取出冲突爆发的时刻，被放置在视频新闻的最开头，以此来交代新闻中的核心事实，同时也能够吸引受众点击观看，而更为完整的监控视频则会被放置在新闻的其他位置。切断监控视频，截取出核心事实的片段，将其从相对完整的监控视频中抽离出来，打乱了监控视频拍摄记录的事件原本的发展顺序和时间，让受众首先了解到事件发展过程中的情况，再了解事件是如何开展的。这与监控视频只能按照事件发展来叙事不同。新闻工作者可以自行选择重新编排监控视频，以达到报道目的。

截取出监控视频的片段，打乱事件原本的发展顺序，还与澎湃新闻的视频剪辑操作习惯有关。每则视频新闻的一开头，只要是明晰事件发生的时间、地点的新闻，必定会先出时间和地点的字幕条，因为开头几秒的视频需要有画面填补，这样既能满足时长需要，又能满足点击需要，截取监控视频的片段无疑是个不错的选择。这是从实操性方面来理解监控视频需要被碎片化的原因。当然还有出于新闻本身特质的考虑，新闻无论是视频还是文本的形式，都对信息的前后连贯、事件发展的逻辑有基本的要求，完全按照监控视频的画面顺序来叙事往往难以满足新闻厘清事实、交代因果的需求。这时，以字幕来串联画面，根据字幕信息来填充画面信息，成为视频新闻的基本编辑手法。在进入视频编辑这一步骤之前，记者是根据画面信息来书写字幕的，这两者必定是相互影响。譬如，在新闻报道《窃贼潜入火锅店喝啤酒玩电脑，临走还对监控比手势"挑衅"》中，监控视频是由安装在店铺内收银台背后墙壁的监控摄像头拍摄的，拍到的画面是窃贼进入火锅店后转了转，喝起了啤酒，坐在收银台边盗取了里面的财物，以及窃贼走出火锅店对着店外的监控摄像头比手势。这则新闻的字幕交代了窃贼在火锅店的系列行为，即这起事件的大致经过，配的画面就是从窃贼进入火锅店一直到走出火锅店并对监控摄像头比手势的画面。在窃贼比手势的画面后，字幕开始交代事件的结果，配的是窃贼坐在收银台边的画面。可见，为了配合字幕对事件情况的梳理说明，编辑将监控视频的片段进行了截取，将窃贼走出店外的画面提前，打乱了监控视频原本的叙事顺序，以此来配合新闻叙事的需要。

从叙述者着眼，我们可以看到运用了监控视频的新闻叙事呈现出叙事主体多元的特征。在运用了监控视频的新闻中，叙事主体有记者、编辑等新闻工作者，有采访对象，还有监控视频、警情通报、执警记录仪拍摄的视频、他人拍摄的视频，等等。所有消息源都在发声，从自己的视角对事件展开述说，新闻工作者将其编织在一起，便促成了众多叙事主体分别在视频新闻的不同时段做主要发言人的情形，将新闻通过多方信息源客观呈现出来。而不同的叙事主体在同一新闻中出现，都是抱着对新闻事件的共同关注，显露着不同主体对社会事务的关心乃至参与。

在记者这一环节，还需提及的重要消息源便是人物的音视频采访。对人物的采访，往往是对事件详细情况的说明，或是对事件相关情况的补充。一般，记者会写一个字幕条概述采访的内容，紧接着播放采访音视频，编辑会配好字幕。而挑选谁成为这则新闻的采访对象，一般由监控视频的画面内容决定，多数时候都不是当事人，而是其他了解情况的与当事人有关系的间接相关人、目击者或警方等第三方。例如，在《出租车撞倒小学生未刹车再撞奥迪，疑因玩手机疏忽》报道中，记者采访了两个人物，一个是了解事情详情的学校负责人，还有一个是在场的保安。记者在新闻事件中，扮演着寻找与连贯消息源的角色，寻找哪些消息源、如何书写对事件的概况说明、选取哪些素材放入新闻中，都取决于记者。记者从万千事件中挑选出新闻事件进行报道，在新闻的前后期制作过程中从未缺席，在报道中发挥着主体的作用，是当之无愧的第一叙述者。进入视频剪辑环节时，新闻的基本信息都已经确定，所需的素材也已由记者整理完备，留给编辑发挥的空间似乎很狭窄。但是，虽然素材已经给定，字幕条也规定着画面，编辑依然能够决定第一幕画面、素材的排列顺序、背景音乐、封面等，特别是对监控视频的操作。

在190条视频新闻中，有147条用监控视频作为视频第一幕，选取的监控视频画面往往是那段监控视频中被再次拎出来的高潮段，这样做有一个很直接的目的，便是吸引受众继续观看。虽然监控视频已经有字幕条配合出现，能够极大地提高画面信息的清晰度，但是字幕只是画面的整体概述，让受众知道监控视频中正在发生什么事。在剪辑监控摄像头距离事发点较远、画面内容较杂乱的监控视频时，为了让受众能够一眼找到画面主角，编辑须进行操作，以此来聚焦主角，使画面清晰。一般是用圆圈标记出当事人或物，使主角在画面中凸显，让受众准确聚焦；或者采取放大这一手段，去放大距离相隔较远、看得不太清晰的画面部分，使主要信息更易被看清。而采访音视频的放置位置也并不一定在字幕条的逻辑中有所体现，这时编辑需要根据自己对这件事的了解和判断，去放置采访部分。在应用采访视频时，一般不会整段采访都放人物画面，而是在人物画面出现几秒后，转换到其他素材，至于用什么素材来填补这段采访画面，则完全取决于编辑。编辑在记者写好的框架下安排素材的顺序，以画面去配文字，在狭窄的空间里运用剪辑操作行使着受限的自由权利。

根据监控视频挑选出来的采访对象在新闻中通常以两种形式出现，即采访视频和采访音频。在采访对象讲述时，记者与编辑的痕迹并不会被完全抹去，而是由记者书写的字幕条引出采访音视频，也是由编辑编排进其他的画面素材与采访音相配合，但这是由视频新闻这一新闻形式决定的。在采访音出现时，主要讲述者就变成了采访对象，采访对象讲述的通常是事件的大致情况、事件的前因后果，以及对事件涉及的冲突点的评判或解释。相比于经过记者简要概括的情况说明，事件通过采访对象之口讲述出来显得更为翔实和生动，在增强新闻可信度的同时，也彰显着采访对象参与到事件中时的立场和态度。

在警方介入的事件中，警情通报也是重要的消息源，有时记者对事件概况的讲述直接来源于警情通报中对事件情况的说明。一则警情通报会包括当事人的身份、事件情况及处理进展或结果，信息量之大几乎涵括了事件的大体事实。警情通报出现在新闻中以图片形式滚动显示时，是一个通晓事件事实的全知讲述者，但记者和编辑会进行选择，要么是挑选出核心信息加以概括，要么是用红框等方式凸显某段内容。不仅是警情通报，其他诸如市民拍摄的照片、视频，警方执警记录仪拍摄的视频和当事人提供的照片、视频都会在新闻中的某一个时段被凸显。它们作为那一时段的主要讲述者，离不开记者与编辑的操作配合。所有信息源皆为视频新闻中的讲述者，在记者与编辑的引领和编排之下，众多讲述者通力合作，叙述着事件相关情况。

如此，新闻叙事通过对监控视频的运用，形成了屏幕叙事的转换和融合，即以新闻客户端的呈现式屏幕同化了监控视频的监视式屏幕，突出了监控视频客观见证事件、参与正义裁夺和触发多方社会主体连接的功能，屏幕叙事空间对公共生活空间的容纳与感知由此得以凸显。

本讲小结

数字叙事的时空关系已不再局限于传统叙事的线性时空观，而呈现出碎片化、块茎化、弥散化等更具空间特性的状态。本讲梳理了非线性叙事、模块化叙事及屏幕叙事这三类数字叙事。这些类型所涉及的相关叙事时空问题并不局限于数字媒介时代以往许多文学家、艺术家对传统媒介的叙事可供性的开掘，他们以一种前卫的、先锋性的实践姿态，尝试突破某一媒介偏向表征时间或空间的惯常表达，追求媒介叙事的"出位"而达至其本身并不擅长的时空表征，从而寻求叙事时空关系的某种平衡。数字媒介或可说是一种补偿性的、集成性的媒介，它在以数字形式囊括以往多种媒介形式的同时，也将叙事被遮蔽的空间维度重新显示出来，达成麦克卢汉所说的"时空关系与各类感官"之间的平衡。

【延伸阅读书目】

（1）莱辛. 拉奥孔［M］. 朱光潜，译. 北京：人民文学出版社，1979.

（2）罗伯特·K. 洛根. 被误读的麦克卢汉：如何矫正［M］. 何道宽，译. 上海：复旦大学出版社，2018.

（3）Friedberg A. The Virtual Window：From Alberti to Microsoft［M］. Cambridge：The MIT Press，2006.

（4）大卫·霍克尼. 图画史：从洞穴石壁到电脑屏幕［M］. 万木春，张俊，兰友利，译. 杭州：浙江人民美术出版社，2017.

（5）豪尔赫·路易斯·博尔赫斯. 小径分叉的花园［M］. 王永年，译. 上海：上海译文出版社，2015.

【思考题】

（1）在传统叙事中，叙事时间为什么特别重要？

（2）空间叙事与叙事对空间的再现有什么不同？

（3）屏幕在数字叙事中有哪些功能？

第七讲

数字叙事视角

"视角的问题是叙事艺术所特有的问题。"① 托多罗夫指出,"在文学中,我们从来不曾和原始的未经处理的事件或事实打交道,我们所接触的总是通过某种方式介绍的事件。对同一事件的两种不同的视角便产生两个不同的事实。事物的各个方面都由使之呈现于我们面前的视角所决定。"② 实际上,不仅是在文学中,在但凡涉及叙事的地方,便有叙事的视角。有学者指出,到了数字叙事时代,叙事视角概念遭遇"一种全方位的清算",因为"在超文本小说中,不同节点的链接使视角的不定性成为必然","视角成为叙述者、人物和读者的共同观看","与此同时,有关视角内外聚焦的区分也失去意义,视角不仅变化莫测,而且溢出文本"。③ 尽管如此,叙事视角仍然可以作为叙事分析的工具箱中常备的工具。这是因为一方面,大量的叙事依然以传统的叙事为基础,数字叙事并没有与传统叙事划出老死不相往来的边界,另一方面,叙事视角的分析在数字叙事分析中可以因应情境之变而做出调整,发挥效力。所以,这一讲我们将先阐述经典叙事学在文学文本研究中确立的叙事视角概念的基本含义,然后再介绍这一概念在电影和其他领域的叙事研究中如何被借鉴、被改造,最后再讨论这一概念在数字叙事情境中被运用的可能性。

一、叙事视角决定呈现

叙事视角概念在最基本的意义上是关于叙事中"谁在看"这一问题的。显然,这是借自视觉领域的一个隐喻。在一个叙事文本中,所有涉及"看"的活动,首先是叙述者用语言文字符号构建出来的,读者通过对这些语言文字符号的解读在头脑中想象、还原或再构出所叙述的"看"。这被视为叙事的一个重要特征。按照华莱士·马丁的看法,这一特征"在视点(point of view)这个术语中经常被混同于其他特征,而它可以被视角(perspective)和焦点(focus)这两个词更精确地指明:谁看见的?从什么位置上?"④ 经典叙事学家们将这一问题进一步扩大到人的感知活动,那就不仅是眼睛的观看,而且包括耳朵的倾听或者内心的沉思,其活动主体在叙事中都可以被设置为呈现事物的中介。考虑到"视角""视野""视点"是过于专业的视觉术语,热奈特采用了"聚焦"一词来代替上述概念,并强调用"谁感知"来代替"谁看",确定"感知的焦

---

① 罗伯特·斯科尔斯,詹姆斯·费伦,罗伯特·凯洛格. 叙事的本质[M]. 于雷,译. 南京:南京大学出版社,2015:262.
② 茨维坦·托多罗夫. 文学作品分析[M]//王泰来,等编译. 叙事美学. 重庆:重庆出版社,1987:27.
③ 胡亚敏. 数字时代的叙事学重构[J]. 江西社会科学,2022(1):42-49.
④ 华莱士·马丁. 当代叙事学[M]. 伍晓明,译. 北京:北京大学出版社,2005:144.

点"（the focus of perception）在哪里。① 荷兰叙事学家米克·巴尔也主张用"聚焦"（focalization）来取代"视点"（point of view）或"视角"（perspective），因为"视角"一词既表示叙述者也表示视觉，这样显得含混，而用"聚焦"一词则强调由叙述者呈现出来的诸成分与观察者的视觉（通过这一视觉，这些成分被呈现出来）之间的关系，以此可以区分"谁看"与"谁说"，并且"聚焦"一词更具有操作的技术性。② 以色列叙事学家里蒙-凯南在《叙事虚构作品》中也表达了类似的看法。

综合来看，叙事视角概念是与特定主体的观看、倾听、感受等感知活动相联系的，因此包含着什么样的观察主体、在什么位置感知、以什么方式感知、感知到什么样的对象这一连串问题。

应该说明的是，叙事视角是叙述者操控文本的策略，因此，叙事视角的分析往往又与叙述者紧密联系，并由此区分出三种不同的情况。第一种是所谓无所不知的叙述者的叙事，被称作"零聚焦"或"无聚焦"叙事。在这类叙事中，叙述者比人物知道得多，更确切地说，叙述者说的比任何人物知道得都多。第二种是所谓的"内聚焦"，它以特定的人物来感知和呈现对象，可以是固定的一个人物，也可以是不同的人物，还可以是对同一事件的不同人物的感知。在这类叙事中，叙述者只说某个人物所感知到的情况，也就是说，叙述者与人物知道的一样多。米克·巴尔将这一种称为"与人物相连的聚焦"，也就是以特定的人物来感知和呈现，其包含的情况大致有：固定式的，即始终是一个人物的聚焦；在不同人物的聚焦之间切换，形成聚焦的流变；多个人物聚焦于同一对象。第三种是"外聚焦"，叙述者说的比人物知道的少，只呈现人物外部的活动（行为和话语），不涉及人物的内心活动，这可以被称为"冷漠叙事"。叙述者严格将自己限制在记录者的角色，隐匿在文本背后，只记述人物的活动或语言，而不进入他的内心世界，也不为记述提供任何背景性的内容。

如上所述，与人物相连的聚焦叙事的第二种情况表明，不同视角的采用会带来不同的叙事内容的呈现，即便是同一个事件，也会因为叙事视角的不同而呈现为不同的叙事。这不仅是在第二种中如此，将三大类综合起来考虑就更是如此。其实，叙事实践正是在聚焦的综合运用中展开的，由此，叙事在一系列聚焦层次中展开，特别是"外聚焦"与"内聚焦"的相互嵌套，使叙述更富于变化。美国漫画家马特·马登根据"乌力波"（直译：潜在文学工场）创始人、法国作家雷蒙·格诺的《风格练习》改编的《一个故事的99种说法》一书，以99种不同的方式讲述同一个简单的故事，其中故事的很多版本就是通过叙事视角的变化而形成。一个成熟的作家在讲述一个故事时会自觉地考虑采取怎样的叙事视角，以达到特定的叙事效果。中国学者杨义在《中国叙事学》中曾以金圣叹对《水浒传》的评点为例来说明叙事视角的运用，其中有这么一段：

---

① 热拉尔·热奈特. 叙事话语 新叙事话语［M］. 王文融，译. 北京：中国社会科学出版社，1990：129－132.
② 米克·巴尔. 叙述学：叙事理论导论［M］. 谭君强，译. 北京：中国社会科学出版社，1995：168.

【阎婆惜】正在楼上自言自语，只听得楼下呀的门响，婆子（楼上）问道："是谁？"宋江（门前）道："是我。"婆子（床上）道："我说早呢，押司却不信，要去。原来早了又回来，且再和姐姐睡一睡，到天明去。"宋江（这边）也不回话，一径奔（已）上楼来。

以上段落中括号里的部分是金圣叹做的改动。杨义指出，金圣叹的改动不算大，他抓住原文中"只听得"三字做文章，夹评道："三字妙诀，不更从宋江边走来，却竟从婆娘边听去，神妙之笔"。"从婆娘边听去"，自然是限知视角了，但原文在贯彻限知视角时，未免有些界限模糊，从楼上的阎婆惜跳到楼下床上的婆子，又跳到推门上楼的宋江，视线相当混乱。经过金圣叹的修改整理，视角就固定在楼上阎婆惜的听觉上，由她的耳朵去辨认床上、门前的方位，以及那里的回答、唠叨。限制视角的界限，一经严密化，金圣叹就可以理直气壮地如此点评了："一片都是听出来的，有影灯漏月之妙"。所谓"影灯漏月"，就是挡住部分灯光，使之有照不到之处，漏下一线月光，使之有能够照到之处。"影灯漏月"一语是限知视角的诗意化表现，他把限知的半可为感知、半不可为感知的界限，巧妙地勾勒出来了。①

在现代小说中，叙事视角的使用给叙事带来的多姿多彩和无限可能，成为叙事文学富有魅力的重要因素。从亨利·詹姆斯以限知视角形成对"中心意识"的强调，到海明威以"外聚焦"的冷漠叙事形成的硬汉风格，从福克纳《喧哗与骚动》的多元视角并置，到伍尔芙《达洛威夫人》以心理视角撑起的意识流，再到我国作家苏童对童年视角的使用，莫言对亡灵和动物视角的叠合使用，阿来对"傻子"视角的使用，等等，无不表明叙事视角是小说叙事中非常普遍也非常重要的策略。英国文学理论家戴维·洛奇在《小说的艺术》中指出，确定从何种视点叙述故事是小说家创作中最重要的抉择，"因为它直接影响到读者对小说人物及其行为的反应，无论这反应是情感方面的还是道德观念方面的"②。

后现代小说中常见的"反讽"的美学效果，也离不开叙事视角的运用。正如有学者所注意到的，"反讽往往源于理解上的不一致……无论以叙事艺术中的哪部作品为例，均大致存在三种视角——人物的视角、叙述者的视角、读者的视角。随着叙事文学复杂程度的加深，叙述者与作者之间衍生出来的清晰差异又导致了第四种视角的发现。叙事反讽乃是这三四种视角之间的差异所造就的功能"③。这里值得注意的是，"读者的视角"和"第四种视角"，实际上均跳出了经典叙事学局限于文本之内的限制，这也意味着，叙事视角分析的有效性的扩张。叙事视角的分析触及主体感知活动的心理特质、文

---

① 杨义. 中国叙事学［M］. 北京：人民出版社，1997：216 - 217.
② 戴维·洛奇. 小说的艺术［M］. 王峻岩，等译. 北京：作家出版社，1998：28.
③ 罗伯特·斯科尔斯，詹姆斯·费伦，罗伯特·凯洛格. 叙事的本质［M］. 于雷，译. 南京：南京大学出版社，2015：252.

化环境、教育背景等因素,就像米克·巴尔所指出的那样,感知是一个心理过程,强烈地取决于感知主体的状况。她举例说,当埃梅谢塔描绘沙维的聚居者第一次看到白人时,他们看到的是患白化病的人:皮肤有缺陷的普通黑人。① 也正因为如此,在后现代主义叙事研究中,叙事视角的分析就与意识形态问题、话语权力问题、读者的同情和认同之间的差异问题等紧密相关,显示出视角"被用来分析主体性的形成"②。

叙事视角的分析同样适用于非文学叙事文本。譬如,日本学者前坂俊之的《太平洋战争与日本新闻》可谓媒介史叙事。围绕媒体的故事展开讲述或呈现,至少可以有这样几个相关联的视角:媒体——军部,媒体——政府,媒体——民众,媒体——学界。前坂俊之的叙述确实在这几个不同的方面来回穿梭,将我们带回历史情境中,面对完整的历史图景。其中,引人注目的是在"前台"与"后台"之间进行的视角切换。所谓"前台",即聚焦于媒介传播内容。前坂俊之对当时《朝日新闻》《每日新闻》等媒体的报道和评论的大量征引,特别有说服力地讲述了自"九一八"事变到太平洋战争爆发,日本主流媒体如何一步步沦陷的故事:从抗议到妥协和挣扎,再到屈身逢迎,再到被收编利用,直至最后彻底沦为军国主义主宰下的政府的工具。不仅如此,在此过程中,前坂俊之还特别见功力地聚焦于"后台",让我们看到那些媒体的内容究竟是怎样出笼的。《朝日新闻》发表了"二二六"事件评论,围绕这一社论的出台过程,作者援引可靠的资料,叙述了当时报社内部在发表评论之前,针对这一评论的争议。相较而言,书中对"五一五"事件后媒体表现的叙述,在讲述了《每日新闻》的"前台"表现后,缺少讲述其"后台"的环节,而急于转向军部视角的叙述。这固然也能暗示报纸与军部在所谓"动机纯粹论"上的一致,但是由于缺少聚焦于"后台"的叙述,便无法解释报纸的判断是来自军部的直接操纵,还是来自其本身带有偏向的推理,抑或是来自社会民众中右翼势力的舆论压力。

再就是主流与边缘的叙事视角切换。前坂俊之在聚焦于《朝日新闻》《每日新闻》等主流媒体的过程中,也不时地从非主流的边缘媒体的视角进行叙述。他用了不少篇幅讲述菊竹六鼓任主笔的《福冈日日新闻》、《信浓每日新闻》原主笔桐生悠悠后来主持的《他山之石》、战后任首相的石桥湛山主笔的《东洋经济新报》等,直面时局,大胆批判和揭露军国主义。还有《时事新报》在关键时刻的挺身而出、奋不顾身,以及《文艺春秋》对主流新闻媒体的毫不留情的批评。这些聚焦于边缘媒体的叙述,一方面有力地反衬了《朝日新闻》《每日新闻》等主流媒体的失守,另一方面也让人看到了当时的历史情境下更加完整的媒体版图。边缘媒体以悲壮的抗争姿态,向我们表明媒体的社会责任和职业良心从来就没有完全泯灭,犹如"沉舟侧畔千帆过,病树前头万木春",让人在溃败和腐朽中看到生机和希望。

---

① 米克·巴尔. 叙述学:叙事理论导论[M]. 谭君强,译. 北京:北京师范大学出版社,2015:137.
② 马克·柯里. 后现代叙事理论[M]. 宁一中,译. 北京:北京大学出版社,2003:34.

比较困难的是民众视角的叙事,我们在书中可以感到或推断民众对媒体报道的反应,但是难以清楚地看到足够丰富的信息支撑。很多时候,我们都是事后明白究竟怎么回事,但是仍然会有这样的疑问:当时失去理性的言论、缺少事实的新闻,为什么会使民众信以为真、蜂拥追随?民众方面的叙事视角的相对缺失,不能很好地解释这个问题,于是可能导向"民众是无知的,任由媒体主导"的简单结论。进一步看,民众叙事视角的缺失,使我们难以理解特定情势中来自民众主体的民意是如何经由政府、军方的处理而转化为作用于媒体方面的力量,媒体又如何将民意转化为舆论的酵母,酿造情绪的烈酒。媒介史的叙述聚焦于普通受众接受史,向来因为资料难搜寻而难以有所突破。这一视角在媒介史叙述中如果能够得到均衡而充分的采纳,会让我们对媒体如何参与历史进程有更全面和深入的理解。因为民众的叙事视角实际上关联着现代国家的诸多问题,民族和民族主义问题就是其中最基本而又最突出的问题。

我国学者申丹指出:"一个世纪以来,学者们对'视角'经久不衰的兴趣,一方面大大促进了小说技巧的研究,并带动了对其他叙事类别(如电影、新闻报道、绘画)之表达方式的研究,另一方面也带来了繁杂的混乱。"针对后者,申丹给出的解决方案是"关键不是采用什么术语,而是把握几种本质关系:感知者与叙述者,聚焦者与聚焦对象,叙述技巧与故事内容,现实生活与文学虚构等。"[①] 这一提示,不仅适合于文学叙事的研究,还有助于我们对电影叙事以来的各种新媒体叙事包括数字叙事的研究。

二、叙事视角建构观看

经典叙事学研究从视觉领域借用的叙事视角或聚焦的概念,被加以引申而成为文学叙事文本分析的重要工具。这一关乎视觉的概念能够提示语言文字的视觉联想,也能够说明叙事和叙事分析的跨媒介性。那么,当这一叙事分析工具回返到视觉领域时是否依然有效呢?这一问题在经典叙事学那里,由于研究对象限定于书写的文本,最初没有得到回应,但后来在一些研究者那里得到了肯定的回答,尤其是在电影叙事学从经典叙事学研究演化而来的过程中,叙事视角的分析起到了重要的作用。

前面我们提到过,从媒介角度着眼,人们认为图像偏重于空间表现,而不擅长表征可能性、因果性等连接关系。但是,这并不意味着图像没有叙事性。米克·巴尔在阐述叙事聚焦(者)这一概念时,就是从图像的叙事分析开始的。她举的例子是印度南部默哈巴利布勒姆的一座浅浮雕"阿周那的忏悔"。浮雕上部左侧,智者阿周那被雕刻成

---

① 申丹. 叙事、文体与潜文本:重读英美经典短篇小说[M]. 北京:北京大学出版社,2009:102-103.

瑜伽姿势，下部右侧站着一只猫，围绕着猫有一群老鼠，老鼠在发笑。米克·巴尔指出，这幅画的滑稽效果"是由画面的叙述性所引起的"，其内容包括一种时间序列：阿周那采用了瑜伽姿势，猫模仿他，老鼠开始笑了。"这三个序列事件在一条因果链上合乎逻辑地相互关联着。"米克·巴尔进一步分析说，三个部分作为这幅浅浮雕画面的组成部分，相互之间只有空间关系，"只能通过一个处于中间层次的中介，即对于事件的'观察'而建立起来。猫看着阿周那，老鼠看着猫，观众看注视着猫的老鼠，老鼠看着曾经看到过阿周那的猫。……每一个感知动词（看）在这里都表明一种聚焦活动，每一个行为动词都表明一个事件"。由此，"聚焦者是诸成分被观察的视点"。① 米克·巴尔对这一案例的分析，介绍了叙事分析中聚焦和聚焦者的分析的意义，同时也演示了分析过程。这里的分析揭示了叙事聚焦或叙事视角概念的图像或视觉分析的渊源。值得注意的是，这里面观众的"看"，实际上在文学文本叙事研究中被忽略了，而在图像文本的分析中却是非常重要且不可缺少的一环。

如果说对浅浮雕"阿周那的忏悔"的分析，旨在说明叙事聚焦概念的来源和实质，那么米克·巴尔在对视觉叙事的专门研究中，则充分展示了叙事聚焦这一概念如何有助于图像叙事的分析，让我们看到在一幅静止的画面上叙事如何可能实现，对其进行叙事分析怎么展开。概括地说，米克·巴尔运用外聚焦和内聚焦"探讨画中人的视线和动势所具有的描述和再现功能，及其与画外观看者之视角的互动，由此论述叙事性绘画的时间性和视觉再现中的事件符号"②。

实际上，在《叙述学：叙事理论导论》中，米克·巴尔专门列出"视觉故事"一节介绍了视觉分析中聚焦概念的使用，并在叙事话语的聚焦分析中，指出五个方面的要点：第一，在叙事话语中，聚焦是为语言符号所直接包含的，而在视觉艺术中，聚焦可以为线、点、光、色、构图等视觉符号所包含；第二，在视觉艺术中也存在外在式聚焦与内在式聚焦的区分，但有时不容易指认；第三，运用聚焦分析视觉艺术，意味着被描述出来的事件具有由聚焦者所产生的聚焦对象的地位；第四，同样的对象或事件可以根据不同的聚焦者而做出不同的阐释；第五，与叙事话语的分析一样，视觉形象中的外在式聚焦者与表现在形象中的内在式聚焦者之间可以产生一种混合，增强二者之间的关联。③

对于这些要点，米克·巴尔在她的《视觉再现：聚焦与窥视》等研究文章中进行了具体的阐述，展现了叙事视角分析如何与符号学相结合，在对叙事性的阐释中揭示丰富的文化主题。在米克·巴尔看来，观者在观看一幅静止的绘画时，会根据作品所描绘

---

① 米克·巴尔. 叙述学：叙事理论导论［M］. 谭君强，译. 北京：北京师范大学出版社，2015：139-141.
② 米克·巴尔. 绘画中的符号叙述：艺术研究与视觉分析［M］. 段炼，编. 成都：四川大学出版社，2017：143.
③ 米克·巴尔. 叙述学：叙事理论导论［M］. 谭君强，译. 北京：北京师范大学出版社，2015：157-158.

的图像选定某一视角,由这一视角看去,与画中人的视角相接,构成视觉关系,并由此形成一种视觉叙事。我们透过下面这一小段可以领略米克·巴尔的运用聚焦分析的"观看之道":

> 如果顺着内聚焦者的眼睛看去,我们会发现他不仅在看苏珊娜,而且也在看自己的同伙。画家所描绘的视线构成了内聚焦的结构,并顺着这位长老的眼睛看向另一位长老,然后又从被看的这位长老的眼睛看向苏珊娜,最后又从苏珊娜的眼睛看向画外的观看者。这一视线与光线的分布紧密相关。看着苏珊娜的那位长老,脸部线条明亮清楚,让人不由得想从他开始来解读作品的视觉叙述。①

米克·巴尔使叙事视角的分析摆脱了经典叙事学的文本自限,通过将聚焦和聚焦者与文本之外的读者(观者)相连接,并与符号学相结合,拓展了绘画的叙事性分析,同时也表明叙事及叙事分析的跨媒介性。米克·巴尔的图像符号叙述研究引入叙事视角(聚焦和聚焦者)的分析,打破了传统观念中静止的画面的叙事性只是体现"有包孕的片刻"的现象,即将时间空间化,通过观众的观看与聚焦(者)形成动态的关系,建构起画面叙事的过程性。简言之,其所考察的是观众看(感知)到画家看(感知)画面中的人物的看(感知)。我们看到,引入观看者的观看有着非常关键的作用,这一点在有关电影叙事视角的分析中也至关重要。

事实上,叙事视角这一分析工具,在叙事学扩展到电影领域的过程中也发挥了重要的作用。根据马克·柯里的说法,电影叙事学以劳拉·马尔维的《视觉快感与叙事性电影》为滥觞,"如果说这篇文章开了电影研究的先河的话,它也同样可以被看成是对视角进行分析的结果"②。不仅如此,叙事视角在进入电影叙事研究之后,其概念本身的内涵也得到拓展和丰富。

大卫·波德维尔和克里斯汀·汤普森虽然没有直接采用经典叙事学的一系列术语,但实际上探讨了叙事视角的问题。譬如,在讨论电影展现的内容广度时,他们用"非限制性叙述"和"限制性叙述"表示全知叙事和限知叙事的区别,也就是无所不知、全知全能地呈现的外聚焦与同人物(通常是主角)相连、透过他的感知来呈现的内聚焦。他们援引希区柯克与特吕弗关于"15秒的惊讶"和"15秒的悬疑"的谈话,指出"限制型叙述可以给观众较大的好奇与惊奇效果",而"某种程度的非限制型叙述可协助产生强烈的悬疑效果"。在讨论故事内容的深度时,他指出"观点"(point of view,也译为"视点")这个词有些暧昧,通常它可以指认知范围(如"全知观点")或是认知深

---

① 米克·巴尔. 绘画中的符号叙述:艺术研究与视觉分析[M]. 段炼,编. 成都:四川大学出版社,2017:168-169.
② 马克·柯里. 后现代叙事理论[M]. 宁一中,译. 北京:北京大学出版社,2003:34.

度（如"主观观点"），"但在本书中，我们对观点的用法只是指知觉主观方面，意即'视觉主观镜头'（optical point-of-view shot）"。在对客观镜头与主观镜头的功能和效果进行分析后，他总结说："大部分影片是以客观呈现剧情的方式为底线，间或以主观叙述的方式增加故事深度，但终究会回到原来的底线"①。这些对电影叙事特性的阐述，都涉及叙事视角（聚焦）问题，并且也如米克·巴尔对绘画叙事的分析一样，都注意到观众的感知的情况。

与文学语言叙事相比，电影叙事诉诸观众的视觉，因此，视角、视点、聚焦这类概念似乎不再如文学叙事分析时那样作为隐喻，而有着直接的现实性，也因此这些概念用于电影叙事分析有时会不尽如人意。比如，在文学叙事中，内聚焦意味着作为聚焦者的人物不从外部被描述，但是，对于在电影中担任相当于内聚焦的主观镜头的人物，观众不仅顺着他的目光和感受接受展现给我们的内容，而且也能够看到这个作为内聚焦的人物的表情和动作。电影《辛德勒的名单》中有一个著名的段落：辛德勒骑马来到高处，俯瞰街市上德军驱逐、枪杀犹太人的情景，他的目光被一个在队伍中行走的穿红色衣服的小女孩牢牢牵引。这段主要是内聚焦传达的，但是辛德勒这个人物又清晰地展示在观众面前。加拿大学者安德烈·戈德罗与法国学者弗朗索瓦·若斯特就《罗生门》作为内聚焦完美例子的讨论，也让人意识到影片的实际情况与"在内聚焦体系中，焦点人物不应该从外部被表示"的原则相抵触，因此，他们将热奈特的聚焦理论修改并扩充为两个层面：一层为热奈特所指出的认知聚焦，表示"叙事所采取的认知焦点"；另一层则为视觉聚焦，表示"摄影机所展现的与被认作是人物所看见的之间的关系"。

在对视觉聚焦进行分析时，又区分出内视觉聚焦和零视觉聚焦，其中内视觉聚焦分为原生内视觉聚焦和次生内视觉聚焦；考虑到电影中画面和声音的双重体制，他们还提出了与视觉聚焦对应的听觉聚焦；对于认知聚焦，他们区分了内认知聚焦、外认知聚焦和观众认知聚焦。② 这里需要注意的是，将"听觉聚焦"单独提出，充分考虑到了电影叙事的特性，但是我们不要忘记，热奈特、米克·巴尔等在谈论叙事视角问题并主张用"聚焦"这一概念的时候，实际上考虑的不仅仅是视觉，还有包括听觉在内的感知。

从大卫·波德维尔、克里斯汀·汤普森、安德烈·戈德罗和弗朗索瓦·若斯特对叙事视角（聚焦）运用于电影叙事分析中所进行的延展、修正和扩张，我们可以看到这一叙事分析工具的有效性，以及不同的媒介叙事研究对它的重新界定。更为重要的是，这一概念的使用再次提示我们叙事分析的复杂性和细致性。接下来我们结合对《路边野餐》中一段著名的长达43分钟的长镜头的分析，来体会叙事视角的运用。长镜头往往

---

① 大卫·波德维尔，克里斯汀·汤普森. 电影艺术：形式与风格（插图第8版）[M]. 曾伟祯，译. 北京：世界图书出版公司北京公司，2008：108 – 110.
② 安德烈·戈德罗，弗朗索瓦·若斯特. 什么是电影叙事学 [M]. 刘云舟，译. 北京：商务印书馆，2005：177 – 197.

被简单地视为外部聚焦而导致其复杂性被忽视,在很大程度上,这种复杂性正来源于叙事视角的策略。

总的来说,《路边野餐》对长镜头超乎常规的运用,在给人以通常所谓的逼真感的同时,恰恰传递着一种仿若梦境的感受,近似于超现实的写意;它看起来是在叙述人物的行动(语言表达和身体运动),实际却笼罩着一种巨大的、深远的静默,测度着人心在这种静默中的状态和对静默的承受力。它的第一个段落是一个固定机位的客观镜头——一个简陋的摩的聚集处,前景的卫卫在画手表,陈升从画面深处入画,后景处的摩的仔们开始抢生意。这个段落在观众脑海中建立了一种"真实感",这是发生在现实中的事情。但紧接着,随着卫卫发动摩托车,镜头开始倒退着跟随摩托车,驶过乡间道路,画面变得漂浮而流动,画外音是陈升的诗歌,如催眠一般恍然入梦。这里的感受非常主观,不再像开头段落那样客观。镜头在大量的背跟(主观视角)与固定中景(客观视角)之间"切换"——镜头忽而跟随陈升,忽而又游离于陈升之外,观察酒鬼、乐队成员与乡野道路。当卫卫第二次发动摩托车,带着陈升冲下一段道路时,镜头开始跟着他们高速运动,然后摩托车突然间转了个弯,冲进另外一段窄巷,速度之快,令人晕眩。这段镜头构成了一个典型的"幽灵视角",如同一个谜语,也如还未及找到前呼后应就突然出现的诗句。当然到了镜头结尾处,卫卫说"野人会悄悄跟到你",这里的幽灵视角可以理解为野人视角。接下来,镜头忽而跟着卫卫,忽而跟着酒鬼,忽而跟着洋洋……越来越散乱而游离,摆脱了通常的叙事视角规约,但最后又集中于陈升,跟随他离开荡麦。当我们将这样的镜头与我们的梦境做对比的时候,发现它们是如此的相似!我们梦中的视角,往往也是跳来跳去,没有章法可言,我们一会儿是"自己",一会儿又可能变成"他人",但不管视角如何变化,梦境即将结束的时候,我们又能够回到自己身上。这一段长镜头通过各种视角(聚焦)的组合、嵌套和冲突,很好地模拟了梦境,也表现了影片的美学沉思:人永远无法跨越时间的沟壑,唯有在梦里,在想象中,在碎片般乍然出现的似曾相识里,蓦然回首却了无踪迹。

三、数字叙事视角:叠合与沉浸

我们知道,经典叙事学中叙事视角的概念及其相关表述,是从研究以小说为主要代表的文学叙事中发展而来的。这些研究关注如何表现和利用人的视听感知特点,以及如何利用这些特点形成特定叙事效果的分析。应该看到,这一概念的基本内涵——最直白的表述"谁在看",与叙事声音——"谁在说",以及叙事时间、叙事结构等概念,围绕着叙述者这一核心概念,一起构筑了叙事文本分析的操作系统,它显示出主体的明确性、时空的连贯性、结构的可把握性等信念。在某种意义上,这些信念与印刷文化关联密切。因此,当数字文化兴起之后,当超文本从理论构想变成计算机网络上的现实时,经典叙事学对叙事文学文本的分析系统势必面临挑战,在这种挑战中顺应新媒介技术促成的新的叙事现象,做出调整与更新,从而保持活力。从上一节中我们可以看到,叙事视角(聚焦)概念被运用于绘画、电影的叙事分析时,由文本之内拓展到文本之外的读者(观者),根据视觉叙事的特点被重新界定和分类;这样的变化延续到数字叙事分析之中。同时值得注意的是,尽管绘画和电影这样的视觉叙事让叙事视角、聚焦这样的表述似乎更接近其本义,但其实质仍然是用以分析和阐释特定叙事主体的所有感知及其对叙事信息的呈现和叙事层次的组织;这一点同样体现于数字叙事分析,尽管我们面对的更多是视觉叙事。叙事视角概念的"变"与"不变"表明,其作为分析工具与其说"被清算",不如说"被改造"。

在介绍电影叙事的叙事视角(聚焦)相关讨论中,我们可以看到摄像机镜头作为技术对叙事视角的影响,数字叙事中媒介技术与叙事视角的关联更为直观和紧密。新技术"在更新自己的对象的同时创造了新的主体"[①],其重要体现就是主体的新感知方式。我们在第四讲的最后也谈到,技术物件通过融入人的身体,与人交互,参与人的行动和知觉活动,并中介人与世界的关系,形成人与其使用的技术物件的"共生"。譬如,无人机摄影就是建立在无人机飞行感知技术的前提下的。飞行感知技术为飞行控制系统提供所需要的信息,以控制飞机达到期望姿态和空间位置,还有感知周围环境状态,确保路径和避障规划系统的运行。这些感知活动融合了复杂的技术装备,如机体感知需要加速度计、陀螺仪、磁罗盘、GPS 导航系统等,外部感知需要毫米波雷达、激光雷达、深度相机等。

2015 年 8 月 12 日,天津滨海新区瑞海公司危险品仓库发生爆炸。15 日清晨,《新京报》首席记者陈杰通过无人机航拍记录现场实景,其航拍摄影作品《天津爆炸》获得 2016 年第 59 届世界新闻摄影比赛(荷赛)一般新闻类三等奖。陈杰在接受采访时说:"从一个 100 多米的角度,我当时觉着,航拍就像上帝的眼睛,它区别于日常视角。我是被飞机飞的这个角度(航拍视角)震撼到了。巨大的洞,后面的房,车,都非常非常的弱小。我个人的感受,我在拍这个的时候,画面是抽象的,是高度概括的……这个高度概括的画面,就是在说灾难之后的宁静,所有的东西呈现的那个死寂状态,所有的东西都是死亡的,毁灭的,这个场景震撼了我。"[②] 陈杰的这一表述很好地说明了无人机摄影在感知方式上的独特性。如前所述,这种独特性在很大程度上取决于技术的构

---

① 雷吉斯·德布雷. 图像的生与死:西方观图史 [M]. 黄迅余,黄建华,译. 上海:华东师范大学出版社,2014:107.
② 网易探索. 陈杰:天津爆炸,上帝视角表达的死寂[EB/OL].(2016-02-19)[2022-09-30]. https://www.163.com/news/article/BG5H3FOM0001125G.html.

成。正如有学者所指出的，无人机的上帝视角，有意制造更大空间、更实时在场的"空中视图"数据生产方式；它作为数字时代的"假体观视"，是对绘画时代的"形式逻辑"和摄影时代的"辩证逻辑"的"反常"；它作为"把眼睛送到空中"的"摄影假体"，叠加了眼睛与翅膀的双重功能，是一种幻想的感官，一种奇异的观看方式——以一种超越普通人想象的形式运转，动用机器的自动知觉假肢来获得人类凭借肉身根本无法看见的场景。[①] 当然，技术感知离不开人的技术操作，人与技术的合作共生完成了技术潜力的释放，人的感知与技术的感知的叠合形成了数字叙事视角（聚焦）新的客体与新的信息，从而产生新的叙事建构。

如果说，无人机摄影因其高新尖的技术特性可能暂时地遮蔽人的作用，那么，在另一些场景中，技术物件的纯粹非人类叙事视角则在人类叙事主体的叙事实践中，以更为明显的叠合状态，进入叙事的构成。就此而言，上一讲谈到的监控视频的屏幕叙事在新闻中的应用，就是很好的例证。监控视频的叙事视角在持续的时间中以固定的位置生产出感知数据，当其进入人类的叙事中时，有力地影响着人对事件的感知。《蜻蜓之眼》这样的影像艺术对监控视频的这一特点进行了充分的利用。

对于非人类叙事视角，或许有人会认为，它不过是非自觉的拍摄，而并非自觉的叙事（聚焦）视角，既没有深入人类感知活动，也没有组织叙事层次，因此不能称为叙事视角。孤立地看或许确实如此，但是，一旦进入与人类叙事活动的关联，情况就不一样了。有的艺术家积极尝试在创作过程中就与非人类叙事视角合作，有意产生叠合的叙事视角。黎小锋和贾恺导演制作的纪录片《游神考》将 GoPro 摄像机绑在羊的头上，进行纪录片的拍摄，在后期将羊拍视频与人手持设备拍摄的画面进行混合交叉剪辑。戴着 GoPro 的羊，呈现出低位的不稳定视角，镜头经常盯着影子拍，和 5D 相机拍摄的明亮色调相比，显得冷而低饱和。导演黎小锋介绍说："羊戴着 GoPro 为我们拍摄了不少场景，在最后的成片中虽然只保留了五分钟多一点，但还是形成了一个羊的视角。在羊角上装 GoPro，以羊的视角拍它们嬉戏、奔跑、与人相处，直到拍摄同伴（另一只羊）被送上屠宰台……这条线索，是我们在制作过程中，2014 年前后才增加的……看素材时，羊拍摄的素材普遍比人拍得好，动物那种本能的、直觉的、非理性的体感观看方式，让我看了非常震撼。黑白色彩的羊拍段落，成为亚军（该纪录片的主人公）处境、命运的一条隐喻性线索。我毫不怀疑，在人和羊之间，那种惊鸿一瞥般的对视与感应，或许是最令人着迷和难以释怀的。有些时候，人类视角并不是那么值得信任；或许，只有通过融入某种非人类视角，才有可能接近这个世界未知的、神秘的那一部分。"[②] 观众在观看时会惊异于这迥异的视角，从而对感知叙事呈现产生影响。譬如，成片中宰羊的场

[①] 周海晏. 时空大数据：数字化城市的"假体观视"：无人机航拍技术对城市时空关系的重构 [J]. 福建论坛（人文社会科学版），2017（12）：174–177.

[②] 黎小锋于 2021 年 1 月 5 日在苏州相城文化馆举办的《游神考》展播观摩讨论中的谈话。

景有羊的视角摄取的情景，影片的叙述者外聚焦与羊的内聚焦的叠合，也建构起观众的视角感知，这种感知在心理层次上就不只是对牺牲的羊的同情和震撼，还有对生命之间的关系的审视、对生命处境的思考，对整体叙事的理解也因此而深化，或者说为整体叙事提供了一个理解的维度。

叙事对媒介技术的使用还体现在对技术搭建的平台的利用上，叙事视角也在社交平台展开的叙事活动中呈现出叠合状态。这方面极具典型性的是阿根廷艺术家阿玛利亚·乌尔曼在 Instagram 上进行的一次行为艺术，乌尔曼也因此被称为 Instagram 上第一位伟大的艺术家。[1] 2014 年 4 月，乌尔曼在 Instagram 上发布了一张照片，照片白底黑字写着"第一部分"，下面配文："卓越与完美"。这个状态一经发布便迅速获得 28 个"赞"。接下来，这里不断发布的照片，显示出一个年轻女孩通过大量气氛暧昧的自拍和穿插其中的精致食物，以及奢侈品照片分享自己的生活，就像 Instagram 上无数风格类似的照片一样。这一账号的粉丝数在 2014 年曾短时间之内呈现出爆发式的增长。对于照片中偶尔出现但并没有露面的男性形象，乌尔曼给其中的一幅两人身着睡袍、站在穿衣镜前的自拍照配上了"有人照顾的生活难道不好吗？"的标题，并且在句子末加了亮闪闪的星星表情符号。接近 5 个月后，乌尔曼上传了一张带有玫瑰花的黑白照片，下面配文："结束"。随后，这位艺术家宣布她此前在 Instagram 上发布的状态属于她精心策划的一个表演，作品名为第一幅照片的配文《卓越与完美》。据乌尔曼在 2014 年 12 月接受的《Vulture》访谈中的介绍，她首先对 Instagram 上的三类用户进行了深入研究：嬉皮女孩、拜金女孩，以及热衷于健康生活的邻家女孩。乌尔曼通过研究这三类用户在 Instagram 上所呈现的穿着、语言等风格，创造出了一个"乡村女孩"来到大城市、想成为模特、拜金及想彻底改变生活方式的形象和故事。在这一过程中，乌尔曼通过观众对照片的回应，展开了对女性在自拍充斥的社交媒体中进行"装束凝视"和"美的迷思"的研究，揭示女性在数量庞大的看似随意、实则经过大量刻意修饰的自拍上所花的时间和精力，甚至包括整形这一事实及其他肉体牺牲的现象。

可以说，这一主要通过自拍辅以文字来虚构的女孩故事，就其虚构性而言，其叙事视角是一个叙述者从外部聚焦的叙事，即乌尔曼以自己为原型创造一个化身，并推动着这个化身的故事展开。而这个化身的故事的展开，则是一个女孩聚焦自我与粉丝、观众聚焦女孩的交互过程，没有粉丝、观众就无法将这个故事演绎完成，粉丝的留言是故事的一部分，因此这里形成了展演或注视（窥视）叠合而成的叙事视角，嵌套在从外部聚焦的整体叙事之中。也正是这一叠合视角，使"装束凝视"和"美的迷思"的主题得以凸显。值得一提的是，2016 年，在伦敦泰特现代美术博物馆，由西蒙·贝克策划的"为镜头表演"（Performing for the Camera）的展览收录了乌尔曼的《卓越与完美》

---

[1] Laura Xue. 谁是 Instagram 上第一位伟大的艺术家？社交媒体影响下的"新图像一代"[EB/OL]. (2017-09-14)[2022-09-30]. http://www.tanchinese.com/archives/news/32354.

系列，其成为展览中唯一一个利用网络社交应用进行的艺术创作。应该说，《卓越与完美》在故事展开的基本方式上——将自拍图片上传到社交媒体上——很贴合这个展览的名称，但是按照我们上面对叙事视角的分析，《卓越与完美》的丰富性和特异性则被展览名遮蔽了。

观众或者用户的高度参与，是数字叙事的一个重要特征。我们已经看到，观众在叙事视角的构成上的作用越来越受关注。虚拟现实、穿戴式设备等让用户对叙事的沉浸体验凸显出来。譬如，有学者谈到，虚拟现实技术的沉浸特性让限知视角成为视听叙事的主流，在虚拟现实的视频中，"接受"被赋予了新的含义，因为观者"在场"的实现，创造了多元叙事的可能性，叙事成为一个"过程"而非"产品"；个性化的限知视角也让移情成为可能，因为这种视角与映射性情绪直接相关，即移情主体产生了与客体相同的情绪体验。① 实际上，叙事的沉浸体验并非在数字时代才发生，传统的文学、戏剧和后来的电影，其叙事都能产生沉浸体验，而叙事视角对沉浸体验的形成也有着重要的作用。譬如，传统叙事中能够促成叙事沉浸的悬念就是通过叙事视角对信息的控制而达成的，前面提到的电影中"15秒的惊讶"与"15秒的悬疑"的差异，也就是有无促成沉浸的差异，关键就在于叙事视角的运用。正如米克·巴尔所说："如果我们将悬念限定为某些程序的结果……那就有可能从聚焦的意义上去把握各个种类的悬念。"② 当然，在传统的文学叙事中，"语言的可见性作为一种障碍，阻止了读者在故事世界中失去自我"③。在劳尔·瑞安看来，就沉浸的梦想而言，艺术史上从透视法出现发展到立体主义绘画，相较于文学更为直观，这是因为自我中心的情感同临场感紧密联系，在视觉媒介中比在文学中更加突出。虚拟现实同时作为技术和作为梦想，将沉浸现象凸显出来，促成了劳尔·瑞安的沉浸诗学。她从空间、时间、人物，乃至社交、认知几个方面描述了基于传统媒介的叙事沉浸和基于数字文本的互动式沉浸，概括了传统叙事增强沉静的文本特征与叙述手法，探讨了数字文本中互动与沉静的融合形式，具体文本类型实现游戏沉静的局限性与弥补策略。④

与数字文本的叙事沉浸相关联，叙事视角（聚焦）也发生了变化。正如肖恩·库比特所指出的，在数字技术创造的虚拟世界中，自我、世界和媒介（技术）之间的关系被重新配置，它们之间的交互作用的交叉点不在纸面上，不在风景中，也不在阴极射线的显示屏幕上，而是在眼睛中；成为中介物的眼睛必须脱离感官现实的束缚。这双脱离了肉体的眼睛成为文本的仲裁者，裁定距离和差别；它容易辨认，因为它是孤立的，是所有光线的目标，却不是任何一丝光线的栖息地。即便是虚拟现实装备中的立体视镜

---

① 张超. 在场与沉浸：虚拟现实技术对视听叙事的重构［J］. 中国电视，2016（11）：95–98.
② 米克·巴尔. 叙述学：叙事理论导论［M］. 谭君强，译. 北京：北京师范大学出版社，2015：155.
③ Ryan M L. Narrative as Virtual Reality：Immersion and Interactivity in Literature and Electronic Media［M］. Baltimore & London：Johns Hopkins University Press，2001：4.
④ 张新军. 数字时代的叙事学：玛丽-劳尔·瑞安叙事理论研究［M］. 成都：四川大学出版社，2017：177.

也要围绕着一个中心控制节点使想象空间聚焦。这个焦点就是自我，在所有维度中，它是一个没有维度的中心。①

这首先意味着数字视觉叙事中叙事视角（聚焦）向作为观看主体的"我"倾斜。譬如，数字艺术家雷菲克·阿纳多创作的《融化的记忆》，是由艺术家在旧金山大学神经景观实验室的实验生成的。阿纳多利用外接传感器读取人们的脑电波，从脑电图中收集认知控制神经机制的数据，这些数据集是多维视觉结构算法的构建块，算法将这些数据变成具象化的雕塑，整个项目由数据绘画、增强数据雕塑和光投影组成，LED 媒体墙和 CNC 泡棉向参观者呈现了人脑内部运动的图景。所以，就艺术家或其算法程序而言，数字生成画面的过程是无法聚焦的。但是，当观者面对缓缓变形的画面，会看到像灰白的云一样的图案翻卷演化，变成孔洞，变成山岩，变成海浪……颜色也逐渐变成蓝色，甚至有了很浅、很淡、很薄的红……沉浸于这一过程的观者，在"融化的记忆"语言提示中，会经历一段记忆由始而终的过程。这一过程就其视觉形象来说是具体的，但是就记忆本身来说，则是高度抽象的，因此，观者会将观看的过程纳入自己的记忆经验，或者说由其唤起自己的记忆经验，进行参校、解读。于是，观者的叙事视角不仅聚焦于一个叙事（视觉直观的渐次展开的画面）的完成，而且可以同时建构起关于自身经验叙事的潜文本。

其次，有一些沉浸式艺术装置，当参观者进入其中与之接触互动时，叙事视角（聚焦）体现为身体的综合感知或者说统觉，除了视听外，触觉乃至嗅觉、温度和体感，都加入了对对象的感知。譬如，日本新媒体艺术团体 teamLab 于 2016 年制作了《水晶宇宙》②，观众只要在手机 APP 上选择不同的星系图案，LED 显示屏上就会呈现出丰富的动画效果；同时，该装置灯光的亮度以及颜色都在不断变化，观众所处的位置影响着作品的生成。在这里，"屏幕既成为放大的表演场所，也成为自我与他人叠加的地方"③。如此，观众通过手机创造出一个属于自己的宇宙空间，形成"我"在这个虚拟的宇宙中穿行的故事。对激发自我的叙事（包括观展体验）来说，叙事视角（聚焦）不再如传统叙事中那么固定，即便是切换也有迹可循，是游移的、流动的、散漫的、缺少中心的。这种"漫不经心"与沉浸感之间形成了颇具张力的叙事心理结构。

---

① 肖恩·库比特. 数字美学 [M]. 赵文书，王玉括，译. 北京：商务印书馆，2007：63.
② 李四达. 数字媒体艺术概论 [M]. 北京：清华大学出版社，2006：63.
③ Dell'Aria A. The Moving Image as Public Art：Sidewalk Spectators and Modes of Enchantment [M]. London：Palgrave Macmillan，2021：127.

本 讲 小 结

数字媒介的介入突破了转换叙事视角的最大自由度和可能性,数字叙事与其他叙事有着不同点和交叉点,文学叙事通过在字句之间的视角切换来创造冲突、设置情节,电影叙事在镜头的组接中构筑故事空间,数字叙事蕴含图像、声音、动作等多种符号资源和视、听、触等多种感官系统的多模态话语的应用。在数字叙事视角中,关注作为感知的差异性多于连接的相关性,关注媒介关系胜过文本关系,将文本故事视作感知者构建想象空间的线索而不仅仅是被膜拜的作品,强调共同构建多于主体间性。当故事不必经由叙事者的叙述,摆脱了叙事情境的桎梏,把叙事视角交由感知者时,就实现了感知者对自我的暴露,引导了感知者对叙述本身的思考。

【延伸阅读书目】

(1) 赵毅衡. 当说者被说的时候:比较叙述学导论 [M]. 成都:四川文艺出版社,2013.

(2) 罗伯特·斯科尔斯,詹姆斯·费伦,罗伯特·凯洛格. 叙事的本质 [M]. 于雷,译. 南京:南京大学出版社,2015.

(3) 杰克·哈特. 故事技巧:叙事性非虚构文学写作指南 [M]. 叶青,曾轶峰,译. 北京:中国人民大学出版社,2012.

(4) 雷吉斯·德布雷. 图像的生与死:西方观图史 [M]. 黄迅余,黄建华,译. 上海:华东师范大学出版社,2014.

(5) Punday D. Digital Narrative Spaces:An Interdisciplinary Examination [M]. Oxford:Taylor and Francis,2021.

【思考题】

(1) 数字叙事的视角转换与非数字叙事的视角转换是否不同,为什么?
(2) 当观者的审美感知由视听转向多感官时,会对叙事视角的建构有何影响?
(3) 数字媒体技术交互性对叙事视角的影响是否会引发观者身份特征的转变?

第八讲

数字叙事声音

让我们先读一首关于声音的诗歌：

> 我常常把一种声音当成另一种声音
> 只因为它天性优雅
> 有时候它在背后响起
> 像起于松涛
> 有时全凭你的记忆
> 我常常分辨某一种声音和某一种声音
> 它悬挂在我头顶
> 放肆而乖戾
> 有时候是一阵狂风
> 有时候是一阵耳语
> 像星辰和星辰之间
> 树木和石头之间
> 一块金属落地
> 声音来自呼吸
> 来自湖心
> 来自窗帘
> 来自更远更神奇的官殿
> 惊恐不安，石破天惊
> 一分钟之内第十一次响起
> 潜行于我的内衣
> 打湿了我的前襟
> 燃遍我的全身
> 微细的、深情的——

这是我国当代诗人小海作于 1987 年的诗，题名就是《声音》[①]。它以文字的形态表现出声音的色彩、质地、形态、音效及其与环境、身体、心理、情感之间的联系，创造出属于诗人自己的"声音世界"，引领我们感受这个声音世界的丰富多彩、神奇微妙、情趣盎然。虽然这首诗不是在叙述，但是如此关于声音的抒情性表现提示了所有艺术中关于声音叙事的内在动力和潜在尺度，为我们进行叙事声音问题的分析提供了一个较为宽广的视野。在这一视野下，我们将阐述经典叙事学中叙事声音的意涵及其在文学文本之外的叙事研究中的拓展，特别是数字艺术中的声音与叙事的关联。

---

① 小海. 世界在一心一意降雪[M]. 南京：江苏凤凰文艺出版社，2022：67-68.

一、叙事声音：作为叙事文本分析的概念

在经典叙事研究中，叙事声音这一概念用以分析叙事文本中的"谁在说（讲述）"。叙事声音最简单的定义莫过于"叙事者的声音"，正如学者赵毅衡所言，"无论哪种方式，全部叙述都是叙述者的声音，因为叙述信息不可能没有叙述者而自动发出"①。

我们可以不假思索地说，叙事文本是叙述者"说"出来的，对于不同的文本整体，我们很容易辨别其讲述的"声音"之不同。譬如下面两段文字：

"久蒙关照。"七十八岁的 T 子，留下这样一张简短的字条，离开东京巢鸭的寓所，出走了。那是 6 月末的一天。再过不久，就是她七十九岁生日。她没有庆祝自己的长寿，而是静悄悄地在宇都宫的深山里自杀了。9 月 14 日，遗族们将她的遗体在宇都宫火化。

6 月末的一天，七十八岁的 T 子留下"久蒙关照"的字条，离开东京巢鸭的寓所出走，后来在宇都宫的深山里自杀。9 月 14 日，遗族们将她的遗体在宇都宫火化。

前一段是日本记者本多胜一的《死在故乡》的开头，它的"声音"节奏舒缓，基调悲凉，饱含同情。后一段是改写的，与前一段比，它的"声音"节奏更快，且少有情感色彩。这是很容易得出的总体印象，但如果要知道为什么我们会得出这样不同的印象，就需要分析叙述者如何"发声"，这就是叙事声音分析的基本任务。

叙事声音的分析多从类型划分入手，比较直观的是按照叙述者介入的程度做划分：介入的程度越深，叙事声音就越强；介入的程度越浅，叙事声音就越弱。据此可把叙述者划分为缺席的叙述者、隐蔽的叙述者和公开的叙述者。

所谓"缺席的叙述者"，"缺席"是一种比喻，因为叙述者在叙述作品中是不可能缺席的，"就是在那些最不起眼的叙事中，也有人对我说话，向我讲述故事，邀请我聆听他讲的故事"②；只是这种类型的叙述者在叙事文本中尽量不留下讲述的痕迹，可被感知的程度最小，读者几乎感觉不到叙述者的存在，难以觉察到其叙事声音。"最极端的情形是将人物语言和语言化的思想直接记录下来，甚至连'他说''他想'这样最简短的陈述也一概省略，几乎不留一点叙述的痕迹。"③ 突出的形态就是叙事中的人物对

---

① 赵毅衡. 当说者被说的时候：比较叙述学导论 [M]. 北京：中国人民大学出版社，1998：25.
② Genette G. Narrative Discourse Revisited [M]. Ithaca: Cornell University Press, 1988: 101.
③ 罗钢. 叙事学导论 [M]. 昆明：云南人民出版社，1994：218.

话，叙述者像一个速记员或一架摄像机，直接把读者领到叙事中的人物跟前而不置一词，读者仿佛是在场偷听到人物之间的谈话。

所谓"公开的叙述者"，即能够在叙事文本中明显地感觉到叙述者的存在，清晰地听到叙事声音，描写、概述、评论等是叙述者得以公开的方式。[①] 描写可以从人、物之细小的方面着手，可以是对宏阔的场面景观的再现。通过描写，叙事声音营造出特定的语境，并建构某种"主题关联"。概述实际上是叙事时间对故事（事件）时间进行压缩，叙事时间与故事时间的比例越大，就越显出人为的过程或设计结果，叙事声音也就越明显。评论即叙述者在叙事文本中对事件进行的阐释、评价、判断或反思，显然，它是最为强烈、清晰而公开的叙事声音。

所谓"隐蔽的叙述者"，介于缺席的叙述者和公开的叙述者之间，叙述者通过对声音的隐蔽化处理来介入，如顺序安排、节奏控制、背景插入、句法选择、引语方式，等等。可以说，文本的每个环节都可以是隐蔽声音的"居所"，叙述者的声音需要根据这些构成的上下文即语境来感知和捕获。

应该说明的是，在叙事文本中，叙述者的声音无论是公开的、隐蔽的，还是缺席的，不同形态之间并无高下优劣之分，这主要是由其与叙事文本整体确立的主题、追求的风格、谋求的效果的适应性而定的。譬如，一般而言，如果叙述者介入过强，声音过于外露，那么其被信任程度就大大降低，叙事的可靠性也被削弱；但是，如果这个叙事文本要的就是不可靠的效果，即让它讲述的故事被视为明显夸大的、不合情理的事情，从而获得一种戏谑的、讽刺的效果，那么这样一个不被信赖的叙述者就是必要的，与此相应的是它的声音形态可以是"过于外露"的。不仅如此，在一个特定的叙事文本中，不可能只有一种声音形态，而是多种声音形态交替、穿插、互嵌，从而使叙事表现力更为丰富。

与西摩·查特曼以叙述者介入的强度对叙事声音进行分类研究不同，苏珊·S. 兰瑟从女性主义的批评立场出发，将声音形式与意识形态（用她的书名表述就是"虚构的权威"）相联系，强调某一特定声音的权威衍生于社会属性与修辞属性的结合，其社会属性源自声音与说话时现存权力等级体系之间的关系，声音的修辞属性来自说话者在采用具体文本策略时所表现出来的技巧。当然，那些文本策略是独立于社会等级制度而存在的。兰瑟认为，尽管所有的个体女性作家对权威均不乏矛盾心态，但写作本身恰恰是以一种含蓄的方式表征了对权威的主张或至少是探求。按照她所提出的观点，小说当中存在着公开型声音与私下型声音之间的基本形式差异：叙述者若向虚构世界之外的受叙者发言则拥有公开型声音，而若向虚构世界内的受叙者发言则拥有私下型声音。在这一基础上，她区分了三种叙事声音：作者型叙事声音（Authorial Voice）、个人型叙事声音

[①] 罗钢. 叙事学导论[M]. 昆明：云南人民出版社，1994：225-230.

（Personal Voice）和集体型叙事声音（Communal Voice）。这里的三种叙事声音即三种叙事模式，每一种模式或者说叙事声音不仅各自表现了一整套技巧规则，而且表达了一种类型的叙述意识。①

作者型叙事声音是一种"异故事"的叙述，类似于常见的第三人称的叙述；个人型叙事声音则是"同故事"的叙述，类似于第一人称的叙述；集体型叙事声音指一种群体的共同声音，或者表达了各种声音的集合，类似于以"我们"为主语的叙述。作者型叙事声音要求获得最高权威，但那一主张也有可能遭遇最激烈的抵制；个人型叙事声音所主张的乃是一种较为有限的权威，对于那些缺乏既定社会权威的人来说，它们更具吸引力；集体型叙事声音的权威主张则是通过其自身与所代表的集体之间的关联而得以实现的，同时也在含蓄地挑战着西方小说中将权威与单一声音相联系的主导范式。②

虽然兰瑟的叙事声音区分是出于女性主义的批评立场，但是依然给基于其他研究目的的叙事声音分析提供了启发。譬如，针对苏州博物馆新馆的叙事研究，因博物馆与丰富而复杂的文化系统相关联，其所建构的文本可以被视为兰瑟第三种叙事声音下的产物：在苏州博物馆新馆的展陈空间叙事中，我们确实可以"听见"不同的故事发出的不同的声音，但就如兰瑟所说，"每种叙述声音轮流发话，'我们'于是在一系列互相协作的'我'中产生"③，整个博物馆回旋的主旋律和最强音是苏州本地传统文化，它突出地体现于博物馆叙事中以"吴"命名的展陈话语系统，形成了苏州城市认同的象征性文化资源。④

对叙事声音的研究产生深远影响、不断带来启发的还有巴赫金的"复调"叙事。"复调"是音乐学中的术语，巴赫金用它来说明小说创作中的"多声部"现象。他指出，陀思妥耶夫斯基的长篇小说"有着众多的各自独立而不相融合的声音和意识，由具有充分价值的不同声音组成真正的复调"。巴赫金看到，陀思妥耶夫斯基小说中多种形态的对话，无论是发生于人物的主体意识之间的公开对话，还是展开于人物的主体意识内部的内心对话，抑或是作者与人物之间的对话，最终都体现于小说的话语结构，落实于人物言语的"双声语"结构。巴赫金指出，在陀思妥耶夫斯基的人物言语中明显占着优势的，是不同指向的"双声语"，尤其是形成内心对话关系所折射出来的他人言语，即暗辩体、带辩论色彩的自白体、隐蔽的对话语体。双声语既针对一般话语的言语对象又针对别人的话语即他人言语而发。具有双重指向的双声语使陀思妥耶夫斯基小说

---

① 苏珊·S. 兰瑟. 虚构的权威：女性作家与叙述声音［M］. 黄必康，译. 北京：北京大学出版社，2002：17.

② 罗伯特·斯科尔斯，詹姆斯·费伦，罗伯特·凯洛格. 叙事的本质［M］. 于雷，译. 南京：南京大学出版社，2015：338.

③ 苏珊·S. 兰瑟. 虚构的权威：女性作家与叙述声音［M］. 黄必康，译. 北京：北京大学出版社，2002：291.

④ 陈霖. 城市认同叙事的展演空间：以苏州博物馆新馆为例［J］. 新闻与传播研究，2016（8）：49 - 66.

的对话对位艺术植根于小说话语这一微观层面。① 这种复调叙事是以自我意识为前提的。在谈到陀思妥耶夫斯基的主人公时，巴赫金说："主人公的自我意识总是以别人对他们的感知为背景。'我眼中的我'总是以'别人眼中的我'为背景。"② 由此而产生的对话，体现了人类的交流需要，超越具体话语情境中的人物对白，即两人间的言语交际，它"几乎是无所不在的现象，浸透了整个人类的语言，浸透了人类生活的一切关系和一切表现形式，总之是浸透了一切蕴含着意义的事物"③，"凡是能表现一定含义的事物，相互间也会有对话关系，只要这些事物是以某种符号材料表现出来的"④。这就使得巴赫金的基于对话关系的复调叙事，除了适用于小说叙事的分析外，还适用于所有叙事艺术，或者说所有具有叙事性的符号活动。譬如，借助互联网数字技术，参观者的叙事能够更为直接地加入博物馆叙事，于是"有可能把不同的声音结合在一起，但不是汇成一个声音，而是汇成一种众声合唱"⑤；参观者能够抛开博物馆建筑和展陈的叙事逻辑，以自我体验和自我兴趣为依据，悄然改写博物馆叙事。恰如巴赫金谈论的"复调"："不同声音在这里仍保持各自的独立，作为独立的声音结合在一个统一体中，这已是比单声结构高出一层的统一体。如果非说个人意志不可，那么复调结构中恰恰是几个人的意志结合起来，从原则上便超出了某一人意志的范围。"⑥

巴赫金的复调叙事实际上涉及叙述者的声音与人物的声音之间的关系。对这一关系的分析，可以通过对更为具体的引语方式的分析加以揭示。不同的引语方式意味着叙述者对声音的分配的不同，即叙事者通过对人物声音的编辑、转换，和人物一起完成叙事。如此，叙述者的声音与人物的声音相互渗透、相互影响，由此而形成叙事文本复杂的声音形态，生成丰富的叙事意义。国外有学者依据叙述者对人物话语的控制情况将引语分为三大类、五种，见表8-1。

表8-1　引语的分类⑦

受控程度	完全被叙述者控制	部分被叙述者控制	完全不受叙述者控制
引语形态	"被遮覆的"引语	间接引语	自由直接引语
	—	自由间接引语	—
	—	直接引语	—

自由直接引语能够让人物的声音直接、生动地呈现，表现人物的性格、心理甚至无

---

① 周启超. 复调 [J]. 外国文学，2002（4）：80-86.
② 巴赫金. 陀思妥耶夫斯基诗学问题 [M]. 白春仁，顾亚铃，译. 上海：三联书店，1988：284.
③ 巴赫金. 陀思妥耶夫斯基诗学问题 [M]. 白春仁，顾亚铃，译. 上海：三联书店，1988：77.
④ 巴赫金. 陀思妥耶夫斯基诗学问题 [M]. 白春仁，顾亚铃，译. 上海：三联书店，1988：254.
⑤ 钱中文. 巴赫金全集：第4卷：文本 对话与人文 [M]. 白春仁，晓河，周启超，等译. 石家庄：河北教育出版社，1998：356.
⑥ 钱中文. 巴赫金全集：第5卷：诗学与访谈 [M]. 白春仁，顾亚铃，译. 石家庄：河北教育出版社，1998：27.
⑦ 申丹. 叙述学与小说文体学研究 [M]. 北京：北京大学出版社，1998：276.

意识，并且无标识地进入叙述之中，融入叙述者的声音，使叙述不受阻碍地、流畅地展开。相较于其他引语形式，自由直接引语受控最少，但这并不意味着叙述者没有编辑，引语出现的位置、频次、长短等依然由叙述者决定。

直接引语同样能够凸显人物原声，展现人物说话的个性，但因为带有引导句或语词和引号，所以不能像自由直接引语那样自然地与叙述者的声音融合，"但它的引号所产生的音响效果有时却正是作者所需要的"，也能够在与间接引语的对比中控制对话的"明暗度"①，有助于刻画人物性格和暗示叙述者的情感和立场。

相比于直接引语，间接引语可以概述原话，加快叙事速度，且由于对人物话语进行了"消音"处理，能够暗示叙述者声音的权威性。

在所有引语形式中，自由间接引语最富有表现力，申丹总结出了它的四种表达优势：能有效地表达诙谐讥讽的效果、增强同情感、增大语意密度、兼间接引语与直接引语之长。②

在所有引语形式中，"言语行为的叙述体"，即"被遮覆的"引语最为突出地显示出叙述者的干预力度，因高度概括而使叙述加速，同时遮蔽人物语言的所有语义特征和语音质地，凸显出叙述者声音的权威。

我们应该看到，上述对叙事声音的研究，主要是对叙事文本中叙述者的话语策略的研究，偏重于"说"，而声音是诉诸听觉的，叙事中的"听"在叙事学研究的很长一段时间里，在叙事视角（聚焦）分析中作为感知的情况被涉及，但是没有形成系统和深入的研究。进入21世纪，这一局面开始改观，叙事中的"听"引起越来越多的关注。1998年，新西兰学者肖恩·库比特在《数字美学》中对听觉做了阐述，指出聆听有两个方面的社会特征：从声学方面看，对声音的感知与聆听在生理上是密不可分的；从编码方面看，声音客体与聆听主体的语义与工具性分离通过语言和命名的符号编码（因此也是社会编码）发挥作用。③

听觉的这种社会特征也提示了文学艺术叙事中声音分析的一个方向。2005年，加拿大学者梅尔巴·卡迪-基恩首先将声景概念与叙事理论相结合，着眼于声源与听者之间可能的关系，研究伍尔芙以城市环境为背景的叙事，阐述了其两种模式：一种是声音发自许多声源，分布于空间各处，却通过一个固定的观者被"听诊"；另一种是声音发自一个固定的声源，向分散在不同地点的"听诊者"扩散开去。卡迪-基恩通过这样的研究表明，"通过声学的而非语义学的阅读"，可以发现理解叙事意义的新方式。④

我国学者傅修延是国内首位提出听觉叙事概念的学者，他注意到古代的"聽"字，

---

① 申丹. 叙述学与小说文体学研究［M］. 北京：北京大学出版社，1998：286-287.
② 申丹. 叙述学与小说文体学研究［M］. 北京：北京大学出版社，1998：291-300.
③ 肖恩·库比特. 数字美学［M］. 赵文书，王玉括，译. 北京：商务印书馆，2007：167.
④ 梅尔巴·卡迪-基恩. 现代主义音景与智性的聆听：听觉感知的叙事研究［M］//James Phelan, Peter J. Rabinowitz. 当代叙事理论指南. 陈永国，译. 北京：北京大学出版社，2007：441-459.

除左旁有"耳"、显示信号由耳朵接收之外，其右旁尚有"目""心"，一个单字内居然纳入了耳、目、心三种人体重要器官，这说明造字者把"听"作为一种全方位的感知方式。针对文学研究中的"失聪"，傅修延提出，听觉叙事指的是叙事作品中与听觉感知相关的表达和书写，它将声学领域的"音景"概念引入文学，创建了"聆察"等将话语作为听觉叙事的研究工具，还提出了"听声类声"与"听声类形"两种听觉叙事的主要表现形态，引导人们发现听觉叙事的艺术价值。①

傅晓玲从翻译理论对词语的声响、节奏等问题的论述获得启发，梳理了听觉叙事的起源和理论基础，从英汉语言比较方面对听觉叙事策略做了总结，包括英汉语言的拟声、英汉语言的回声词、英汉语言的通感，以及汉语独有的特征等。② 对于听觉叙事的研究已不止富含语义的话语，话语的语音、语调、语气，甚至非话语的或自然的或人为的声音都成为听觉叙事的文本。总体而言，听觉叙事研究重视声音本身，同时对"听"这一行为给予更多的理论关注，这是它与跨媒介叙事研究的不同之处。听觉叙事研究强调声音本身的受众反应，更强调差异化的声音，从这种意义上说，"语音独一性"是听觉叙事的理论根基。③

二、声音作为叙事的媒介

上面我们看到的是以语言文字为媒介的叙事文本中的叙事声音，它当然包含了以声音叙事和关于声音的叙事两种内涵，但这些是"纸上"的声音，需要借助大脑的想象和"转译"而存在。就像梅尔巴·卡迪-基恩所指出的那样，叙事总是面对这样的困难，即一旦把声音变成了词语，我们就只有词语的声音，而非声音的声音了。④ 在文字发明之前，叙事以在讲故事的人与听故事的人之间口耳相传的方式展开和存储，形成共同体的记忆，口语故事既是声音主体的叙事声音，也是叙事文本的存在形态，人声是叙述事件包括模拟声音的手段。文字的发明、书写和铭刻将声音以无声的状态记录下来。

当然，即使是在今天，依然有口耳相传的方式。譬如，中国史诗就是以口头形式产生、发展并流传至今的活态史诗，这一生存状态是中国史诗与印欧史诗的主要区别。正因此，仁钦道尔吉、郎樱合著的《中国史诗》中对每一种史诗的介绍，都尽量吸收了许多民俗学研究和田野考察的成果，涉及对口传方式、说唱艺人、传唱仪式的描述。例

---

① 傅修延. 听觉叙事初探［J］. 江西社会科学，2013（2）：220－231.
② 傅晓玲. 关于听觉叙事的一个理论建构［J］. 学术论坛，2014（9）：104－109.
③ 张泽兵. 听觉叙事的问题意识与理论建构［J］. 江西社会科学，2021（11）：108－115.
④ 梅尔巴·卡迪-基恩. 现代主义音景与智性的聆听：听觉感知的叙事研究［M］//James Phelan, Peter J. Rabinowitz. 当代叙事理论指南. 陈永国，译. 北京：北京大学出版社，2007：441.

如，对各个地区不同的《江格尔》演唱习俗、禁忌的描述，对"玛纳斯奇"（《玛纳斯》的演唱者）家族谱系的介绍。小说家马原在他的名篇《冈底斯的诱惑》中写到沉默寡言的青年藏民顿珠，他在一次外出放牧遭遇种种神奇之事后，突然想唱歌，而且开口就是格萨尔的传奇，仿佛他原就从师多年学唱这部恢宏的民族史诗。《中国史诗》让我们看到，马原的这一"虚构"实际上来源于史诗传唱艺人遭遇的普遍情况，如著者所介绍，巴扎8岁时昏睡七天，梦中受托，醒来后顿悟，能够生动、流畅地说唱《格萨尔》。这种情形在多位史诗传唱艺人身上出现，被著者概括为"神授说"。这些虽带有传奇色彩，却共同说明了艺人们惊人的记忆力，也表明史诗自古以来口口相传，成为民族生活的有机组成部分，为民族身份的认同和民族文化的延续提供不绝的资源。①

除活态史诗外，另一种纯粹用声音叙事的是音乐。波兰作曲家肖邦就有四首以"叙事曲"冠名的钢琴曲。音乐是否具有音乐性、能否叙事、如何叙事在音乐研究学界有持续的研究和讨论。耶鲁大学教授帕特里克·麦克科瑞勒斯在为中国学者王旭青的《言说的艺术：音乐叙事理论导论》一书所作的序言中，介绍了音乐学界对音乐的叙事性的研究。王旭青指出，音乐表现一个完整的、具体的故事的能力可能是有限的，但是音乐具有显在或隐含的叙事特征，擅长表现各种情感状态，听者可以凭借自己的经验将不同情感状态连接起来，虚构成一连串有秩序、规律和逻辑关系的叙事情节，于是音乐便具有了叙事功能。他认为所有的音乐作品形态和样式都可被纳入音乐叙事理论的研究范畴。② 在对当代青年亚文化和流行文化颇有影响的嘻哈音乐中，rap（说唱）可谓融合了音乐叙事和口语叙事方式，如有论者指出，"说唱形式最显著的特点即在于叙事性与节奏感"③；而当嘻哈音乐被《汉密尔顿》这样的音乐剧采用的时候，更是在音乐、说唱与其他艺术方式的混合中，承担了独特的叙事功能。

在有关录音和相关传输技术发明之前，声音叙事很难像语言文字一样通过印刷固定在纸上形成稳定的文本，因此其研究也受到了限制。近代技术变革之后，凭借电磁录音和传输技术，声音可以被随意复制、再造与传播，在时间和空间维度上都摆脱了发声源头的在场制约，进而实现了商业化乃至文化市场上的交易与消费，这使对声音叙事的注重与标举成为可能。譬如，传播史上经典案例之一，1938年10月30日美国哥伦比亚广播公司（CBS）以万圣节剧的形式在空中水银剧场播出的广播剧《世界大战》（又名《火星人入侵地球》《火星人入侵》）就非常生动地表明，无线电广播用声音讲述故事在现代社会能够产生意想不到的效果。在这个节目中，主持人播报的声音和所谓现场记者报道的声音的连接，构筑了整个叙事框架；外星人奇异的叫声、爆炸声、受伤的呻吟

---

① 陈霖. 蔚为壮观的中国史诗［N］. 中华读书报，2017-5-24（10）. 系对仁钦道尔吉、郎樱合著的《中国史诗》（江苏凤凰文艺出版社，2017）的书评.
② 王旭青. 言说的艺术：音乐叙事理论导论［M］. 北京：人民音乐出版社，2013：11.
③ 李晓昀，李晓红. 嘻哈、移民与多元文化：音乐剧《汉密尔顿》的"革命性"与"美国梦"解读［J］. 戏剧艺术（上海戏剧学院学报），2020（2）：120–131.

声、警笛声、风声、粮仓燃烧的声音,等等,被安置于叙事人的讲述的不同位置,不仅完成了情景再现,而且塑造了具有沉浸效果的听觉环境,同时也制造了悬疑,推动了故事的发展。如果说"火星人入侵地球"是一个过于耸人听闻的特例的话,那么在此之前,对无线电广播这一现代媒介技术非常敏感的思想家瓦尔特·本雅明,已经在他自己的一段广播实践中充分自觉地利用口语展开叙事,并形成了一般性的准则。在本雅明看来,无线电播放的文本必须与媒体的技术特性相呼应,而为了充分利用技术潜力,讲故事的基本原则被提到"前台"。他在柏林电台主持一档儿童节目时,尝试着使用特别的叙事方式,刻意创造出年轻听众也能理解且富有趣味性和娱乐性的故事。在故事主题上,他认为同样需要根据电台作为声音媒体的特点来确定,他选的主题包括冒险或奇怪的人物、骗子和走私者、从古至今的灾难、旅行报告、童话、动物故事,等等。①

随着电影、电视的出现,尤其是电脑和计算机技术的运用,声音作为媒介被置于更为综合的应用之中,声音的研究在技术和文化上都得到重视,对声音叙事的关注也成为不可或缺的部分。电影(从默片结束以后直到今日)无疑是其中最突出的领域。

技术是一个重要的观察角度。有学者在评论美剧《双峰》的文章里首先注意到:笼子里的八哥"说话"了,它"激活"了一台录音机,用腹语模仿了死去的劳拉·帕尔默的声音;老市长对这一台不停出错的麦克风说:"这东西开着吗?"然后,市长的声音被一个巨大而深邃的声音取代;这个声音是对戴尔·库珀探员的警告,但库珀听不到这个声音;一台留声机在被调查的谋杀案中重复播放着空灵的音乐,而在其他地方,一个郊区家庭的另一台唱片机重复播放摇摆乐,这是第二起谋杀案的背景音乐。文章指出,在上述所有的例子中,声音技术都发挥了关键作用,它不仅仅是道具或背景元素,而是具有能动性。这些技术也表明,《双峰》中不仅有各种古怪的人物、地点和多线叙事,而且从根本上关注并依赖声音通信技术。②

再就是符号的观察角度。有学者从这一角度出发,提出现代电影的能指包括五种物理形式:形象、被记录的言语音声、被记录的乐声、被记录的杂音和书写物的图形记录。③ 这种认识把有声电影中的声音元素分解为了语言、音乐和音响,对电影利用声音展开叙事的特点的研究由此获得了符号学基础。美学家肖恩·库比特认为,在电影声音中,音乐具有一定的独立于电影自主叙事的功能,对话才是叙事的核心要素。④ 确实,很多电影的音乐或配曲成为传世名作。但是,当在一部电影中出现时,它的自主性或许主要体现为独一性,因为它不可替代,且与其他声音方式"并肩作战",共同辅助影像

---

① 康在镐. 本雅明论媒介[M]. 孙一洲,译. 北京:中国传媒大学出版社,2019:77-84.
② 迈克尔·戈达德. 电话、录音机、麦克风、留声机:《双峰》声音技术的媒介考古学[EB/OL]. [2021-05-12]. 陈荣钢,译. https://mp.weixin.qq.com/s/2tlxedLEgjwN89gTmkGPWg.
③ 克里斯丁·麦茨. 电影与方法:符号学文选[M]. 李幼蒸,译. 北京:生活·读书·新知三联书店,2002:95.
④ 肖恩·库比特. 数字美学[M]. 赵文书,王玉括,译. 北京:商务印书馆,2007:195.

对故事的讲述,如法国导演奥利维耶·特雷内 2010 年拍摄的短片《调音师》,其中的钢琴曲(系肖邦作曲)给人留下了深刻的印象,而这不只是因为乐曲本身的美。譬如,电影以优美舒缓的旋律开场,画面锁定于只穿着裤衩的主人公在弹奏钢琴,琴声最后被一声异响(后来我们知道那是钉枪声)打断。音乐与异响,演奏者与钢琴,声音的反差,画面的对比,营造了一个充满悬念的场景,不仅将观众带入其中,而且蓄足了叙事展开的动力。无论是从技术角度还是从符号角度,电影运用声音展开叙事具有非常多值得研讨的问题。譬如,有人深入分析了惊悚悬疑类电影中声音对于叙事的重要意义,从声音的符号刻画、音响和标志音的时空建构、声音节奏、画外空间声音叙事等方面呈现了声音的多元叙事效果。[①] 还有人关注电影声音的主观处理,即电影创作者们根据对影片内容、形式等方面的理解,对声音进行主观性加工和处理,从而达到某种特定的艺术效果,使声音元素能够最大限度地服务于影片叙事,指出"声音的主观处理已经成为一种重要的声音创作手法和叙事手段,现代电影也越来越强调这种主观创造带来的艺术效果"[②]。

除了电影领域外,作为媒介的声音在各种叙事中的作用都获得了广泛的研究。譬如,近些年来在我国学界,有人注意到有声读物中的声音叙事表现出的强大叙事潜力和能力,对其中不同的声音形态、声音传递和听觉环境中的独特叙事手段和阐释功能都做了详细的分析,认为有声读物传递的声音世界迥异于文本表达的现实"呈现"命题,而是指向阅读音景的现实"再造",它拾回了听觉认知途径,为阅读活动开辟了新的认知场域,而这种声音场域本质上为听者提供了一套听觉叙事装置。[③] 还有学者注意到,新闻中的声音元素已经超越了传统意义上的声画关系,嵌入到数据、视觉、真相等问题的深层结构中,谱写了一幕幕极具表现力和冲击力的声音"景观"。在真相方面,人声和环境声提供不为人知的新闻线索和证据,音乐和音效则致力于营造一种故事化的、戏剧性的感知"景观",以此讲述新闻事实,并强化新媒体消费情境下用户认知的代入感和认同感;在视觉方面,携带不同的意义的声音音色、响度、音调等,在特定的声画结构中承载着推进情节发展和深化主题的叙事功能;在数据方面,借由可听化,将数据关系转换为一种声音关系或声音"景观",最终"通过声音的方式"讲述数据故事。[④] 还有人基于玩家视角的游戏体验,从角色对话或独白以及音乐和音效两个方面分析了大型电子游戏中的声音叙事功能。[⑤]

上述这些已经表明,当现代科技手段使声音能够被制造、复制、传输而不必借助印

[①] 徐艺铭. 惊悚悬疑类电影的声音创作研究:以新世纪国产惊悚悬疑类电影为例[J]. 现代电影技术,2020(9):13–18.
[②] 张歌. 声音叙事中的隐性表达:浅谈电影声音主观处理的几种手法[J]. 电影评介,2014(22):42–44.
[③] 周小莉. 有声读物中的声音叙事策略研究[J]. 科技与出版,2022(2):40–46.
[④] 刘涛,朱思敏. 融合新闻的声音"景观"及其叙事语言[J]. 新闻与写作,2020(12):86–82.
[⑤] 邵萍. 大型电子游戏的数字叙事[J]. 出版科学,2016(3):106–109.

刷的文字加以"转译"时,声音本身的叙事潜力就能被释放出来,成为各种艺术创造中直接诉诸听觉的存在。这在数字艺术中体现得更为鲜明,形态也更为复杂多样。

三、数字艺术的声音叙事

数字叙事的声音问题,表现为叙事的声音和声音的叙事的密切关联问题。经典叙事学以来的叙事声音分析,在依然有其适用性的同时,也必然遇到挑战并需要做出修正。在许多数字艺术中,声音都是艺术家需要特别考虑的一个元素,而其间的声音艺术因为对声音的基本处理,包含了声音与叙事的丰富关联性,因此我们将集中关注声音艺术。

声音艺术其实是一个不确定的概念。按照美国艺术家艾伦·里希特的说法,它包括三个方面的内容:第一,它是一个装置性的声音场域,该声音场域的设置是以空间(或者声音性的空间)而非时间为基准的。同时,这个装置性的声音场域是以视觉性的艺术作品的方式进行展示的。第二,它是一个兼具发声功能的视觉艺术品,比如声音雕塑。第三,它是由视觉艺术家利用非传统视觉艺术媒介制作的声音,作为艺术家的特定美学追求和表达的一种延伸。① 这一表述突出了声音艺术与视觉的关系,也印证了萨姆·哈利戴在论述声音的现代性时所指出的,"现代主义中的声音无论以哪种艺术形式出现,都不可缩减为单一的声音";相反,在其以"实在的"声音居于中心的时候,它最好被设想为其他感官现象的配置,如触觉和视觉在其周边活跃着,"声音总是缠绕于跨感官矩阵之中"②。我国学者张伟注意到声音与视觉之间的关系,以及其中声音的叙事功能,指出声音对图像叙事的命名定位、信息弥合、时空转换、情感建构等功能为声音叙事的现代转化提供了发展平台,而声音叙事代表着一种在场的直接关注,它所创构的叙事意义是对视觉图像的形象描绘和有力补充。③ 这些为我们理解声音艺术的叙事特征提供了方向。

首先,声音艺术往往通过装置艺术的形式呈现,因此其间的叙事显示出突出的空间性。艺术家拉斐尔·洛扎诺-海默2013年制作的《声音隧道》,是一个在纽约市公园大道隧道里展示的大型交互装置。该隧道的第33街到第40街已有近200年的历史,因为这一装置艺术而首次对行人开放。可以说,艺术家通过声音激活了一个物理空间,同时让更多的人参与进来,用自己的声音重构这个空间。该装置使用了300个剧院射灯,沿

---

① 艾伦·里希特. 何谓声音艺术 [C]. 王璜生,编. 杨梦娇,译. 上海:同济大学出版社,2013.
② Halliday S. Sonic Modernity: Representing Sound in Literature Culture and the Arts [M]. Edinburgh: Edinburgh University Press, 2013: 3.
③ 张伟. 现代视觉艺术的"图-声"叙事及其审美建构 [J]. 华南师范大学学报(社会科学版),2017(1): 168-174.

着隧道墙壁和弯曲的天花板分布，制造出闪烁灯光的垂直光柱。所有的灯具都安装在墙壁旁边的地板上，彼此相距约 2.1 米。同时，隧道内设置了 150 个扬声器，与闪烁的灯泡同步工作。每盏灯的光亮强度由参与者的语音记录自动控制，参与者对着隧道中间的一个特殊对讲机说话。沉默被表示为零强度，说话按比例调节亮度，创造出类似摩斯密码的闪光。一旦录音完成，计算机对其进行循环播放，不仅在最接近对讲机的灯具中播放，而且在一个在线扬声器中播放。当新的人参与进来时，旧的录音就会被推到灯阵中的一个位置。这样，装置的"记忆"总是被回收，最旧的录音在隧道的边缘，最新的在中间。在任何时候，隧道都是由 75 名游客的声音照亮的。一旦有 75 名人在你之后参与，你的录音就会从隧道里消失。这意味着声音的接力创造出空间的绵延，叙事也在其间流淌，"通过调节光和声音创造一个暂时的记忆和思想碎片的叙事"①。

声音叙事的空间性与声音本身的物理特性和身体性密切相关，参与者在这里发出自己的声音，意味着这是行动的身体，也是感知的身体，还是叙事的身体。正如肖恩·库比特所指出的那样，声音如果不是被包容在耳机或个体化的空间里，那么你就必须走近、进入、穿越它；在你进入声音时，你的身体会微妙地改变周围的声音，而声音也将穿过你的身体。即便如此，这个空间的开放性与其建筑特质将变得明显：开放的音景是你和其他人共存其中的世界。这种亲密与公开的结合是舞蹈的空间，是丰富的交流与共享性的空间。② 2021 年 1 月，由欧宁主持的"地方音景：苏州的声音地理"展在苏州寒山美术馆展出，它通过多种声音形态的声音艺术装置，很好地诠释了库比特所说的声音空间。这个展览的独特之处在于，它不是根据策展人的意图将已经准备好的作品布置在展览馆里，而是在发起人和主持人的组织、引导下，参加者围绕展览主题进行田野调查和艺术创作后进行的。于是，展览成为作品生成的机制。这一机制促成了声音的社会性编码，并由此提供独特的城市感知基础框架。参与者们以声音艺术发现、重建地方，其前提是融入地方，体验和感知地方生活的原生场景，与大量具有可塑性和富有形式潜能的声音材料相遇。③ 可以说，这次展览的声音艺术，通过叙事的空间性创造了丰富的连接，从而开掘和拓展了虚拟空间与现实空间的交织的层次、深度以及公共性。声音叙事的空间性使声音艺术的展示总是成为一次公共事件而促成空间共享，凸显出声音叙事的社会性或社区性。

其次，声音艺术中的叙事总是体现了不完整性与体验性的辩证。不完整性是指它不会讲述一个有头有尾、引人入胜的故事，叙事只是以片段或碎片的方式呈现；而体验性则是指参观者在这样的碎片化叙事中体验到属于其个人的故事。艺术家本·鲁宾和统计

---

① 克里斯蒂安妮·保罗. 数字艺术：数字技术与艺术观念的探索：原书第 3 版 [M]. 李镇，彦风，译. 北京：机械工业出版社，2021：235.
② 肖恩·库比特. 数字美学 [M]. 赵文书，王玉括，译. 北京：商务印书馆，2007：208.
③ 陈霖. 数字时代的艺术：构建城市感知的界面 [J]. 探索与争鸣，2021（8）：130－140.

学家马克·汉森在 2002 年至 2005 年合作完成的《监听站》(Listening Post)，是可视化互联网聊天室对话艺术装置。① 它使用定制的计算机程序自动收集成千上万的聊天室和公告栏对话。该项目只针对公开的交流，而不指向私下的对话。然后，软件将对话分解成更小的短语，并显示在由 231 个真空荧光文本显示器组成的悬挂网格上。这些显示屏以约 3.66 米高、6.4 米宽的格式悬挂，分为 11 行和 21 列。微小的信息堆积成文字，然后冲向前方，屏幕上的文字越来越长，直到整个屏幕阵列像一片灿烂的光。同时，艺术家通过语音合成器将一些短语语音化，用播音员的声音一个接一个地吟诵单词和句子。这些从网络海洋中截取的词语，譬如"我是""我喜欢""我爱""我想"等，连同具体的内容，组成"我爱沙滩"等，它们原本都跟一个故事相连——一段记忆，一次邂逅，一场恋爱，"监听"是截取，也是中断。观看和聆听，则触发修复和连接的机会与想象，哪怕不能完成，实际上确实也不可能完成。参观者可能从最初的惊奇到逐渐失望再到彻底疲惫——这在另一维度上建构起一种叙事。于是，在声音这一感官超载的体验中，没有完整的故事能够建立起来，或者看似完整的故事很快崩塌。于是我们看到，这种叙事体验中叠合了反叙事的力量。不管怎样，正如弗卢德尼克的认知叙事学所强调的，"人类意识及体验性成了关注的重点"，"不仅将人格（personhood）视为叙事性的本质所在，而且还将其视为读者赋予叙事的核心框架。这一框架可以有效地协助读者对文本加以叙事化处理，从而使我们能够应对那些极其缺乏行动序列的文本，或是那些无法准确加以标准化分类的叙述者"。②《监听站》让观众面对的正是"缺乏行动序列的文本"或"无法准确加以标准化分类的叙述者"。

在这样的叙事体验中，声音是进入地方的一个入口，而并不锁定一个地方；声音是出发点和目的地之间的一段行程，不同的力量在其间汇聚、交接、联系、互动、博弈，混杂而又充满活力，毫不确定而又有无限可能。郑丽虹、范炜焱制作的声音装置《竹吟》③，则以更为温和的方式给人以同样的非连贯体验。该作品以竹子为媒介，诠释苏州独特的人文景观。宋元以后，竹子被苏州人演绎出新的内涵，与丝、水交融而成的竹的意象，在昆曲的水磨调中浮露，成为风物和精神的象征，可谓凝结着苏州的精致生活方式。作品的声音采集围绕着"江南丝竹"展开：整理丝线产生的丝竹摩擦声、织布中反复出现的丝竹碰撞声，以及尺八、笛声、古琴、昆曲……这些混合叠加的丝竹之音，被混编在巨大的盒形装置里，循环演绎。但是，丝与竹的共鸣在"网格"秩序的束缚中听起来似乎越来越不和谐，不可言说的美妙成了循环的复读，尽管若隐若现的音

---

① 玛戈特·洛夫乔伊. 数字潮流：电子时代的艺术［M］. 徐春美，杨子青，冷俊岐，译. 北京：中国轻工业出版社，2019：171.

② 罗伯特·斯科尔斯，詹姆斯·费伦，罗伯特·凯洛格. 叙事的本质［M］. 于雷，译. 南京：南京大学出版社，2015：327.

③ 寒山美术馆. 地方音景：苏州的声音地理［EB/OL］.（2021-01-19）［2022-03-05］. https://mp.weixin.qq.com/s/YMi9lYjoh2zckCdgNqp1nA.

符依然在努力交织、穿梭、跳动,却变得越来越不确定。于是,人们从这里听取的关于城市的记忆似乎已难以归位。因此可以说,这一装置"编织出一个地理艺术品,这个地理艺术品理解时间的流逝是历史的本质:一种离散艺术"①。

再次,声音艺术中的声音,不仅诉诸听觉,而且每每被处理为一种触发器,触发身体的行动,制造或大或小的事件,生成具有统觉性的叙事。美国弗吉利亚大学副教授斯蒂芬·切拉索在讨论数字声音艺术实践时也指出:"声音的体验并不限于单一的感官。事实上,视觉、听觉和触觉(有时还有嗅觉和味觉)的融合,在一定程度上使声音的互动如此令人着迷和引人注目。"② 许多数字声音艺术的创作,都很自觉地追求释放声音的多感官潜力,从而将叙事的建构建立于具身感知的基础之上。2004 年,艺术家乌斯曼·哈克在英国国家海事博物馆展示了装置艺术《天空之耳》。由手机和氦气球组成的发光"云"被释放到空中,这个 30 米长的"云"由 1 000 个超大的氦气球组成,每个气球含有 6 个超亮的 LED(混合后可形成数百万种颜色)。气球之间可以通过红外线进行交流,这使它们能够发送信号,在整个天空中创造更大的图案,因为它们能对电磁环境(由远处的风暴、移动电话、警察和救护车收音机、电视广播等产生)做出反应。当人们在地面上使用手机向在他们上方 100 米处飞行的"云"打电话时,他们能够聆听到遥远天空中的自然电磁声音(包括呼啸声和球体声)。他们的移动电话呼叫改变了当地的赫兹地形;云内电磁场的这些干扰改变了气球云的发光模式;传感器网络内的反馈产生了光的涟漪,让人联想到隆隆的雷声和闪电的闪光。这一将电磁波谱可视化与可听化相结合的艺术过程,既是艺术家的装置艺术,在某种意义上也是参与者的行为艺术,参与者或参与者的体验与行动密不可分,他们既发出声音,也听见和"看见"声音,自然与人为呼应,身体与机器互动,见证并促成了一个艺术事件的"讲述",形成了关于人与自然、科技的关系的叙事。

我们看到,声音艺术叙事的统觉性也意味着一些边界的拆除或者说打通,即通过对新媒介技术可供性的开掘,将人的感知拓展到更为广阔的领域,建立更为丰富的联系。声音艺术家张安定在参加欧宁主持的"原音:太原的地方声景"展中创作的作品,显示了这方面的自觉意识。用艺术家张安定自己的话来说,他是将声音艺术"作为具体可进入的历史空间、生活空间和身体空间,从而借由声音通往当下具体的生活世界和情感体验,达成一种新的地方想象的可能性"③。为此,他选择了太原千渡长江美术馆所在的东山晴社区及其周边街道作为田野区域,展开田野聆听与想象和即兴的声音行为,完成以《露台》为题的一组(共四件)作品:《这是什么地方?》《想象的风景 I》《想象

---

① 肖恩·库比特. 数字美学[M]. 赵文书,王玉括,译. 北京:商务印书馆,2007:201.
② Ceraso S. Sound Practices for Digital Humanities. Digital sound studies[C]. Durham: Duke University Press, 2018: 250 – 266.
③ 王婧. 用声音艺术想象地方的可能性[EB/OL]. (2022-02-22)[2022-03-05]. https://mp.weixin.qq.com/s/K6IEyjJtgnYpwNQzqWfXKA.

的风景 II》《回家的路》。他把美术馆四楼面对东山晴社区的户外露台建构为展开地方想象的特定场所，以灯光、装置、声音、音乐、影像、文本等媒介形式吸引观众和社区居民站在露台上环望仍在建设中的东山晴社区，让他们在感受、触摸、发问、交谈中重新聆听、观察、叙述和想象这个社区，由此形成的叙事统觉性实际上也强化了艺术家与参观者的联系。这种叙事统觉性不是对地方感的简单指认，而是被用以丰富地方的历史流动，使人意识到地方作为一个多层次的构成，一个动态的声音构成的领地，具有多维性、复杂性和流变性。只有通过声音的感知，我们才能更加充分地感受和体验地方。

本讲小结

在经典叙事研究中，叙事声音这一概念主要用以分析叙事文本中"谁在说（讲述）"的问题。研究者通过不同的角度对叙事声音进行分类，考察叙述者的声音与人物的声音之间的关系，由此分析叙述者的话语策略。而叙事中的"听"只在叙事视角（聚焦）分析中作为感知的情况被研究，没有形成专门和深入的研究。听觉叙事研究将声学领域的"音景"概念引入，创建了相应的研究工具。随着媒介技术的发展，声音开始可以被随意复制、再造与传播，作为媒介的声音也被置于更为综合性的应用之中，释放出更大的叙事潜力，这在数字艺术中体现得更为鲜明，也更为复杂多样。其中，声音艺术以对声音的基本处理所呈现的特征，包含了声音与叙事的丰富关联，使声音艺术中的叙事体现出空间性、不完整性与体验性的辩证，以及统觉性的生成。

【延伸阅读书目】

（1）苏珊·S. 兰瑟. 虚构的权威：女性作家与叙述声音 [M]. 黄必康，译. 北京：北京大学出版社，2002.

（2）钱中文. 巴赫金全集：第4卷：文本 对话与人文 [M]. 白春仁，晓河，周启超，等译. 石家庄：河北教育出版社，1998.

（3）王婧. 声音与感受力：中国声音实践的人类学研究 [M]. 杭州：浙江大学出版社，2017.

（4）肖恩·库比特. 数字美学 [M]. 赵文书，王玉括，译. 北京：商务印书馆，2007.

【思考题】

(1) 经典叙事学理论如何分析叙事者与叙事声音之间的关系?
(2) 媒介技术的发展为声音在叙事中的应用提供了哪些可能?
(3) 数字艺术中的声音艺术为数字叙事提供了哪些值得探讨的话题?

第九讲

数字叙事结构

第九讲　数字叙事结构

叙事结构是经典叙事学的结构主义思维方式和研究旨趣的集中体现。在经典叙事学中，结构不是文本直观的建构形式——组织和安排材料并将片段缀合为整体的方式，而是通过分析情节的组合"向我们展示相似的故事所共有的结构特征"①。与叙事结构这一概念含义相当的还有叙事模式这一概念。学界对叙事结构的研究有各种取向，从最广义的叙事与话语的区分到叙事视角的聚焦与叙事声音，都涉及叙事结构问题。本讲我们主要从情节的安排入手谈论结构问题。俄罗斯理论家普罗普对俄罗斯民间故事的研究，为这种叙事结构的研究提供了最初的范例，给后来的研究者以启发。由于结构主义的思维方式预设了一个稳定不变、可以把握、封闭自足的文本整体，所以在强调去中心、反逻辑、反结构的后现代主义与解构主义那里，必然遭到否定。进入数字叙事时代后，超文本、电脑游戏、数字艺术等叙事文本以其叙事的不确定性、生成性和开放性，使经典叙事学的叙事结构分析显得难以为继。但是，对作为数字叙事基础的程序、算法、数据库的探讨，又在某种意义上与经典叙事学追寻"共有的结构特征"的旨趣和思维相类似。因此，当我们观察和讨论数字叙事的结构问题时，依然要回溯到经典叙事学的结构观念和方法，从中获得启发，并感受这一概念的生命力。

一、功能与原型

对叙事结构进行研究，必须回顾普罗普的《故事形态学》，正如研究叙事学必须溯源到费迪南·德·索绪尔的《普通语言学教程》。出版于1928年的《故事形态学》在1958年被翻译成英文后才产生世界性的影响，就像出版于1915年的《普通语言学教程》在1959年被翻译成英文后才引起更广泛的关注。但是，《故事形态学》的第一个英译版本有一个无法忽略的缺憾（当然是人们后来意识到的），用普罗普自己的话来说就是译者"过于自作主张"，"野蛮地删去了"原书每一章对歌德名言的引用。要知道，这些引用不仅表达了作者对歌德的崇敬，而且与书名"形态学"的来源相呼应，透露了普罗普的研究思想、方法的根基。人们可能难以想象，这个对民间神奇故事进行研究的专著，其"形态学"的命名借自歌德，而歌德正是以这个命名将植物学和骨学结合起来的。所以，这一命名加上对歌德名言的引用，表达了作者这样的信念："自然领域与人类创造领域是分不开的。有某种东西将它们联结起来，它们有某些共同的规律，可以用相近的方法来进行研究。"②《故事形态学》从俄罗斯民间故事中选择了100个神奇故事作为研究对象。顺便提一下，书名原来叫《神奇故事形态学》，但是出版社编辑为

---

① 华莱士·马丁. 当代叙事学 [M]. 伍晓明，译. 北京：北京大学出版社，1990：124.
② 弗拉基米尔·雅可夫列维奇·普罗普. 故事形态学 [M]. 贾放，译. 北京：中华书局，2006：179-180.

了赋予该书更大的意义,删去了"神奇"二字,这也造成了一定的误解,让人们以为普罗普的研究结果与他的研究目标并不相称。

如果以最简要的文字概括《故事形态学》的内容,即为31种功能项、7个行动圈、4个关于功能的原则。普罗普首先让我们注意到下面这些故事:

1. 沙皇赠给好汉一只鹰。鹰将好汉送到了另一个王国。
2. 老人赠给苏钦科一匹马。马将苏钦科驮到了另一个王国。
3. 巫师赠给伊万一艘小船。小船将伊万载到了另一个王国。
4. 公主赠给伊万一枚指环。从指环中出来的好汉们将伊万送到了另一个王国。

从这些例子中可以看出不变的因素和可变的因素,变换的是角色名称和物品,不变的是他们的行动;故事常常将相同的行动分派给不同的人物。普罗普将这些不变的行动称为功能,"指的是从其对于行动过程意义角度定义的角色行为"①。根据角色功能来研究故事,普罗普抽象出31种功能项:一位家庭成员离家外出;对主人公下一道禁令;打破禁令;对头试图刺探消息;对头获知其受害者的信息;对头企图欺骗其受害者,以掌握他或她的钱财;受害者上当并无意中帮助了敌人……这些功能项在逻辑上按照一定的范围联结起来,这些范围整体上与完成者相对应,构成了行动圈。普罗普画出了7个行动圈:对头(加害者)的行动圈;赠与者(提供者)的行动圈;相助者的行动圈;公主(要找的人物)及其父王的行动圈;派遣者的行动圈;主人公的行动圈;假冒主人公的行动圈。② 普罗普通过研究,发现了神奇故事功能的4个原则:这类神奇故事的功能稳定不变,构成故事的基本组成部分;功能项数目有限;功能项排列顺序同一;所有神奇故事按其构成都是同一类型。

在后来的研究者看来,普罗普的这一研究最重大的突破是,他论证了在叙事作品中最重要的和起统一作用的因素不是来自故事中的人物,而是人物的功能和他们在情节中所起的作用。③ 这样,对叙事作品的研究,关注的重点不再是人物及故事内容,而是关系和形式,是诸如功能项这样重复不变的东西,这正是结构主义的旨趣之所在。所以,当《故事形态学》被重新发现,以结构主义为思想方式的经典叙事学家们可谓如获至宝。克洛德·布雷蒙、A.J.格雷马斯等人,深受普罗普启发,继承并修改了普罗普的叙事结构,形成了新的探索。

克洛德·布雷蒙于1966年发表在《交际》杂志上的文章,认可普罗普的功能概念,认为这是叙事的基本单位,三个功能构成一个序列,但这些功能在序列中并不要求前一个功能起作用后,后一个功能一定要跟随起作用。相反,开始序列的功能出现以后,叙述者可以使这个功能进入实现阶段,也可以将它保持在可能阶段。这就是说,叙事充满

---

① 弗拉基米尔·雅可夫列维奇·普罗普. 故事形态学 [M]. 贾放,译. 北京:中华书局,2006:17.
② 弗拉基米尔·雅可夫列维奇·普罗普. 故事形态学 [M]. 贾放,译. 北京:中华书局,2006:73-74.
③ 特伦斯·霍克斯. 结构主义和符号学 [M]. 瞿铁鹏,译. 上海:上海译文出版社,1987:67.

选择和可能性，这也就意味着叙事的无限多样，但"任何叙事作品相等于一段包含着一个具有人类趣味又有情节统一性的事件序列的话语，没有序列，就没有叙事"。基于此，他抽象出叙事的两个基本过程（图9-1），改善或者恶化以不同的方式组合成了叙述圈①。

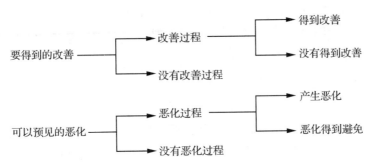

图 9-1　克洛德·布雷蒙抽象出的两组叙事序列

在具体描述这样的过程时，布雷蒙将普罗普的人物角色功能表述为使动者或被动者的行动。改善过程的使动者行动包括任务的完成、同盟者的干预、对敌的消除、协商、打击、偿报——酬报和惩罚；恶化过程的使动者行动包括失误、债务、牺牲、遭受的打击、惩罚。我们可以看到，与普罗普对功能的界定不考虑行为人物不同，布雷蒙强调了行为无法与采取它的人物分开；与普罗普的功能序列相比，布雷蒙的叙述圈显然更加抽象；普罗普将研究结论限定于俄罗斯神奇故事这一特定文类，而布雷蒙则将研究扩展到所有叙事。

另一位叙事学家A.J.格雷马斯从普罗普的理论中获得启发，进行叙事结构的探索，他通过将语言学的语法研究引入叙事学，对普罗普的角色功能概念进行了改造。在1969年发表在《人文》杂志上的《叙事语法的组成部分》一文中，格雷马斯从简单叙述语句的分析着手，将行为作为现实化的过程称为功能，将行为的主语作为行动过程的潜在力量称为行动元。② 在《行动元、角色和形象》一文中，格雷马斯说得更明白："根据普罗普对俄国民间故事的描写，我们建议对戏剧人物从语言学角度进行再解释，这首先就要区分行动元和角色两个概念。行动元属于叙述语法，而角色只有在各个具体话语里表达出来时才能辨认。"③ 通过这一概念，格雷马斯提出了两两相对的6个行动元：主体（充满欲望的存在物）与客体（被想象的存在物）；施动者（影响情节的决定力量）与接受者（矛盾终结时可能的承受者）；帮助者（帮助主体实现欲望）与对抗者

---

① 克洛德·布雷蒙. 叙述可能之逻辑［M］//张寅德. 叙述学研究. 北京：中国社会科学出版社，1989：156－157.
② A. J. 格雷马斯. 叙事语法的组成部分［M］//张寅德. 叙述学研究. 北京：中国社会科学出版社，1989：104.
③ A. J. 格雷马斯. 行动元、角色和形象［M］//张寅德. 叙述学研究. 北京：中国社会科学出版社，1989：119.

（制造障碍，阻滞欲望的实现）。与前面提到的普罗普的 7 个行动圈相比，格雷马斯以更二元对立的方式对行动元素进行了抽象，更重要的是，这种抽象将普罗普对人物角色的考虑撇开了，更专注于对结构关系的描述。

米克·巴尔在评述了格雷马斯的行动元结构之后提醒我们，"这里提出来的模式是结构性的：它描述了一个结构——不同种类的现象之间的关系——而主要不是现象本身"；"将我们上面所概括的模式看作唯一可行的模式显然是荒唐的"①。这一评述不仅适用于格雷马斯的模式，而且适用于所有对叙事结构或模式的描述。对叙事结构或模式的描述有很多种，影响深远的除了普罗普及其法国的追随者们外，还有"倾向于追随诺思罗普·弗莱和约瑟夫·坎贝尔的批评路线"②。

弗莱和坎贝尔的批评路线被称作原型批评或神话—原型批评。这类批评以卡尔·荣格的集体无意识观念、詹姆斯·乔治·弗雷泽的神话和仪式原型理论、恩斯特·卡西尔的符号象征学说为思想来源，探究人类叙事中潜藏的深层文化心理结构。弗莱 1957 年发表的《批评的剖析》阐述了原型批评的主张。弗莱首先指出了文学上的 3 种神话结构和原型象征，即未经置换变形的原生神话、传奇（浪漫）的神话和写实的神话；继而解释了文学的主要叙述模式，分别对应春天的喜剧、夏天的传奇、秋天的悲剧、冬天的反讽和嘲弄。而在每一种模式之中，都有一些原型会反复出现。譬如，在阐述夏天的传奇模式中，他提到作为原型的洪水：从瓦格纳的歌剧《尼伯龙根指环》到科幻小说，我们都可以发现洪水原型的广泛运用。这一原型通常以一种宇宙性灾难的形式呈现出来，它摧毁整个虚构的社会，仅仅一小部分人远离不幸，这一部分人在某个避难场所开始新生。③ 坎贝尔的《千面英雄》出版于 1949 年，该书的整体结构就是一个英雄叙事，"英雄的历险"包括启程、启蒙、回归；宇宙发生循环之后，还有"英雄的转化"。坎贝尔论称，取自多种不同文化的神话、民间故事乃至梦都显示出同样的基本模式，他将此形式命名为"单元神话"（Monomyth）。④

可见，神话—原型批评将叙事结构分析大为拓展，使其具有整个文学和文化传统的属性；具体的文学作品在这个宏大的文学或文化系统结构中，均有其自身的地位。在神话—原型批评家那里，神话或原型作为一种隐喻，是一种稳定的对外在事物的认知方式、认知角度和认知结果，它和集体无意识一样沉淀在人类心灵的深处。神话或原型"把我们个人的命运纳入整个人类的命运，并在我们身上唤起那曾使人类摆脱危难，度过漫漫长夜的所有亲切力量"⑤。

尽管从时间上看，神话—原型批评早于结构主义批评，甚至后者的潮涌意味着前者

---

① 米克·巴尔. 叙述学：叙事理论导论［M］. 谭君强，译. 北京：北京师范大学出版社，2015：196 – 200.
② 华莱士·马丁. 当代叙事学［M］. 伍晓明，译. 北京：北京大学出版社，2005：84.
③ 诺思罗普·弗莱. 批评的剖析［M］. 陈慧，袁宪军，吴伟仁，译. 天津：百花文艺出版社，1998：248.
④ 华莱士·马丁. 当代叙事学［M］. 伍晓明，译. 北京：北京大学出版社，2005：80.
⑤ 叶舒宪. 探索非理性的世界［M］. 四川：四川民出版社，1988：55.

的退场，但是在叙事结构或模式的研究上，二者对重复性、同一性的强调，都体现了在千变万化、差异悬殊的故事中寻找不变元素和内在逻辑的努力。当然，神话—原型批评对母题和意义的关注，到了结构主义者那里被抛弃，代之以抽象的模型。但是，后来的研究者们发现，它们之间的这种分野并非不可融合。

二、叙事结构分析作为方法

经典叙事学和原型批评对叙事结构的研究方式，在文学领域之外，作为研究方法产生了广泛的影响，并且二者有时候以混合的形态出现。譬如，在新闻领域，早在1978年，以《做新闻》誉满学界的盖伊·塔奇曼就主张把新闻的生产看作神话的产生，以唤起社会科学和人文科学过去的传统，从大众传媒影响研究的"刺激—反应"模式中解放出来，也从大众传媒的"使用和满足"研究的限制性中解放出来。而承认新闻作为一种艺术，既能吸引无意识的激情，又能吸引有意识的头脑，可能会引导我们对社会创造进行更丰富的分析。[①]

1985年，杰克·吕勒对《纽约时报》对恐怖分子杀害里昂·克林霍夫（"阿基莱·劳伦"号游轮上的69岁美国游客）事件的描述进行分析，认为新闻报道通过英雄的神话引申到自我的象征，吸引了读者对恐怖分子受害者的强烈认同，帮助建立了恐怖主义受害者和自我之间的联系，突出了恐怖主义的象征意义——受害者是国家的象征，因此得到媒体的尊敬，也受到官方的哀悼。[②] 1986年，坎贝尔将神话—原型和人物（角色）功能的结构研究结合起来，关注新闻杂志栏目《60分钟》作为一种模式如何反复出现，构建意义。他分别赋予记者们侦探、分析者、游客和仲裁员等4种隐喻身份，并总结出侦探的、分析者的、游客的、仲裁员的等4种叙述模式。在这些不同的故事模式中，记者的不同身份所叙述的故事往往建立于种种冲突之上，坎贝尔通过对这些冲突类型的描述和分析，揭示了新闻叙事所建构的文化仪式在现实社会中所起的作用。[③]我国学者汤景泰也对民粹主义思潮支配的舆论形成过程进行了叙事结构的分析，阐述其间的英雄叙事、悲情叙事和复仇叙事三种模式如何重构了新闻事实，指出这三种叙事模式在中国曲艺中有着深厚的传统，而民粹主义舆论通过原型叙事，把历史引入现实，唤醒了国人的

[①] Tuchman G. Television News and the Metaphor of Myth [J]. Studies in the Anthropology of Visual Communication, 1978 (1): 56-62.

[②] Lule J. The Myth of My Widow: A Dramatistic Analysis of News Portrayals of A Terrorist Victim [J]. Political Communication, 1988 (2): 101-120.

[③] Richard Anthony Campbell. Narrative, Myth and Metaphor in "60 Minutes": An Interpretive Approach to the Study of Television News (Journalism) [D]. Northwestern University, 1986.

集体记忆，催生了社会悲情，引起了广泛共鸣；同时指出这种叙事策略也在历史与现实的隐喻中，用二元对立思维框限了转型中的中国的复杂关系，助长社会仇恨，阻碍社会共识的形成。①

显然，上述这些研究中的模式、功能、隐喻、神话等，都显示了普罗普和弗莱开启的分析方法的影响力和有效性。2002年，美国学者凯瑟琳·奥兰斯汀对西方经典童话《小红帽》进行研究，从文化学、人类学、女性主义等多个领域的综合视野中，引入上述研究方式，获得了深刻的洞见。就像她在书中所指出的那样，普罗普的分类架构显示，不只童话故事，且更大范围的文化心灵（Cultural mentality）都含有荣格学派心理学家所称的"集体潜意识"，"童话故事确实是具有功能的，但其主题却有无数的变异，各种变异版本都是用社会和文化模式的万花筒来看的。因此，像《小红帽》这样的故事，几个世纪以来每次传讲时，不但保留且挑战其'传统'意义，童话所含的密码也仿佛文化的DNA一样代代相传下去"。②

接下来，我们将聚焦于科幻电影中"异质性生命体"③的功能，探讨科幻电影传递的后人类身体想象，尝试将普罗普模式与意义阐释结合起来。基于影评网站"豆瓣"中的科幻电影排行榜数据，借鉴IMDb（互联网电影资料库）的贝叶斯公式求得加权分数，我们得到科幻电影TOP50名单，接着选出其中涉及"异质性生命体"的35部影片。然后按照这些电影的故事叙述顺序梳理出"异质性生命体"的叙事功能，每一种功能以大写的字母标出；为了便于分析，我们在每一功能下析出子功能，以大写字母加右上数字标序。据此我们做出以下的描述。

A. 作为陌生角色出现在主人公世界（定义：降临）。其变体包括：第一，带有目的性的降临（A^1）。由于受星际战争的影响，原本生活在地球之外的外星生命为抢夺战争关键性物资来到地球，如以霸天虎为首的外星机器人为寻找能量块来到地球，以寻找线索人物萨姆（《变形金刚》）。第二，由主人公选择的降临（A^2）。可能是主人公的意外发现，如外星人小孩E.T.被同伴遗落在地球，恰好被地球人小埃利奥特发现（《E.T.外星人》）；麦克斯在垃圾场意外捡到机器人亚当，并将其改造为陪练机器人（《铁甲钢拳》）。

B. 作为底层人物被人类欺辱（定义：受辱）。其变体包括：第一，底层人物是奴隶型机器人（B^1）。机器人被设定为人类生活的助手，从事危险、繁杂、低质量的工作，

---

① 汤景泰. 偏向与隐喻：论民粹主义舆论的原型叙事[J]. 国际新闻界, 2015(9): 23-35.
② 凯瑟琳·奥兰斯汀. 百变小红帽：一则童话三百年的演变[M]. 杨淑智, 译. 北京：生活·读书·新知三联书店, 2006: 194-199.
③ 这一概念借自学者张健的论文：《詹姆斯·卡梅隆科幻电影中的人性反思》[《电影文学》, 2018(22)]，这里我们将它定义为在形体或行动上具备智人特征的非智人生命体，通常具有智人区别于其他生物的语言能力、使用工具能力和意识能力等，但它们不是由智人的有性繁殖诞生的，主要类型有人工智能、外星生命、赛博格、生化物种等。

处于社会的最底层。如尼尔家的女儿曾命令言听计从的机器管家安德鲁从窗户上跃下（《机器管家》）。第二，底层人物是囚徒型外星生命（B^2）。外星生命被星际战争波及，以地球为临时避难所，他们没有公民权利，是社会的最底层人物。如当地黑人商贩用廉价猫粮骗取外星难民的高科技武器（《第九区》）。第三，底层人物是被实验的生化生物（B^3）。生化动物的诞生，源于人类盲目追逐眼前利益，不考虑破坏生态环境及动物天性的后果，私自对动物进行了生化实验改造。如由实验室复活的恐龙成了观赏性的玩物并被剥夺了最基本的生育能力（《侏罗纪公园》）。

C. 经一定程序由人变身而具备某种能力（定义：变身）。其变体包括：第一，穿戴上装备，由人变身为赛博格（C^1）。在一种未来的可能里，赛博朋克是那里的显著风格，脏乱的生活街区、混乱的城市秩序、潜在的战斗危机，机器战警成了必然的存在。如义体女警草薙素子负责侦探离奇案件（《攻壳机动队》）。第二，连接上大脑，由人变身为人工智能（C^2）。在另一种未来里，人工智能统治了人类，将人的大脑与计算机相连，把人类困于人工智能所制造的矩阵世界之中生活（《黑客帝国》）。第三，被药物刺激，由人变身为外星生命（C^3）。由于已知或未知的高科技手段，人类的身体可以具备某些外星生命的属性，但意识上暂时不会改变。如残疾军人杰克在药物环境中睡去，醒来时已是阿凡达（《阿凡达》）。第四，由实验改造，由人变身为生化生物（C^4）。由于已知或未知的高科技手段，人类的身体或者意识可以具备一些特殊能力。如警探西恩为套取犯罪证据而接受改造，变成罪犯卡斯特的模样（《变脸》）。

D. 经过一定的训练和学习以接受变身后的自己（定义：训练）。其变体包括：第一，变身赛博格后的战斗训练（D^1）。如凯奇为了驾驭自己的武器装备，"死"了不下十次，一次次的复活才让他的战斗能力大幅提升，他也逐渐找到自己为何能够复活的线索（《明日边缘》）。第二，变身人工智能后的时空训练（D^2）。如尼奥进入矩阵之后，经过中国功夫的训练，逐渐明白了在矩阵中他可以不用呼吸，可以越过高楼大厦，也可以用意识控制子弹的速度（《黑客帝国》）。第三，变身外星生命后的生存训练（D^3）。如杰克来到潘多拉星球，不仅学习娜美族的生活方式，还接受了族群的猎手训练，成功驾驭坐骑并得到娜美族人的认可（《阿凡达》）。

E. 从欺骗、压迫、欺辱中觉醒过来（定义：觉醒）。其变体包括：第一，从欺骗中觉醒（E^1）。如第五代山姆发现月球上的通信并没有像机器人柯里所说的与地球断开，他由此察觉到自己身份的异常（《月球》）。第二，在压迫中觉醒（E^2）。如HAL9000面对人类宇航员的质疑，在慌乱中撒谎称信号塔需要维修（《2001太空漫游》）。第三，在欺辱中觉醒（E^3）。如当凯撒看到同类们被动物园管理人员像牲畜一样对待时，便计划带领族人逃跑及反抗人类（《猩球崛起》）。

F. 寻找同伴或助手（定义：寻找）。其变体包括：第一，寻找同伴以获取族群认同（F^1）。当出现自我觉醒意识后，"异质性生命体"常常会暂时远离人类，而去寻找同伴以获取族群认同。如当安德鲁有了自我意识后，便坦白地告知主人"我想要寻找我的同类"，然后踏上了寻"亲"之旅（《机器管家》）。第二，寻找助手以解决谜团（F^2）。如机器小孩大卫被妈妈抛弃后，一直想找到童话里的蓝仙女，希望把自己变成人类小孩（《人工智能》）。

G. 组织同类反抗（定义：反抗）。其变体包括：第一，为对抗邪恶势力而反抗（G^1）。如阿宏集合实验室小伙伴，组成超能陆战队，对抗大反派教授（《超能陆战队》）。第二，为争取基本权利而反抗（G^2）。如四个复制人在流亡中相依为命，不仅要躲避杀手，还要寻得"造物主"，希望延长他们只有三年的寿命（《银翼杀手》）。

H. 得到关键性的帮助（定义：获助）。"异质性生命体"的反抗往往会得到支持，可能是来自人类，如机器人瓦力和伊芙打算将小树苗送回地球栽种，人类船长帮助毁坏了正在搞破坏的机器人（《机器人总动员》）；也可能是来自忠于程序的机器人，如机器人柯里违规帮助山姆输入飞船控制密码（《月球》）。

I. 终结：死亡、牺牲或永远离开（定义：终结）。其变体包括：第一，为人类而牺牲（I^1）。如当宇宙飞船提示燃料不足时，机器人 TARS 自愿脱离机体而飞向浩瀚宇宙（《星际穿越》）。第二，被人类终结（I^2）。作为欺辱、压迫的施动者，最终被反抗者终结。如恶人"不死乔"没能守护住他所建立起的核废墟王国，被弗瑞奥萨和麦克斯杀害（《疯狂的麦克斯4》）。第三，逃离人类聚集地（I^3）。如文森特终于独自驾驶着飞船开启太空之旅，而基因人杰罗姆选择了自杀（《千钧一发》）。或者离开后回到原来的家园，如 E. T. 搭载着 UFO 回家（《E. T. 外星人》）。

以上 A—I 的九种"异质性生命体"的叙事功能已全面覆盖推动故事发展的身体行动。而这些角色功能的演绎变化和组合，传递了关于身体的想象及其隐喻的后人类文化内涵。

其一，"变身"—"训练"—"终结"：指向身体的秩序（表9-1）。

表9-1 组合之一：CDI "变身"—"训练"—"终结"

叙事组合	电影	叙事模式	身体秩序的改变
CDI "变身" "训练" "终结"	《明日边缘》	$C^1 D^1 I^1$	人机结合的赛博身体
	《V 字仇杀队》	$C^4 D^1 I^1$	同素异形的碳基身体
	《攻壳机动队》	$C^1 D^1 I^1$	人机结合的赛博身体
	《阿凡达》	$C^4 D^1\ D^3 I^3$	数据建构的离身身体
	《第九区》	$C^3 D^2 I^3$	同素异形的碳基身体
	《千钧一发》	$C^4 D^2 I^3$	同素异形的碳基身体

哲学人类学表明，稳定性的身体也就是社会组织和社会秩序的隐喻，身体的疾病或变异构成社会失范的象征反应，"异质性生命体"的到来意味着秩序的破坏和重建。人类中心主义的身体观念遭遇挑战，人类建基于这一身体观念的秩序被迫改写，"反常的

身体"脱离了人类的驾驭能力。尽管"异质性生命体"叙事以作为"他者"的死亡或离去而告终,但是其给人类留下的阴影,并未消失,人类必须面对多样化的身体,重建身体秩序。

其二,"降临"—"觉醒"—"寻找":刻写身体的历史(表9-2)。

表9-2 组合之二:AEF"降临"—"觉醒"—"寻找"

叙事组合	电影	叙事模式	知觉的历史
AEF "降临" "觉醒" "寻找"	《机器人总动员》	$A^2E^1E^2F^2$	身体接触
	《第九区》	$A^2E^3F^1$	身体变异
	《黑客帝国》	$A^2E^1F^2$	身体失控
	《黑客帝国2》	$A^2E^1F^2E^1F^1$	身体失控

梅洛-庞蒂指出,知觉总是从一个特殊地点或角度开始的;正是从身体的角度出发,外向观察才得以开始。所以说,身体的历史是身体知觉的历史。"异质性生命体"的叙事功能"降临"—"觉醒"—"寻找"构成的序列,通过身体接触、变异、失控的叙述,反映出身体历史的形成中知觉行为的特征。这些知觉行为的特征,正是"历史将它的痕迹纷纷地铭写在身体上"①的结果,也是人的身体主体镜像"异质性生命体"的身体历史的过程。这一过程由接触到变异再到失控,隐喻了后现代文化中的身体历史造成的惊恐感。

其三,"受辱"—"终结":身体权力的冲突(表9-3)。

表9-3 组合之三:BI"受辱"—"终结"

叙事组合	电影	叙事模式	知觉的历史
BI "受辱" "终结"	《机器人管家》	$B^1I^2I^1$	机器人第一、二定律
	《铁甲钢拳》	B^1I^1	机器人第一定律
	《人工智能》	$B^1I^1I^1I^1$	机器人第二定律
	《机器人总动员》	B^1I^2	机器人第一定律
	《星际穿越》	B^1I^1	机器人第一定律
	《超能陆战队》	B^1I^1	机器人第一定律

正如尼采所说,身体这个词指的是所有冲动、驱力和激情的宰制结构中的显著整体,这些冲动、驱力和激情都具有生命意志,它就是权力意志。在"异质性生命体"叙事的"受辱"—"终结"功能组合中,身体权力往往表现为人的身体与"异质性生命体"身体的冲突,并显示出人的身体的优先性和中心价值。阿西莫夫的"机器人三大定律",一直被作为解决这种身体权力冲突的基本准则。但是,这一基本准则在下面的觉醒—反抗的功能组合中受到了挑战。

---

① 汪民安. 身体、空间与后现代性[M]. 南京:江苏人民出版社,2006:18.

其四,"觉醒"—"反抗":对身体权力的反抗(表9-4)。

在"觉醒"—"反抗"的功能组合中,"异质性生命体"的身体与人的身体之间的权力争夺,表现为后者作为铭刻了资本贪婪、种族歧视、性别不平等、人身束缚的空间,而前者则隐喻着以自由、平等和爱为主要价值期许的理想空间。因此,这类叙事将人类身体的历史叠映于两种身体的冲突之中,并以"异质性生命体"的觉醒和反抗彰显人类曾经的斗争,由此形成戏剧性冲突和情节演绎的主线。

表9-4 组合之四:EH"觉醒"—"反抗"

叙事组合	电影	叙事模式	价值争夺的身体
EH "觉醒" "反抗"	《2001太空漫游》	E^2H^3	人类无知
	《月球》	E^1H3	资本贪婪、何论平等
	《终结者2:审判日》	E^2H^2	资本贪婪
	《银翼杀手》	E^2H^2	何论平等
	《她》	E^2H^3	个体孤独
	《猩球崛起》	E^3H^3	何论平等
	《侏罗纪公园》	E^2H^2	资本贪婪、人类无知
	《阿凡达》	E^1H^1	资本贪婪、何论平等
	《第九区》	E^3H^3	种族歧视、何论平等

通过上述功能组合的分析,可知在科幻电影中,"异质性生命体"既是实体又是隐喻,既是影像的物质存在又是叙事的精神结构,其角色功能呈现了反常的身体、遗忘知觉的身体、意志争夺的身体的叙事想象。"异质性生命体"显示为技术对象和话语形式,其身体存在构成了技术实在性与未来想象的双重力量,成为科幻电影对人的困境进行反思和寻求解救的中介。因此,关于"异质性生命体"的身体叙事是人类经验的转喻,表达了人类的经验中关于身体的秩序、自我、历史、权力的思考、斗争、困惑,面对技术的冲击、冲击之下的焦虑,摆脱焦虑的想象。正是这些构成了"异质性生命体"的叙事功能和叙事模式的内在支撑和动力源泉。在这个意义上,"异质性生命体"的叙事功能及其组合变化,将我们引向这样的深层叙事结构:人的身体借助科学技术且迫于科学技术,在为向后人类身体的过渡进行精神准备,后人类的身体想象是这一准备的体现。

对这一案例的分析表明,在一定意义上,普罗普的方式依然可以用于我们今天的叙事研究,当然我们通过与主题和意义相关联,使它变得不那么"纯粹",这当然无损它的光荣。不仅如此,我们还将看到,在数字叙事时代,它的前瞻性更加彰显了。

三、继承与变革：数字叙事的结构分析

本讲开头已提到，经典叙事学的叙事结构分析在后现代主义和解构主义那里被抛弃了。我们不妨以曾经被视为结构主义者但后来转向解构主义者的罗兰·巴特为例，看看结构主义的原则是如何被打破的。在《文之悦》的第二篇中，巴特让我们想象这样一个奇特古怪的人：这家伙再也不怕自相矛盾，将互不相容的多种语言混淆为一体，说他不合逻辑，他泰然处之，默默承受悖理、失真的责难；即使面对苏格拉底式的佯装无知及合法的恐怖手段，他也漠然置之。按照社会的种种规则，这么个人物必遭驱逐，成为弃儿。然而，这位"反英雄"确实存在，尽管他含含糊糊、吞吞吐吐、摇摆不定。① 在这个在阅读中获得快乐的"反英雄"面前，结构主义的逻辑、结构、秩序、中心等都涣然冰释。这个解构主义者的形象，不仅是一个想象，而且在巴特自己的批评实践中成为可感可触的存在，他在《S/Z》中就扮演了这样一个"反英雄"的读者角色。

《S/Z》作为标志性的解构主义文本，是巴特分析巴尔扎克的《萨拉辛》的产物，用他自己的话来说是"写下阅读"。它用 93 个片段"肢解"了《萨拉辛》，以"倾听"代替了阅读，引入读者的声音挑战文本作者或叙述者的权威，以只言片语的打量代替了整体结构的分析，以符码的多义性代替了唯一性，以万法归一的不可能性代替了逻辑一贯性。譬如，他在一开始就以"在芥子内见须弥"来暗示普罗普、列维·斯特劳斯等人的结构分析，他们称之为科学的"苦刑"，失掉了文本"内部的差异"；而在重视差异和将叙事看作一个契约的批评中，他们对文本的理解往往是含混的，含混其实就是产生于均等地接收两种声音，出现了两条趋向目标的线路之间的相互干扰；叙事的话语与结构之间充满了张力，在树状结构中，序列列出其情节，话语则借逻辑横生枝节而扩展开来。这是很典型的解构方式。

显然，对于我们关心的叙事结构分析而言，这种方式意味着在关注结构时处处遭遇"反结构"的阻击。但是，在另一种意义上，解构主义的分析是以结构为前提的，就像我们看到巴特对"树状结构"的拆解那样。正如德里达试图以"在场"与"缺席"的划分，强调让西方逻各斯中心主义遮蔽的"缺席"重新登场，解构那些有着一贯性、统一性和中心性的话语体系，但是这一划分本身却是结构主义式的二元对立。与其说解构主义者否定结构，不如说他们关注结构的暂时性、结构的辅助性和结构之为结构的过

---

① 罗兰·巴特. 文之悦 [M]. 屠友祥，译. 上海：上海人民出版社，2002：5-6.

程性。德里达在谈到"框架"时说:"确有框架过程,但框架并不存在。"① 所谓框架过程,即建构框架的过程,而并没有现成的框架本身在那里等待一些东西装进去,框架只是以踪迹的方式存在。明乎此,我们就应该知道,结构主义的原则在被打破的同时,也在某种意义上被复制。更重要的是,解构主义对读者的强调,对文本边界的模糊性及文本的开放性、多义性、过程性和含混性的强调,实际上已经预示了数字叙事文本实践的面貌,因此,上述解构与结构之间的关系当会复现于数字叙事文本分析包括叙事结构分析之中。

以数字叙事中最为典型的数字互动叙事(IDN)为例,第五讲中我们已经谈到互动与叙事的矛盾。从叙事的文本性着眼,这种矛盾在解构主义者那里已经得到揭示,或者说互动叙事提供了一个解构主义的命题。文本通常被认为是给定的,有明确、具体的边界,而数字互动叙事并不符合这种狭义的文本性,因为这种稳定性是不存在的,在数字互动叙事中,输出会随着每次互动而改变。就结构的不稳定性、呈现的过程性而言,数字互动叙事是对传统叙事的一种解构。那么,如何分析它的结构呢?学者加布利尔·弗里提出了"互动矩阵"这一概念,即一个IDN的经验部分必须与一个动态的、在发出任何输出之前的算法系统一起被理解。矩阵可以形式化为符号学装置,来创造单一文本出现的多样性。换句话说,故事生成系统将被视为可能性矩阵,每次用户与之互动时都输出单一的、格式良好的叙事文本。在这种情况下,矩阵是在任何单一输出形成之前存在的符号凝聚,包含所有可能在其活动中实现的语义、叙述和比喻资源。"互动矩阵"基于广泛的文本性、叙述性和多个灵活的叙事图式的思路,为理解IDN叙事结构提供了一种有用的方法。

加布利尔·弗里还指出,自动装置(Automata)的概念是专门针对算法媒体的。一个中立的操作主体,拥有一组明确的规则和一个要求应用这些规则或执行指令的命令。一个互动矩阵可以被理解为用户和自动装置的行动汇合和互动的地方。为了更好地理解IDN中的叙述性,现在让我们把行动元和自动装置重新连接到互动矩阵模型中,并想象在同一个交互式系统中的几个不同会话。一个互动矩阵并不只包含一个情节,但它可以产生大量的实际叙事发展,但这些叙事发展不能共存于一个文本实例中。换句话说,一个文本输出将包含一个由用户行为决定的单一情节,但如果做出其他选择,接下来的环节将产生一个不同的情节。

当我们认识到"一个IDN的经验部分必须与一个动态的、在发出任何输出之前的算法系统一起被理解"时,IDN便与数字程序的交互行为产生了关联。美国叙事学者劳尔·瑞安建议提出一种跨媒体叙事框架,无差别地分析线性的、互动的、词语的和其他类型的叙事系统,而不必囿于语言的、静止的和线性的经典叙事学理论之中的内在界

---

① 乔纳森·卡勒. 论解构:结构主义之后的理论与批评(25周年版)[M]. 陆扬,译. 北京:中国人民大学出版社,2018:142.

定。在劳尔·瑞安的跨媒体叙事理论的基础上，哈特穆特·霍伊尼采吸收了尼克·蒙特福特区分计算机程序与其文本生产的做法，将IDN视作一种极富表现力的数字叙事，并将其划分为"系统""过程""产品"三个层次，提出了一种针对IDN的理论模型（图9-2）。

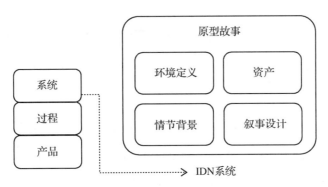

图 9-2　哈特穆特·霍伊尼采的 IDN 理论模型

数字叙事是一种梯度式的概念。其中，系统由软件和硬件两部分组成；过程是指与一名或多名参与者互动的过程；产品则是具象化的产物。系统中又包含原型故事、叙事设计和叙事向量等。其中，原型故事指IDN系统作为潜在叙事空间包含的所有实在内容，是某个具体数字叙事作品的原型或蓝图，任何具体的叙事输出都是原型故事事例化过程的结果。叙事设计是原型故事的结构，它包含各种叙事元素之间的分割、次序和关联，这里的组合关系并不固定，而是在交互中临时构成的。叙事设计又由灵活的叙事表述和叙事向量构成。叙事向量是叙事设计中的次级结构，用来指出一个具体的叙事方向。①

游戏叙事部分是电子游戏中最接近于传统叙事的情节部分，例如游戏中的故事背景、情节脉络等。《王者荣耀》就围绕着象征能量变异的红色苍狼和与其对抗的蓝色机关巨人之力，多方英雄以王者峡谷作为试炼之地的世界背景展开，于是有了游戏局内的红蓝阵营、防御塔、水晶等机关设置。此外，108名英雄之间的关系交错纵横，他们分属不同的种族、城市、阵营，众多的英雄故事、阵营羁绊等是游戏叙事的重要部分。除此之外，《王者荣耀》为了辅助主线故事的推进、丰富玩家的游戏体验，每个赛季都上线崭新的支线故事，以盛世长安、长城守卫军及稷下星之队为核心，不断拓展王者世界观，也设置了游戏大致的发展趋向和结果。不管是进行MOBA（多人在线竞技）对抗的5V5游戏还是另类玩法的副本冲关任务，为了赢得游戏的胜利或冲关的胜利，始终是包裹在统一的王者世界观中。

在关键环节，游戏会通过动画、对话框、滚动条等方式提供故事情节，以继续进

---

① 甘锋，李坤. 从文本分析到过程研究：数字叙事理论的生成与流变[J]. 云南社会科学，2019（1）：170－177.

行。如在《逃离塔科夫》中，为了保证主角顺利进入游戏，生存游戏设置了一系列情节：教官会提示玩家注意身上的重要装备、启动资金和物资，当玩家角色上升到一定等级时会解锁不同的商人NPC（非玩家角色）以换取信誉额、交易额，为玩家能够进入到下一游戏阶段提供指引。以上情节发展部分皆由游戏生产商开发的电脑程序控制，不受玩家控制。有研究者将这种关键环节称为游戏叙事的情节点。情节点传达故事的一些重要信息、事项，并以问答题或选择题的方式出现一些节点，在不同的情节点有其对应的节点的答案。在相应节点中间进行联系的就是链接，情节点、节点与链接在互动性的叙事中，便可以串联起一个个的小故事，而产生非线性的叙事结构。

电子游戏有别于传统叙事，主要在于玩家的游戏行为是构成叙事的组成部分。以上我们分析了游戏中属于传统叙事的部分，该部分为玩家提供了一个可以互动的、开放的虚拟空间，并在此基础上制定了相应的规则，呈现出"主线叙事+支线叙事"或"多种非线性叙事"。玩家的每一次选择都会触发下一步内容的创建，游戏数据库中的各项元素依照设定的脚本逻辑进行序列排序，最后形成块状结合的视觉呈现。正是玩家的游戏行为赋予电子游戏非传统的叙事特征，我们不应该完全以传统叙事的特征对电子游戏进行定性，应该深层次地探讨玩家的游戏行为选择所表现出的特殊叙事状态，以及其如何影响了游戏中的类属传统叙事部分。

为了更好地说明玩家选择与游戏系统数据库之间的程序关系，在这里引入克洛德·布雷蒙在《叙事逻辑》中提到的功能序列的叙事结构（图9-3）。该结构分析模式避免像传统叙事分析制式地将故事看作是一系列单向发展的结果，而是表明故事发展的每一阶段都有着多种选择的可能性。

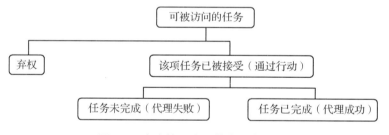

图9-3 克洛德·布雷蒙的叙事结构

当玩家开始游戏并开始接受叙事时，在数据库辅助叙事的基础上，玩家个人的主观能动性得到了充分的发挥，导致整体叙事呈现多样化和多变状态。游戏中的数字叙事是"自生式而非脚本式，参与式而非接受式，模拟式而非表征式，同步式而非回顾式"①的叙事。游戏叙事消弭了曾经"积极主动"的创作者和"消极"的受众之间的界限，并关注创作者、动态叙事系统和由受众转化而来的参与者这三者之间的新型关系。相对

---

① 邓琬晴. 浮现式叙事在开放世界RPG游戏体验设计中的研究［D］. 无锡：江南大学，2021.

而言，现实中的大数据的精准定位，使得人的身份陷入同化螺旋之中，但是游戏中赛博空间的发展反而为玩家提供了真正个人化的可能性，所寻求的是普通人在虚拟空间中找回本我。

除了游戏传统叙事与玩家选择行为外，或许在二者之间还存在中间情节的设置，如在游戏过程遇到突发情况时，利用游戏系统的"Bug"（漏洞）进行有利于游戏角色的操作，系统检测到不良行为便会通过对话弹窗或局内文本显示等手段告知玩家。此外，在MOBA（多人在线竞技）类游戏中与玩家游戏行为同步显示的语音文字播报系统，将屏幕内的行动、事件、分数变化和角色间的对话传达给玩家。我们以《英雄联盟》为例来分析此种特殊事件形式。

第一次局内击杀发生时——Frist blood

己方玩家击杀敌方玩家——You have slain an enemy

己方英雄被击杀——An ally has been slain

己方击毁了对方的防御塔 ——Your team has destroyed a turret

敌方水晶即将重生——The enemy's inhibitor is reborning soon

这类特殊的文本可以用热奈特在《叙事话语》中提出的"共时叙事"来理解。热奈特认为，区别于过去时态的叙事，共时叙事是与动作同时发生的。电子游戏的这种特殊情节形式就类似于共时叙事，不完全遵守传统叙事模式，因为玩家是幕后操纵者，可以掌控故事的发展进程和情节的发生顺序。当然，玩家的所有游戏行为都依托于既定的游戏语境，很多游戏情节都是电子游戏事先设计而固定不变的，如《博德之门》中养父被害的情节是必然发生的，否则主角无法开启旅程；主角只能战斗，而不能结盟，玩家只能在这些固定情节的基础上对游戏情节进行组织和改变；《英雄联盟》中玩家的局内击杀表现会在左侧公屏实时出现（图9-4）。

图9-4 《英雄联盟》玩家交互过程

在前文中，我们关注了电子游戏作为典型的互动叙事实例通识存在的三个结构部分。如果把叙事结构看作对统一理论模型的追求，那么结构主义呈现的是类似牛顿力学描述的"经典世界"，而后现代主义和数字技术则创造了一个崭新的"量子世界"。面对这种基于技术、依托技术创造精神的新型叙事文本，我们需要重新提取新的叙事结构。下面我们将借用格雷马斯方阵对此进行解析。

在叙事符号学中，描述一个故事的过程可以分为三个层次：深层语义结构、半叙事结构和话语结构。首先，深层语义结构是故事的抽象和逻辑组织层面，选择和组织故事中的元素。这些元素可以是事件、情节、角色等。深层语义结构是故事的核心，它决定了故事的基本框架。其次，半叙事结构构成了故事主体的骨架。在这个层次中，深层语义结构中的元素被进一步发展和补充，形成了更具体和有机的故事结构。这些故事元素之间建立了逻辑关系，使得故事内在逻辑得以展现。最后，话语结构赋予故事具体的、形象的和主观的元素。在这个层次中，故事被呈现为实际的语言表达，通过具体的描述、细节和情感，让读者或听众更好地理解和体验故事。格雷马斯也提供了与上述描述层次相似的初步概念，用于理解这个过程，即深层结构——表层结构——外在结构。这里我们关注表意整体过程中的第一个机制，即深层结构，它是构建整个故事的基础，影响着后续层次的发展。

格雷马斯方阵是格雷马斯在《符号学的约束规则之戏法》中提出的一个用于阐释符号意义体系的模型，该模型假设有一个意义 M（作为能指的宇宙之整体，或任何一个符号系统）在初次被人把握的水平上以语义轴的形式显现，它的对立面是 $\overline{M}$。M 与 $\overline{M}$ 相矛盾，是意义的绝对真空。[①] 如果我们同意 M 在其"内容层"（所指）上串联着两个相对的义素：

$$m_1 <\cdots\cdots\cdots\cdots\cdots> m_2$$

那么这两个义素就必然会有各自相矛盾的对立项：

$$\overline{m_1} <\cdots\cdots\cdots\cdots\cdots> \overline{m_2}$$

义素的拆解完成之后，M 可以被视作一个具有双重关系的复合义素。基于此，我们就得到了一个意义的基本方阵的结构图（图9-5）：

[①] A.J.格雷马斯. 论意义：符号学论文集（上册）[M]，吴泓缈，冯学俊，译. 天津：百花文艺出版社，2005：140.

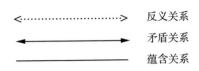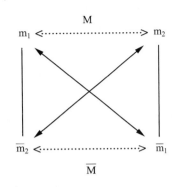

图 9-5　格雷马斯方阵结构

　　四个义素通过一个精确的关系网相互定义，格雷马斯拓展了索绪尔的二元结构，在两个相对的语素之间还存在着中间的第三元，它既非 m_1，也非 m_2，但在内容层（所指）上又与 m_1、m_2 相关联。例如，在信号灯的表达上，除了红灯停、绿灯行外，还有非红非绿的黄灯，它指示着已越过停止线的车辆继续通行，未越过停止线的车辆减速停止；又如介于黑白两色之间的灰色，它由黑白相调而成，浅灰可以替代白色，深灰可以替代黑色。这促成了叙事结构给出更多的可能性，也便于我们更深入地了解文本内在的意义生成。

　　代入对电子游戏的分析中，我们发现无论是何种类别的游戏，游戏的最终取向都是"成功"或"失败"，而"挑战"作为核心行动素贯穿整个游戏。即便是交友、聊天、商品交易类的模拟养成类游戏，也有相似的表现。以美国艺电公司旗下知名养成类游戏《模拟人生》为例，游戏世界提供了一个没有明确叙事约束的开放空间，玩家完全不用接受自上而下的脚本式叙事，通过模拟人物进行日常生活、社区交流及建造房屋，以仿造真实的情境，控制生理和精神的需求。其中，玩家可以在设计人物时设定人物的终生志向，使人物终生为此而奋斗，也可以以全新方式探索城市生活的欢闹疯狂：到当地廉价酒吧、俱乐部玩耍。不论是通过游戏里"成功"的人生经历满足内心的欲望，还是通过游戏完成现实中无法做到的事，这些均是成功人生的价值体现。因此，从本质上看，模拟养成类游戏其实是关于人生价值"成功"与"失败"的挑战，也符合格雷马斯方阵结构。

　　在对抗性强、叙事色彩浓厚的游戏中，格雷马斯方阵可以得到更加具体的展示。以《荒野大镖客：救赎 2》为例，其故事核心在于选择"向善"或者"趋恶"，玩家可以通过向陌生人施以援手、资助被豪强压榨的平民百姓、帮助警察抓捕通缉犯、向帮派捐赠物资等方式提升自己的荣誉值；相反，如果玩家在游戏中为所欲为，肆意抢劫屠杀、辱骂警察都会降低荣誉值。详见图 9-6、图 9-7。

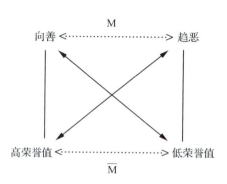

图9-6 《荒野大镖客：救赎2》游戏的格雷马斯方阵

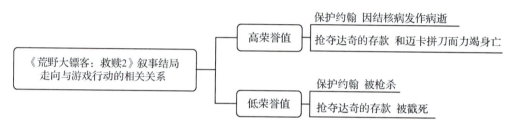

图9-7 《荒野大镖客：救赎2》游戏的结局走向

该游戏的四个要素可以对应为向善、趋恶、高荣誉值、低荣誉值，向善与趋恶呈反义关系，其矛盾关系是低荣誉值。整个游戏情节皆建立在相反又相关的要素之上，践行着格雷马斯方阵结构。玩家在开放世界游戏中的行事风格决定了主角会以怎样的方式死去。玩家对开放世界游戏进行探索而短暂跳出线性叙事的控制，也让自己的认知以游戏人物行为的方式具象呈现，继而利用数据库推算来演绎剧情的叙事模式，使得玩家在经历"救赎"的过程后，身临其境般地接受了自身行为所带来的叙事。

本讲小结

本讲介绍了以普罗普、布雷蒙等为代表的叙事功能路线和以弗莱、坎贝尔为代表的神话—原型批评的叙事结构批评路线，及其在叙事分析中的融合形态。通过对科幻电影中"异质性生命体"角色功能的分析，检视了普罗普方式与神话—原型批评方式在数字叙事分析中的转化和有效性，显示了两种叙事结构分析方式的前瞻性和生命力。此外，还介绍了格雷马斯方阵、布雷蒙的"功能序列"的运用。对于数字叙事中互动的、多文本的叙事形态，则须在传统叙事学的基础上，充分考虑数字叙事的程序性和模块化，进行叙事结构或模式的探索。

【延伸阅读书目】

（1）华莱士·马丁. 当代叙事学 [M]. 伍晓明, 译. 北京: 北京大学出版社, 1990.

（2）弗拉基米尔·雅可夫列维奇·普罗普. 故事形态学 [M]. 贾放, 译. 中华书局, 2006.

（3）诺思罗普·弗莱. 批评的剖析 [M]. 陈慧, 袁宪军, 吴伟仁, 译. 天津: 百花文艺出版社, 1998.

（4）凯瑟琳·奥兰斯汀. 百变小红帽: 一则童话三百年的演变 [M]. 杨淑智, 译. 北京: 生活·读书·新知三联书店, 2006.

（5）约瑟夫·坎贝尔. 千面英雄 [M]. 朱侃如, 译. 北京: 金城出版社, 2012.

【思考题】

（1）经典叙事学中的叙事功能结构与神话—原型批评中的原型结构有何区别？

（2）如果对复仇类的影视进行叙事结构分析，你将如何设计研究方案？

（3）在数字游戏的叙事结构中，多数人认为，游戏将原本的结构性文本打乱并交给玩家进行重新构建。也有人强调，游戏设计师仍然掌握着所有文本的可能性走向，电子游戏的玩家叙事是一种"伪解构"。对此，你怎么看？

第十讲

数字文化视野下的数字叙事

数字技术的出现给人类的生活方式带来了巨大的变化，数字文化也由此产生。如何理解数字文化？查理·基尔注意到有两种观念：一种是数字文化代表着与之前的文化的决定性断裂，另一种是数字文化源于数字技术的存在，并由其决定。查理·基尔认为这两种观念乍一看似乎都很合理，只有从最近的技术发展来看，才能认识到一种独特的数字文化的存在，其给人的感觉是与之前的文化有明显的不同的。但是，查理·基尔接着指出，作为一种文化，数字文化不像表面上看起来那么新，其发展也不是最终由技术进步决定的。他提醒我们，数字文化不仅指某一技术的效果和可能性，而且定义并涵盖了体现在该技术中的、使其发展成为可能的思维和行为方式。这些方式包括抽象化、编码化、自我调节、虚拟化和编程。这些特质与写作，甚至与更普遍的语言相伴而生。[1] 数字叙事正是这种数字文化思维的体现，同时数字文化思维下的数字叙事也在构成和界定着数字文化。本讲从数字叙事的视觉化、数字叙事的参与式文化、数字叙事的社区化这三个侧面，阐述数字叙事如何构成了数字文化的重要方面，并探讨由此形成的数字文化的内在活力和矛盾。

一、数字叙事的视觉化

1984 年，加拿大科幻作家威廉·吉布森在他的《神经漫游者》中描绘了赛博空间的图景：使用从人类系统中每台计算机中抽象出来的数据，用图形来表示，显示出难以想象的复杂性，光线在心灵的非空间里延伸，形成数据的集群和星座。这一在当时还是想象的图景，到了 2003 年便成为一种现实的景象。这一年，艺术家巴雷特·利昂制作了一幅互联网上数以百万计的 IP 地址的可视化图，它用特殊的颜色表示网络位置，使互联网看起来像一个强大的望远镜所拍摄的夜空，通过与物理宇宙进行类比来表明互联网是多么巨大。无论是吉布森的想象，还是利昂制作的可视化图，都表明基于数字的空间可以通过数字手段转化为被视觉感知的空间。一切皆可可视化，成为数字文化的一个重要特征。

数字叙事的视觉化在新闻传播领域的数据新闻中体现为可视化手段的运用。数据新闻（Data Journalism），又称数据驱动新闻（Data Driven Journalism）。它指的是对数据进行分析、过滤与可视化，从而创作出新闻报道的方式。[2] 由于技术背景的变更，数据新闻与传统新闻有很大差异。数据新闻以数据为先、文字为辅，单个作品所包含的信息体量远超传统新闻，这些变化都依赖于可视化技术。可视化手段可以支撑巨大的数据体

---

[1] Gere C. Digital Culture [M]. 2nd ed. London: Reaktion Books, 2009: 79 – 80.
[2] Kosara R, Mackinlay J. Storytelling: The Next Step for Visualization [J]. Computer, 2013 (5): 44 – 50.

量,并实现惊人的视觉效果。由此,数据可视(Data Visualization)成为数据新闻的重要组成部分之一。① 塞格(Sege)和赫尔(Heer)提出了7种叙事可视化类型——数据杂志、注释图表、分区海报、故事流程图、图文漫画、图像幻灯片及数据驱动可视化视频,这些是传统新闻业无法实现的。正如有学者指出的,可视化并非单纯的"用图说事",而是将数据、信息和知识转换成符合人类视觉习惯的技术实践。通过结合成像、图形学、界面交互等技术,可视化技术将文字、图像等元素集合成复杂的信息流,使信息片段之间的过渡看起来更连续、更符合人体的视觉习惯。② 可视化数据新闻的互动性远高于传统新闻。作为重要的数据新闻制作软件,Google Fusion Tables(GFT)(图10-1)使大数据协作和可视化成为可能,使用 GFT 创建的交互式地图已经被记者在报道中高频率使用。还有研究者认为,依托开放的平台,数据新闻的可视化不依赖大型机构媒体,用户可以在平台上进行自主探索,搜集数据并进行可视化分析,最终挖掘出丰富的新闻信息。

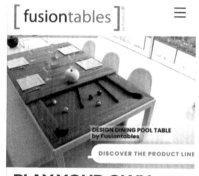

图 10-1 开放数据可视化平台 GFT

数据可视化技术重构了新闻的固定模式,引发了叙事主体和叙事结构的变化。数据新闻可视化叙事突破了传统的新闻叙事模式,形成了线型、组合型和交互型叙事模式,以及具有相关性、对比性和演变性的叙事逻辑,反映了技术特性与可视化新闻的内在逻辑。在传统新闻理论中,空间是依托新闻活动的背景和场所存在的,而卫星可视化技术一镜到底的叙事文本和垂直视觉的空间呈现,却引发了新闻叙事的空间转向,并赋予空间以叙事意义。③ 这样,叙事空间不再是叙事背景,而成为新闻报道的叙事前景;故事不再是阅读的前提,而是现场互动的结果。④ 虽然可视化依赖特定技术模块,但叙事者

---

① 章戈浩. 作为开放新闻的数据新闻:英国《卫报》的数据新闻实践[J]. 新闻记者,2013(6):7-13.
② Gershon N, Page W. What Storytelling Can Do for Information Visualization [J]. Communications of the ACM, 2001(8):31-37.
③ 张莉. 卫星新闻:概念辨析、叙事重构与时空感再造[J]. 中国记者,2022(3):96-101.
④ 秦兰珺. 互动和故事:VR 的叙事生态学[J]. 文艺研究,2016(12):101-111.

依旧可以发挥自身的主体性。通过分析数据爱好者、设计师和艺术家的可视化作品，研究者指出，数据收集、处理及视觉编码、展示过程都容纳着人的个性。这样，可视化技术并非代表着冰冷的机器逻辑，反而具有激发叙事者创造力的潜能。

财新传媒的韩巍指出，作为一个新兴的传媒实践领域，学术机构尝试对数据新闻和可视化的内涵与外延进行界定，而业界则努力利用技术去突破限制，创造更多的可能性。财新传媒在2013年8月开始尝试数据新闻与可视化报道，10月正式成立财新数据新闻与可视化实验室，并同步在财新网上推出"数字说"栏目，进行相关领域的尝试。"青岛黄岛中石化管道爆炸事故"系列报道就是一个生动的案例。原来的新闻生产流程是，采编部门撰写新闻稿件，然后交给设计部门进行图片设计，最后通过技术手段上网或者上版发布。而此次组织报道，财新传媒记者、网络编辑、设计人员、程序开发人员在事件伊始即一同办公。新方式将设计和技术呈现部分提前至新闻生产之中，而不是在内容完成后对内容进行简单的技术处理。在实际工作中，财新传媒数据可视化团队选择采用地图与新闻信息融合的形式进行报道。生产流程的改变也最终重构了新闻文本。在这个过程中，新闻不再以单一的新闻报道、图片的形式展现给读者和互联网用户，而是被呈现在地图上，通过更多空间维度的互动图进行解读。比如，最初新闻稿中公布的爆炸点在两条路交会处，但提及的两条路在地图上显示并不相交，接着通过现场定位的图片显示了真实的爆炸地点，帮助澄清了真实的现场状况。在交互动作方面，财新传媒将在现场拍摄的照片，按照地理信息还原到谷歌卫星地图，并依次用几个画面将谷歌地图逐步缩小。随着用户不断放大地图，会看到红色小标记标示该事件的众多小现场，点击红色小标记，用户即可浏览记者在所标记地点上拍摄的新闻图片。伴随着触屏动作，用户可以从宏观到微观逐步了解山东、青岛及发生爆炸的黄岛区的具体位置。配合文字描述，可视化技术对事件的发生时间、地点、起因等背景做了完整交代。①

数字叙事的视觉化在一些艺术家那里，还体现为对包括监控影像在内的数字影像的广泛应用。在这方面，徐冰的《蜻蜓之眼》就是近些年出现的代表作，它从监控影像切入城市的数字环境，从而体现出这种"先锋性"。②

信息的数字化和城市中无处不在的传感技术正以前所未有的高时空分辨率收集数据，尤其是城市环境数据，闭路电视摄像（监控影像）是这方面的典型。英国网络服务安全公司Comparitech在2020年7月22日发布的一份报告显示，在全球设置闭路电视摄像机（监视器）最多的20个城市里，有18个在中国。排在第1位的山西太原，平均每千人拥有119.57个闭路电视摄像机；排在第20位的天津，每千人拥有25.76个闭路电视摄像机。闭路电视摄像机已经全面嵌入我们的日常生活，成为城市数字化环境的构成元素。对这样的环境，艺术家们从一开始就予以积极回应。早在1987年，美国洛杉

---

① 韩巍. 数据新闻与可视化报道：以财新传媒为例［J］. 新闻与写作，2014（4）：12–15.
② 陈霖. 数字时代的艺术：构建城市感知的界面［J］. 探索与争鸣，2021（8）：130–140.

矶当代艺术展览馆就举办了题名为"监控"的展览，几十位参展艺术家以装置、摄影、录像带等方式，展示监控主题的方方面面。2017年8月，徐冰携影片《蜻蜓之眼》在洛迦诺电影节亮相，其利用监控影像展开的艺术实践又一次引人注目。徐冰在影片一开头就用字幕介绍，早在2013年他就动了用监控影像创作一部作品的念头，但是直到2015年中国的监控影像链接到云数据储存，这项工作才真正得以开始。也就是说，视频云存储数据库是这部影片得以制作成形的首要条件。作品用监控影像和数据库取代摄影机，用监控闭路电视摄像机抓取的人物活动影像取代演员的表演，从1万多条影像中抓取片段进行拼接，最终制作成了81分钟的"电影"。

这部"电影"的特别之处首先在于它是从数以万计的监控影像中生成的。它给人的直观印象是，不是以某种外在的观察视角来感知监控影像，而是在监控影像之中与监控影像互动，以监控影像本身来感知城市。学者彭锋指出，这部影像是"现成品（readymade）艺术"，考虑到它产生的环境和条件，或许应称其为"数字现成品（digital readymade）艺术"。如果仔细探究，我们会注意到，与当代艺术中"现成品艺术"所涵括和指涉的语义不同，这种"数字现成品艺术"是艺术家在数字媒介实践中与监控影像进行数字化互动的产物，那么，它似乎更应该被称作"数字生成品艺术"。影片对视频云存储数据库的运用、影片中几段通过AI方式编写的解说词、分布式协作的影像构成，等等，都凸显了这一数字化的生成机制。它当然离不开艺术家主体的创造性想象，但从另一方面说，它更是监控影像对艺术家感应的驱策、刺激和占据，并借助艺术家显示出其强大的生成性。这种"数字生成"成为艺术作品得以成形的根本条件，凸显了艺术作品作为"数码物"[①]对监控影像的感知和把握。

《蜻蜓之眼》在与监控影像互动生成的过程中，采用的具体编码手段是影像拼贴。拼贴的方式在当代艺术中屡见不鲜，甚至司空见惯，人们往往只注意到它的形式层面，而忽略了它实际上是一种"野性的思维"，即列维-斯特劳斯所说的原始人感知世界的方式。在原始人那里，拼贴是没有文化、没有技术的"原始人"对周围世界做出反应赖以使用的手段，其"多重意识"的思维善于在几个层次上同时对周围环境做出反应，并在这一过程中构造出一幅令我们大惑不解的精细的"世界图画"。[②]数字技术变革当然标志着文明的最新进程，而不是回到野蛮的原始社会，但是，这一变革的冲击性影响不啻于将人们置于某种意义上的"原始之境"：一切尚未明朗而无法充分把握，充满各种可能又随时危机四伏。处此之境，原始艺术的"拼贴"蕴含的"多重意识"，在现代的艺术创造中回响，形成"将各种彼此无关的元素结合在一起"的"隐喻的空间力

[①] 许煜将数码物界定为"成形于屏幕上或隐藏于电脑程序后端的物体，它们由受结构或方案（schema）管理的数据与元数据组成"，见许煜. 论数码物的存在 [M]. 李婉楠，译. 上海：上海人民出版社，2018：1.
[②] 特伦斯·霍克斯. 结构主义和符号学 [M]. 瞿铁鹏，译. 上海：上海译文出版社，1987：47 – 49.

量"①，作用于对数字化现实存在的感知。

影片的名称"蜻蜓之眼"就是具有多重含义的喻体。首先，蜻蜓的眼睛由1万—2.8万只小眼睛构成，每秒眨动4万次，这让人联想到布满监控摄像的城市空间，它被城市运转的机制控制着。其次，蜻蜓的每只小眼睛都是一个独立的感光单位，众多小眼睛形成的像点拼合成一幅完整的图像，恰如《蜻蜓之眼》这部影像作品，其本身就是多个画面拼合而成的图像——制作者利用特定的程序控制着图像的连缀，引导着它的呈现。再次，全部影像基本上是假借蜻蜓或它的化身（柯凡后来将自己也整容成了蜻蜓一样的人），以之为视角展开故事的讲述，人物的身份、生活和命运成为对图像的演绎；如此，这一影像艺术装置将数字技术与人物命运相连，在构成一种视觉感知方式的同时，又在检测和质疑这一方式，就像片尾曲歌词所写的："眨眼之间，光被推动，暗黑空间，似是而非"。

《蜻蜓之眼》的特别之处还在于，其旨趣并非加入既有的监视与控制相关的话语——观念的讨论、反思和责难，而在于提示我们以怎样的方式感知监控影像。徐冰关注到监控"已经扩展出了更丰富的范畴"，人们"通过这个东西和世界发生关系"②，可以说，今天人们对城市的感知已经离不开监控影像。正是在这个意义上，《蜻蜓之眼》可谓一次数字化城市感知的影像试验，一个放大到极致的影像艺术装置。这一装置的主体框架建立于双重悖反的叙事构成——用真实存在的监控影像来讲述一个虚拟的故事，同时也用一个虚拟的故事来组织真实存在的监控影像片段。一方面，影片中的影像片段完全按照原生数字形态呈现——时间码、获取位置、数字编码、播放平台或渠道、影像捕捉符号、卡顿的声音等都未经处理；另一方面，故事主要以配音的方式展开，平滑、流畅的声音带动并建构着观者的想象，形成一个貌似完整的叙事。这种富有张力的叙事构成，让建构和解构既相互依赖又相互拆解。如此相反相成的"双面神"，拒绝了单一直白的意义赋予和寻求明确主题的阐释冲动，对监控影像表征的数字环境的感知框架作为一种感性直观呈露于观者的眼前，压制了观者"听"到的故事和"听"故事的欲望，让观者面对监控影像本身的存在，感受它的冲击，而悬置有关它的各种话语和观念。

联系前述拼贴方式所包含的多义性隐喻基调，我们可以发现，《蜻蜓之眼》在影像连缀或故事展开的过程中生成、放大并建构起隐喻的框架，让我们以此去感知监控影像的存在和观看方式。有人说"界面就是我们为克服迷茫而向自己讲述的故事"③，但我们看到，徐冰的这一艺术装置对故事的讲述不是在促成一个和谐的整体，而是在凸显一个充满裂痕、随时可能中断的聚合物。与此相应，故事指涉的似乎不是作为主体的"我

---

① 理查德·桑内特. 肉体与石头：西方文明中的身体与城市[M]. 黄煜文，译. 上海：上海译文出版社，2016：58.
② 徐冰，唐宏峰，李洋. 从监控到电影：关于《蜻蜓之眼》的对话[J]. 当代电影，2019（4）：130-134.
③ 转引自玛丽-劳尔·瑞安. 故事的变身[M]. 张新军，译. 南京：译林出版社，2014：6.

们",而是监控影像之于"我们";不是试图克服迷茫,而是折射出这种影像观看的迷茫。当剧情和画面不能有效融为一体,甚至出现割裂感时,构成电影画面的监控影像作为一种媒介被我们更强烈地意识到。有学者说,《蜻蜓之眼》充满真实与虚构的张力,"铁板一块的现实可以被粉碎,用碎片重新组合成各种各样的故事"①,但从另一方面看,作为现实的影像数据本身,就其存在而言,每一个画面都是相对完整的,每一个画面都有它自身的故事,只是我们无从知晓而已;任何一个孤立的画面都可以是我们进入世界的入口,只是我们被蜂拥而来的更多画面缭乱了眼睛而无法选择,却将此推诿给世界的碎片化。《蜻蜓之眼》提示我们,恰恰是影像的拼接凸显了碎片化,也就是某种观看方式生产了碎片化。由此,《蜻蜓之眼》不仅让我们重新看待和感受视觉领域的所谓"碎片化"现象,而且提供了一种反思观看的观看之道。

进一步看,影片中展开的貌似有头有尾的故事,不过是便于影像拼接的程序,是生产碎片化效应的机制。这一程序和机制实际上利用的是原本潜伏于我们脑中的观看无意识——希望看到一个引人入胜的故事。但那些充满跳脱的地点和散乱的时间的影像,一次次地破坏我们的期待;影像迁就故事,对两个人物不能采用清晰的形象,以便于保持某种模糊的相对的一致性,这也造成我们要在影像中努力辨识主角。当影片中的讲述暂停而画面继续时,我们或许会努力脑补画面与故事线的联系,或者想象着另外一个故事,甚至干脆放弃故事,只接受画面本身的冲击,尤其是当那些灾害性的画面作为空镜出现时。或许,脱离了影像本身的故事虽不完美,但尚能成立,可以聊以慰藉渴望现代都市传奇的人们;但是,一旦与影像相连,如影片约11分钟的英文旁白里说的,"故事情节游入了观看的视野"(the storyline swims into view),影像的巨大力量便随时可能威胁故事的讲述。于是,我们原本以为故事可以为影像提供意义的阐释,结果发现很难做到;倒是穿插其中的几段出自机器人的英文旁白,以关键词式的方式贴合着影像的片段呈现,能够颇为准确地道出影像所指,这颇具讽刺性。由此,《蜻蜓之眼》让我们重新思考借助故事来辅助影像的视觉叙事在新的数字媒介情境中的有效性。

综上所述,徐冰的《蜻蜓之眼》从监控影像切入城市的数字化现实,将监控影像中涌现的"内容",以"野性思维"的拼贴方式缀合生成一种富有隐喻的叙事。重要的不是这样的叙事提供了怎样的城市感知故事或内容,而是如何构建了形成城市感知的形式框架。有学者指出,它通过"玩监控"的方式提示了一种"监控个人主义"理念②,可视为这种形式框架的一种效应。这种形式框架鼓励人们颠覆固有的思维,悬置已有的观念,以新的方式感知和应对我们身处的数字环境。

数字叙事的视觉化与整个文化的视觉化密切相关。数字技术在激发视觉化文化生产

---

① 彭锋. 艺术与真实:从徐冰的《蜻蜓之眼》说开去[J]. 文艺研究,2017(8):5-12.
② 陆晔,徐子婧. "玩"监控:当代艺术协作式影像实践中的"监控个人主义"——以《蜻蜓之眼》为个案[J]. 南京社会科学,2020(3):109-117.

的能力上,无疑令人惊叹。我们知道,人类祖先在理解和把握身处的世界时,图像先于语言参与和表征着人类早期的文明。留存在距今 3 万—5 万年的岩洞石壁上的那些栩栩如生的图像表明,人类最初的视觉创造传递着鲜活的身体感受,同时也包含着理性和抽象的能力。但是,语言文字出现后,"当人们在进行抽象思维这一大脑活动的最高方式时,便会放弃图像形式,而且不再走回头路"①。于是,图像更多地与某种初级的、感性的特质联系在一起。图像与文字、感受与理解、欲望与思想的二元对立,贯穿了文明的进程。人们离不开图像视觉,但又警惕其僭越的风险。随着机械复制时代的到来,尤其是照相技术的发明,视觉图像开始越来越多地占据人们的生活空间,而进入数字时代后,机器视觉更是在增强人的视觉能力的同时,令视觉产品数量急剧增长,视觉空间急速膨胀;虚拟现实、增强现实和混合现实等媒介技术带来的视觉的沉浸式感知,社交媒体和各种基于网络的平台,都使视觉交往成为日常惯例。在这种情况下,一方面,视觉理性的诉求日趋强烈,视觉理解和视觉思维从机械到光学到计算机再到数字化,都不断地催生出针对视觉缺陷而进行的科学的、精准的视觉设计;另一方面,在机械化、数字化、人工智能化的媒介技术环境中,不仅更多的人在日常生活中自身的视觉能力减弱,对视觉义肢的依赖加强,而且视觉理性的力量面临废弛的危险,从"读图时代"到"读屏时代",越来越多的人已经不习惯、不愿意进行文字的阅读,就是一个典型的征兆。②

二、数字叙事与参与式文化

20 世纪 90 年代初,美国传播学家亨利·詹金斯提出参与文化的概念,主要考虑的是 Web 2.0 网络平台给网民带来的积极主动地创作媒介文本、传播媒介内容、加强网络交往的文化活动,其以自由、平等、公开、包容、共享为特征。随着互联网的进一步普及及数字技术的进一步发展,参与式文化更多地渗透于不同主体间的协同、合作、互动、沟通之中。数字叙事在文化上也体现出对公众参与的召唤和激励。

2020 年,《隐秘的角落》作为年度现象级网络剧引发空前观剧热情,豆瓣评分为 8.9 分,近 70 万人对其进行评价。在以豆瓣、抖音和 B 站为代表的网络平台上,产生了大量对于剧情的解析,一度成为热潮。类似"细思极恐的细节""严良已经死了""普普是最大 BOSS"等虽已属于"过度解读",但大家依然乐此不疲。这样的解读狂

---

① 伦纳德·史莱因. 艺术与物理学:时空和光的艺术观与物理观 [M]. 暴永宁,吴伯泽,译. 长春:吉林人民出版社,2001:5.
② 陈霖. 媒介技术与文明的视觉压力 [J]. 探索与争鸣,2020 (6):21 – 23.

欢,伴随着"爬山梗""秃头梗"等解构式的段子的流传,固然有力地说明了网剧《隐秘的角落》本身及其生产和传播的成功,同时也更清楚地向我们展示出,新型观众作为参与式文化的主体,促成了数字叙事中主文本和副文本之间丰富而复杂的关系状态。

豆瓣上的讨论主要集中在电视剧分类下的《隐秘的角落》板块,以及隐秘的角落豆瓣小组。截至2020年7月23日,《隐秘的角落》在电视剧分类板块获得了超过21万条短评和4 000多条长剧评,其豆瓣小组也有超过11万名成员和10万余个讨论帖。在这两个豆瓣空间内,观众们充分激活思维大开脑洞,对电视剧展开了激烈而又深入的讨论。在豆瓣的剧评下,被标记有用数最多的3条长评由用户"已注销""今天小熊不吃糖""徐若风"发布,分别获得了超过1.6万、8 000和6 000条有用标记,总计引起5 000余名其他用户的回应。这3条剧评的内容主要涉及对网剧隐藏结局的分析和对人物心理的剖析。而当我们点进这三位作者的个人空间,追溯他们加入豆瓣以来的活动轨迹时会发现,他们一直以来都很喜欢参与观影后的创作。从豆瓣主页上显示的数据来看,这三位用户的观影量都超过了1 000部,且经常在豆瓣上发布对电视剧作品的评论,涉及的作品有《我们与恶的距离》《十日游戏》《过春天》《幸色的一居室》等。以这三位用户为代表,豆瓣上的这类观众在观看完作品之后,一直拥有发表文字或图片评论来剖析剧情的习惯。他们会从剧情、角色心理、演员演技和其他涉及的深层次问题等多种角度进行分析,探讨影视剧作品的多重意义。豆瓣小组则类似于论坛,用户会在小组内发帖讨论,内容涉及作品的各个方面,不仅仅局限在剧情和演员上,他们还会分享自己的感想,补充和讨论一些原作相关信息,或者发布一些奇特的"脑洞"想法。

抖音上有关《隐秘的角落》的讨论主要集中在剧情分析类的影视剧账号上,比如"月亮电影""小侠电影""抖剧侃姐"等。这些账号发布的相关内容主要是对剧情进行解读,帮助观众理解编剧想要表达的意思;有时候也会进行一些个性化的解读,挖掘剧中一些细节背后的有趣含义,这些细节可能连编剧都没有在意过;还有一些会根据自己的理解,对影视剧作品进行模仿和改编。抖音平台上的这些账号大多之前就一直在进行影视剧解读相关的短视频制作,有些还以此为生,他们一般拥有不错的粉丝量。拿"小侠电影"来说,该账号拥有1 600余万名粉丝,发布的视频涉及《猎鹰突击》《楼下的房客》《机械画皮》等多部影视剧作品,单个视频经常可以获得10万以上的"点赞"量,拥有庞大的粉丝基础。于是,被这些账号解读的影视剧作品,往往能吸引更多的观众进行观看。

B站是目前聚集年轻用户最多的弹幕视频网站,它也有许多剧情分析类的影视剧账号。受B站视频长度和弹幕技术的影响,这类账号发布的剧情解读视频往往比抖音更全面、更具有深度。此外,与抖音不同的是,B站还存在许多各个领域的专业账号,他们会根据自己的专业知识来解读影视剧中的一些内容,发布科普解读类视频。由于《隐秘的角落》是一部悬疑推理类作品,所以许多法学类、推理解谜类账号也会加入进来。一些音乐类、美学类和手工艺类的"UP 主"也会对剧中出现的一些相关元素进行翻唱或改编,为作品本身增添了一些有趣的内容。

平台化传播、流量竞争和吸引受众进行二次传播是当代网剧最常见的几种传播手段。具体来说,网剧大多依靠自媒体传播、社交媒体传播和官方媒体传播的方式吸引观众观看和讨论,引起热度后再吸引更多观众观看,形成一种良性循环。与其他火爆的网剧类似,《隐秘的角落》虽然首发于爱奇艺的迷雾剧场,但对于这部作品的讨论远未局限在爱奇艺平台上,在社交属性更强的豆瓣、抖音和 B 站等平台上的内容,更能够吸引用户观看、讨论和传播。

《隐秘的角落》本身是网络空间传播机制的产物,其文本构成和传播方式将网剧(或曰"网大")的特征淋漓尽致地展现出来。豆瓣《隐秘的角落》电视剧板块主要可供用户借助评分系统展开对作品的审阅,并在此之上通过短评和剧评的形式进行致意和传情。这种致意和传情的方式对于单向输出而言是便利的,但是对于双向甚至多向的互动则有些捉襟见肘。隐秘的角落豆瓣小组则给了这些需要更多互动性的用户一个更便于讨论的空间。用户往往会通过发帖、回帖的形式,就自己感兴趣的话题展开更为深入和激烈的讨论,在这样的讨论中丰富作品的内涵。

抖音和 B 站上的内容绝大多数都是视频,主要是由视频的制作者直接发布在平台上,平台再通过算法根据"UP 主"之前的热度和点击量等将其推荐给其他观众。抖音的主要播放和拍摄设备是手机,主打短视频。受时长限制,抖音上的视频往往是抓住某些细节来进行单一方面的解读。而且,抖音的娱乐性更强,所以日常生活类账号会根据剧中人物和剧情特点来模仿和改编,其制作的偏向于搞笑和娱乐的视频也会受到很多人的关注。《隐秘的角落》在抖音上也拥有自己的官方账号,用来发布一些花絮视频,这也是吸引用户观看的一个优质手段。此外,抖音上还有"#隐秘的角落"这个话题,用户点进去即可观看和发布相关视频。由于短视频拍摄和生活模仿性内容相对简单,所以抖音视频的拍摄难度和专业度是不如 B 站的。B 站上视频的长度往往要比抖音长很多,更适合做一些具有专业性和深度的长视频。悬疑推理和法学等相关的专业类账号会以剧中的一些细节为引子,来制作科普和解读类视频。而普通观众则多是在观看这类短视频后进行评论、"点赞"和转发等互动。

抖音的相关话题、豆瓣的小组讨论及 B 站数量众多的解读类视频,都为这部作品吸引了极大的流量。这些多种多样的平台和如今而言相对简单的视频制作和发布方式,共同构成了作品"共谋者"们的文化实践空间。平台的功能对于每个网剧来说都是一样的,所以要在各个平台的竞争中获得流量,网剧文本自身的可讨论性和可伸缩性就尤为重要,这就要依赖"共谋者"们的二次创作了。次级文本或者说副文本(Paratext)是"共谋者"们进行创作的典型特征,在此过程中形成的文本类型和叙事策略值得关注。"共谋者"们会依据自己的专长,从不同的专业角度入手,发表评论,或进行深度分析。一些理工科背景的观众甚至会自己编程，对作品的一些数据进行分析。比如 CSDN 的用户"朱小五"用 Python 抓取了《隐秘的角落》12 集的共 201 865 条弹幕，发现除了演员的名字以外，对演员演技的探讨、对剧中角色的心理和行为（尤其集中在孩子和成长方面）的探讨也占了很大比例。他还据此制作了一份词云图表，为其他观众提供可视化的数据以帮助观众了解该作品。除了数据类文本以外，评论类文本、深度分析类文本和另类文本（主要指由剧集内容延伸出的非评论类文本）也充斥在网络空间之中。

网络空间机制为观众们提供了进行"共谋"的基础场所，但真正让编剧和观众达成完美"共谋"还是要落回到具体的叙事文本。《隐秘的角落》这部由推理小说改编而来的网剧，既有普通推理小说扑朔迷离的案情，又从孩子的视角来进行剧情的推进与发展，为观众扩展出了许多可讨论的话题。

《隐秘的角落》为作为"共谋者"的观众提供的话题主要分为四类。

第一类是比较表层的，是对剧中的音乐、画面和演员等一些基本元素展开讨论、改编或者模仿。由这一类要素产生的文本主要集中在视频弹幕、评论和豆瓣小组之中，大多是文字和图片的形式。比如，用户"追剧少女韩芳芳"发布帖子《〈隐秘〉美食图鉴：嘬饮糖水，嘬饮凉茶》，对剧中出现的南粤风味的饮食和元素进行了总结和详细介绍；有些观众会把演员演技最好的高光时刻剪辑后发布在视频网站上，其他观众会在剪辑视频的评论区和弹幕空间进行讨论。

第二类话题是剧情解读类文本。由于受到视频长度的限制，抖音大部分的剧情解析都是从某一个具体的细节入手，对少数的几个点进行分析，时长一般不超过 5 分钟，总体缺乏全面性和深度性。而在 B 站，许多解读类视频的时长在 30 分钟以上，可以对整个剧情进行连贯和全面的解读。豆瓣是一个偏向于文字的平台，它的用户会更关注原作的情况，所以会对紫金陈的原作和电视剧的剧情之间的关系展开讨论和分析。不过，"共谋者"对于剧情的解读也可能会陷入过度解读的"误区"，有时会为了印证自己的猜想而强行寻找细节来证明。虽然过度解读相对于原作而言是一种"误区"，但也具有其独特的魅力，它为影视剧文本增添了更多可讨论的空间和由此延伸出的意涵。

第三类则侧重在情感的共鸣、传达和分享上，这一类文本和观众的个人生活息息相关，多以弹幕、评论和短视频的形式出现。豆瓣用户"灯泡强盗"就在小组中发布了《感情中的给予与索求。观周春红有感》这篇帖子，结合个人经历和感受对周春红这个人物进行了分析，认为周春红其实是全剧中最自私的人。抖音上观众分享的文本虽然也以诸如此类的情感共鸣为基础，但并没有如此的细致和深入。他们大多是发布自己观影的画面或者是观影后的反应，结合剧中一些火爆的"梗"来拍摄视频。比如，抖音视频制作者"大狼狗郑建鹏＆言真夫妇"拍摄的视频《当老婆独自看完〈隐秘的角落〉后》，夸张地表现了老婆观影后看到与剧中"为把你写进日记里"和"为帮你拍张照"等惊恐细节相似的生活场景之后的恐慌，收获了近 100 万的"点赞"量。

第四类文本主要利用了作品本身的延展性，将剧中出现的一些细节和话题延伸到影视剧创作之外的其他领域，如法学、心理学和教育学等。其中，最具有代表性的文本之一就是B站"UP主""罗翔说刑法"制作的视频《〈隐秘的角落〉犯罪分析，张三还有机会么？》。在该视频中，罗翔选取了剧中的一些典型案例，参考B站"UP主""小片片说大片"和"正经法律"制作的剧情解说视频，从法律责任的角度具体解读了剧中人物的一些行为，并举一反三，分析了同类情况下的不同做法是否应该承担其他的法律责任，为观众上了一堂很好的科普课。此外，由于模仿、恶搞和鬼畜文化的盛行，也有一些观众会上传自己对于作品的模仿视频，这类视频多出现在抖音和B站上，也为《隐秘的角落》增添了一些其他的文化意涵。

观众们在观影后生产的文本，既有表层的对基本要素的讨论，也有深层的对剧情和细节的分析。他们会借助新媒介的社交属性，发布一些与《隐秘的角落》相关的生活化视频。除此之外，由原作本身所延伸出的科普、恶搞和改编类文本也可以扩展作品本身的意涵。这些由观众自主创作的文本，并不局限在影视剧文化本身，而是涵盖了多个领域的多元文化，从而与原作一起创造出一个更为巨大的"文本"——一个数字时代的混合文化的文本。

在新闻领域，参与式文化具体体现为参与式新闻。援引吉尔莫的经典定义，於红梅指出，参与式新闻（Participatory Journalism）发轫于自媒体（We Media）诞生之时，指向公民以互动方式参与新闻信息的生产，并以此引发行业、社会层面的变革。[①] 直观可见的是，当下的新闻不再受到机构性媒体的单一控制，受众开始参与到新闻内容的生产与建构中来。陆晔用"液态新闻业"概括从业者的身份转变。也就是说，新闻生产者的身份和角色不再是相对稳定的，而是在职业记者、公民记者、社会大众之间不断转换。[②] 由此，新闻信息与信息控制的边界正在液化、弥散，新闻生产转变为协作性、参与性的新闻策展。就用户行为的参与性实践而言，用户不仅参与新闻的生产与消费，而且作为一个重要的转发者和分享者，通过手机终端重构融合新闻的生态系统。在融合文化语境下，用户的内涵发生了微妙的变迁，成为一个同时参与生产与消费的生产型消费者（Prosumer）。用户通过在自媒体平台的评论、转发、分享，以及线下的各种参与性媒介实践，深刻地改写了新闻生产的内容生态和操作流程。[③] 当然，参与生产的行动者并非都具备人的肉身。机器人、传感器等非人行动者也参与到新闻叙事的过程中来[④]，

[①] 於红梅. 从"We Media"到"自媒体"：对一个概念的知识考古[J]. 新闻记者，2017（12）：49-62.
[②] 陆晔，周睿鸣. "液态"的新闻业：新传播形态与新闻专业主义再思考——以澎湃新闻"东方之星"长江沉船事故报道为个案[J]. 新闻与传播研究，2016（7）：24-46.
[③] 刘涛. "竖屏"叙事与融合新闻文化[J]. 教育传媒研究，2020（2）：15-18.
[④] 师文，陈昌凤. 社交机器人在新闻扩散中的角色和行为模式研究：基于《纽约时报》"修例"风波报道在Twitter上扩散的分析[J]. 新闻与传播研究，2020（5）：5-20.

并重组着新闻内容与编辑部制度①。当然,有学者对参与式新闻的"参与性"产生怀疑,他们指出,媒体确实给予读者与机构接触并进行在线辩论的机会,但新闻制作过程的其他阶段却不允许他们参与。即使读者可以参与,这些关口也依旧由专业记者控制。②

新闻的参与式生产影响着既有的叙事模式,并重组了新闻的叙事结构。传统媒体的新闻生产基本局限在一个闭合的系统当中。大众媒体中的出版和播出,要受到版面和时效性的限制,致使受众的反馈和参与相当有限。然而,参与式文化激活了网民和公众参与新闻生产的热情,使受众和新闻生产者之间的互动增多,新闻生产表现为一种共享、开放、迭代的过程。这样,生产者需要提供多样化的叙事结局、富有现场感或高度还原现实的叙事情景来实现文化参与,过去封闭的、线性的叙事模式由此转变为多元的、灵活的非线性叙事,甚至开始主动吸纳非专业化的叙事结构。③ 正如刘鹏在论述"用户新闻学"时所指出的,参与式新闻的叙事结构是嵌套式的。用户通过评论、转发新闻,不断将新的事实信息、价值判断、情感加入其中,新闻的意义在这个过程中不断丰富、不断变形,而且往往成为二次传播的内容被整合进去,传播链条交叉套叠,不断形成新的"新闻包裹"④。还有学者针对基于微信新闻的生产模式指出,不同于组织化、专业化的新闻生产,微信的新闻生成是在交往中生产的,是一种无本原的生产模式,这就打破了大众媒体新闻叙事中的线性序列。微信的新闻生成以互文性的方式呈现,形成了多重连接、交叉并置的互文,创造出含混、多维的意义。⑤

参与式新闻更突出地体现于新闻叙事游戏之中。随着数字技术的发展,游戏正在成为解释复杂信息和情境化报道的可行方式。⑥ 2000 年后,西方新闻媒体开始利用简单的 Flash 软件与程序语言将新闻与网络游戏进一步结合。乌拉圭游戏设计师贡萨洛·佛拉斯卡是第一个在其网站 Newsgaming.com 使用"新闻游戏"一词的人。⑦ 在他最早的反恐新闻作品 September 12(图 10-2)中,玩家在游戏中向中东地区投掷的炸弹越多,就会有越多的受害平民投身于报复性的恐怖主义。对于该游戏的设计师而言,受众不仅投身于虚拟世界里,游戏本身也能够成为其理解现实世界的工具。

---

① 吴璟薇,曾国华. 新闻学研究的物质性转向:数字时代的媒介本体与媒介中介性[J]. 新闻与写作,2021(11):28-37.
② Domingo D, Quandt T, Heinonen A. Participatory Journalism Practices in the Media and Beyond: An International Comparative Study of Initiatives in Online Newspapers[J]. Journalism practice,2008(3):326-342.
③ 毛湛文,李泓江."融合文化"如何影响和改造新闻业?基于"新闻游戏"的分析及反思[J]. 国际新闻界,2017(12):53-73.
④ 刘鹏. 用户新闻学:新传播格局下新闻学开启的另一扇门[J]. 新闻与传播研究,2019(2):5-18.
⑤ 谢静. 微信新闻:一个交往生成观的分析[J]. 新闻与传播研究,2016,23(4):10-28.
⑥ Burton J. News-Game Journalism: History, Current Use and Possible Futures[J]. Australian Journal of Emerging Technologies and Society,2005(2):82-93.
⑦ Newsgaming[DB/OL]. (2019-08-20)[2022-09-29]. http://newsgaming.com/newsgames.html.

图 10-2　最早的新闻游戏作品 *September 12*

《纽约时报》2013 年最受欢迎的新闻是一个名为"*How Y'all, Youse and You Guys Talk*"的游戏新闻,该游戏用 24 个选择题测试读者的语言使用习惯,两周内的阅读数就超过了其他实时新闻。[①] 2014 年,半岛电视台将狮山共和国非法渔业的调查新闻转化为新闻游戏《非法捕鱼》(*Pirate Fishing*)[②](图 10-3)。在这个作品中,读者化身调查记者,以第一视角进行线索收集、实地探访,直到抓到非法渔夫。该新闻游戏也为半岛电视台带来了大量新的订阅用户。

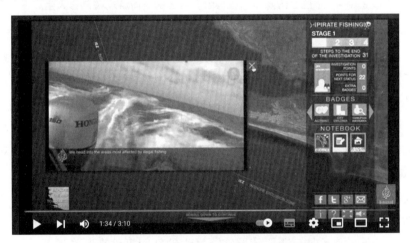

图 10-3　半岛电视台游戏新闻作品《非法捕鱼》

我国的新闻游戏起步较晚。2015 年,中国台湾媒体《报导者》推出了新闻游戏《急诊人生》[③](图 10-4)。在这个作品中,玩家以第一视角扮演一个综合医院的急诊科医生,并通过屏幕交互"治疗"患者。与普通游戏不同的是,作为"医生"的新闻读

[①] 该游戏是一个简单的交互性游戏,通过选择和测评即可得到最终结果。How Y'all, Youse and You Guys Talk [DB/OL]. (2013-12-20) [2022-09-29]. https://archive.nytimes.com/www.nytimes.com/interactive/2013/12/20/sunday-review/dialect-quiz-map.mobile.html.

[②] Pirate Fishing [DB/OL]. (2019-12-20) [2022-09-29]. https://interactive.aljazeera.com/aje/2014/piratefishingdoc/.

[③] 急诊人生 [DB/OL]. (2021-08-05) [2022-09-29]. http://0media.tw/p/ergame/.

者在游戏过程中获得了大量的现实信息，包括不堪重负的医疗体系、保守的医改政府与在现实中发生过的医疗危情。游戏作者蒋宜婷表示，这样的视角转换可以使读者真正换位思考，从当事人的角度充分感受新闻现场，理解新闻背后的复杂语境。①

图 10-4　中国台湾媒体《报导者》推出的新闻游戏《急诊人生》

2016 年 6 月，财新传媒数据可视化团队设计发布新闻游戏作品《我是市长》，该作品夺得世界数据新闻大赛季军。此外，网易新闻与橙光游戏合作出品的《逃跑人的日常》、共青团中央与橙光游戏联合制作的《重走长征路》、《人民日报》根据 Pokemon Go 改编而成的新闻游戏《G20 小精灵 Go》等，都是目前比较成功的新闻游戏作品。

与传统新闻的叙事特征不同，新闻游戏有其自身的叙事结构。得益于技术语境的支撑，受众的参与性获得极大提升。张建中指出，作为一种媒介形式，新闻游戏改变了传统的新闻叙事模式，为受众提供了参与式的阅读体验。游戏是文字、影像、声音之外的另一种选择，是另一种叙事方式。他指出，新闻游戏的叙事是开放性的、关系性的、系统性的。新闻游戏不仅局限于封闭的事件，而且描述了特定事件背后的社会现实。游戏开发人员在制作新闻游戏时，既要依照实际发生的新闻事件来制作游戏，又要考虑在不同情景中可能发生的事件变化。② 而且，对于受众来说，新闻游戏的叙事视角发生了倒转，受众由旁观者直接变成当事人。第一人称视角促成了真实与虚拟的融合，引发了沉浸式传播，唤起受众的共情。③ 更为重要的是，新闻游戏的叙事走向受到受众交互行为的直接调控。只有受众的参与行为才能推动叙事的进程。也就是说，新闻游戏的参与式

---

① 蒋宜婷. 《报导者》编辑部为什么用游戏做新闻［DB/OL］. (2015-12-18)［2022-09-29］. http://www.21shijue.com/jx4.html.
② 张建中，李建飞. 重启新闻叙事：本土化新闻游戏的创新与实践［J］. 当代传播，2016 (6)：45-47.
③ 潘亚楠. 新闻游戏：概念、动因与特征［J］. 新闻记者，2016 (9)：22-28.

实践直接影响受众对新闻内容的接受度，干预受众对现实环境的感知。如此，游戏给新闻带来了叙事策略的重大转变。新闻从完整的封闭式纪录片演变为交互式的新闻游戏，掌握信息的主动权逐渐转移到受众身上，这让受众对新闻的参与度大大增强。

更为值得一提的是，在部分游戏新闻中，新闻的叙事过程更为开放，受众的阅读结果部分超出叙事者的既定轨道。这样，受众的参与式实践本身也成为新闻的叙事动力，成为解构封闭文本的重要催化剂。① 此外，有学者指出，受众的参与式实践不仅影响了叙事的走向，而且影响了新闻游戏的技术模块。还有学者指出，新闻游戏的生产不是一次性完成的，在最初版本发布后，需要持续不断地更新、升级游戏版本，而每一次更新都是依据玩家反馈的意见进行的系统调整，并对游戏技术漏洞进行修复。② 当然，也有学者对新闻游戏的参与性叙事表示怀疑。符号学者李俊欣指出，新闻游戏是媒介融合语境中新闻与游戏的结合。通过引入索绪尔与劳尔·瑞安的经典理论，他指出新闻游戏的叙述体现为新闻纪实与游戏虚构的杂交，消解了新闻业的传统边界，使新闻的真实客观性面临挑战。受众看似拥有自主选择权，但实际上更加被动。③

此外，有学者指出，新闻游戏并非天外来物，而是有其自身的历史渊源。还有学者指出，新闻游戏与中国新闻史关联密切。清末《民立报》已设置游戏文章专栏，所刊游戏文章切合时政，文体丰富多样，讽刺辛辣，技巧多变。传统游戏文章与报刊媒介结合促使游戏文章开始朝着现代杂文文体的方向发展。④ 黄鸣奋指出，游戏文章有的将"宫门抄"（朝廷公报）变成了俳谐文，有的是由社会时政新闻生发出的嬉笑怒骂的随感。这些叙事文体广泛应用了戏拟、隐嘲、比拟、夸张、错置等手法⑤，提升用户对文本的参与度，这与现代新闻游戏在叙事、修辞、美学方面有相同之处。

三、数字叙事的社区化

互联网诞生之后，网民即开始创建 BBS 论坛、贴吧等，聚集兴趣相同的人进行知识分享、信息发布和群组讨论，呈现出网络社区化趋势。随着 Web 2.0 时代的到来，各种互联网平台更是为社区化提供了技术支持。在这样的技术支持下，最初的写作社区具

---

① 曾祥敏，方雪悦. 新闻游戏：概念、意义、功能和交互叙事规律研究［J］. 现代传播（中国传媒大学学报），2018（1）：70－77.
② 毛湛文，李泓江. "融合文化"如何影响和改造新闻业？基于"新闻游戏"的分析及反思［J］. 国际新闻界，2017（12）：53－73.
③ 李俊欣. 符号叙述学视角下的新闻游戏及其伦理反思［J］. 新闻界，2018（9）：34－40.
④ 张天星. 匕首·号角·新声：《民立报》所刊游戏文章论析［J］. 名作欣赏，2010（29）：70－73.
⑤ 黄鸣奋. 数字化语境中的新闻游戏［J］. 重庆邮电大学学报（社会科学版），2014（5）：94－100.

有浓郁的亚文化色彩，写作者出于相同的爱好聚集在一起，书写自己的故事，或者改写他人的故事，数字叙事文本激增。

当下，晋江文学城已成为中国最大的数字文学社区。然而，晋江文学城的前身只不过是晋江电信局网络信息港下属的小版块。该版块创立于1997年，在创立之初聚集了晋江地方的网络文学爱好者。这些文学爱好者以共同的兴趣为中介，自发在该论坛中创作、更新、连载网络小说。在创办之初，成员们互为创作者和读者，并迅速结成小规模的地方共同体。伴随着优质内容的生产与积累，晋江很快甩掉了"地方论坛"的标签，在全国范围内吸引了一大批小说爱好者与写手。2003年，这个地方论坛下的小板块被黄艳明等一批文学爱好者接管。他们成立晋江原创网，后更名为晋江文学城。据相关数据，截至2019年6月，晋江文学城注册用户达3 408万人，其中注册作者数为176万人，累计发布在线作品319万部，共计2 800余万个章节，累计发布字数超780亿字。20多年间，晋江文学城已从区域性的文学论坛发展为全国性的数字社区。①

晋江文学城的发展过程其实就是数字叙事社区化的过程，这种结构性演变牵涉着复杂的动力机制。在社区化早期，解构经典文本是符号生产的主要动力，自组织是生成社群的底层逻辑，趣缘成为维系社区运转的核心纽带。首先，反叛经典文本的叙事结构与创作模式成为这些小说社区的内容生产方式。作为网络文学的重要题材，同人小说颠覆了原著的情节、人物关系与主题，呈现出反经典性的特征②；在所有的二次创作形式中，网络同人小说以极端的呈现方式揭示了互联网社群的解构性力量③。更为重要的是，这样的创作不仅向外反抗既有的"符号—权力"秩序，而且向内生产社区的亲密关系。文本的生产与个体间的情感投射形成循环，创作者与读者进而生产出了独特的社群风格④，并巩固了社区的边界。布瑟指出，同人小说最重要的特性并非文学性，而是社群性，即通过文本与他人建立连接。这种叙事题材针对特定人群，以特定方式讲述和改写，并表达和满足特定情感。⑤ 这样，内容生产与社区凝聚力相互依存。通过对经典文本的转化与反叛，叙事者在生成内容的同时也在形塑着社区的特质。其次，这些数字叙事社群不依靠外在的权力规制，而是依赖共同兴趣的聚合。在社区中，网民要么以阅读者的身份进行反馈式讨论，要么以创作者的角色演绎互动化叙事，作者与读者的区隔并不明显。与网络趣缘社群相伴而生的参与式文化逻辑，决定了趣缘阅读圈层内部形成扁平化、民主化的层级结构。⑥ 当然，那些拥有特殊技艺、善于生产内容的个体自然会

---

① 舒晋瑜. 晋江文学20年［N］. 中华读书报，2019-08-28（17）.
② 王哲. 想象的可能和另一种世界的构建：网络同人小说研究［J］. 上海文化，2017（8）：19–33.
③ 郑熙青. 作为转化型写作的网络同人小说及其文本间性［J］. 文艺争鸣，2020（12）：93–101.
④ 张玉佩. 从媒体影像观照自己：观展/表演典范之初探［J］. 新闻学研究，2005（82）：41–85.
⑤ Busse K. Intimate Intertextuality and Performative Fragments in Media Fanfiction［J］. Fandom：Identities and communities in a mediated world，2017：45–59.
⑥ 李鲤，陈玉婷. 基于网络趣缘群体传播的社会化阅读新模式［J］. 中国出版，2017（24）：42–45.

占有更多的"文化资本"。在早期的晋江,创作者享有极高的社区可见度与话语权。读者会称创作者为"大大",甚至围绕着创作者生成跨媒体的粉丝群、应援团。晋江、潇湘、起点等叙事社区也诞生了诸如"流潋紫""唐家三少""天蚕土豆"等网络小说名家。这些网络小说名家往往具有极大的社区声望,甚至能够决定社区的生死存亡。

在历经 20 多年的发展后,网络文学社区进入高速发展阶段。根据中国社会科学院发布的《2019 年度网络文学发展报告》,我国网络文学用户数量达 4.55 亿人,网民使用率达 53.2%。网络文学书写的商业化程度随之加深,各大数字巨头纷纷收购、合并原始的文学社区,并由此形成了固定的收入模式与运营模式。譬如,阅文集团成立于 2015 年,与诞生在 21 世纪初的文学社区相比,晚成立近 20 年。然而,阅文集团在面世之初就收购了起点中文网、小说阅读网等社区,一跃成为中国互联网小说巨头。

平台化使得既有的社区生态急速变化。在这一阶段,资源变现成为符号生产的主要动力,社区内"作者—读者"群体的自组织转变为利益集团在外部的制度化调控。松散的、扁平化的社群结构不复存在,因趣缘聚合的社群亲密关系难以维持,叙事者的主体性地位被进一步稀释。由于商业逻辑和文化价值的冲突,原本与趣缘社区紧密绑定的同人文创作群体难以稳定生存于商业数字平台。同人文创作者只能不断在不同商业平台反复迁移,不断流浪。① 网络文学作者已形成多样化的主体性实践并以此应对劳动力商品化趋势,然而,网络文学创作者多样化的主体性实践也折射出个体被过度商品化的困局②,创作者往往难以逃避,只能选择策略化抵抗。在技术与资本的双重作用下,当下的网络文学创作者确实实现了个人资本增殖。然而,写手们也因此付出了"巨大代价",这突出表现为整体劳动风险增加、劳动强度加剧、劳动者权利被削弱。③ 因此,当代的网络作家已经从"文艺青年"转变为"数字劳工"。在社会发展、技术进步、消费需求、资本偏好等因素的共同作用下,写手们的文本生产过程其实是不断从属于雇佣劳动关系的过程,也是在技术迭代下主体地位慢慢被分化的过程。④

然而,不是所有的数字社区的叙事都被商业化了,相反,一些在线社区的数字叙事被充分运用于公共服务中。譬如,一些公共文化机构如博物馆和美术馆的数字社区,政府开设的公共论坛等,不仅免费开放,所有人都可在其间书写,而且与公共利益密切关联。美国新生代调查新闻机构 ProPublica 在没有盈利压力的报道环境下,专注于严肃新闻,开启了众多长期调查和追踪报道。2018 年 1 月,ProPublica 为了解决地方级媒体面临巨大的财政压力及被新媒体冲击的问题,开创了地方报道网络(Local Reporting

---

① 吴舫."何以为家"? 商业数字平台中的同人文写作实践研究 [J]. 中国青年研究,2020 (12):30 - 37.
② 胡慧. 生存之道:网络文学作者的劳动分化与主体实践 [J]. 中国青年研究,2020 (12):14 - 22.
③ 张铮,吴福仲. 数字文化生产者的劳动境遇考察:以网络文学签约写手为例 [J]. 同济大学学报(社会科学版),2019 (3):35 - 44.
④ 蒋淑媛,黄彬. 当"文艺青年"成为"数字劳工":对网络作家异化劳动的反思 [J]. 中国青年研究,2020 (12):23 - 29.

Network）模式。一方面，解决地方媒体需要问责报道但是没有资源来推动的困境，另一方面，扩大 ProPublica 的地区影响力及建立更加可靠和广泛的信源社区。

在这方面，针对阿拉斯加的性暴力调查就是一个典型的案例。《安克雷奇每日新闻》（Anchorage Daily News，ADN）与 ProPublica 的合作的 Unheard 栏目聚焦美国性犯罪率最高的阿拉斯加州，该州的性犯罪率几乎是全国平均水平的三倍。两家媒体利用当地的各类资源及关系网，合作调查了相关的性暴力受害者，鼓励他们讲述自己的故事，消除性暴力幸存者的耻辱感，同时给这样的故事价值赋予全国性的影响力。

起初，ProPublica 在网页中为每个文件都创建了一个单独的 URL，使得每个故事都可以被单独分享。但是很多参与者后来表示，他们分享的原因并不是为了使自己的故事被知晓，他们这样做只是因为他们是更大社区的一部分，并希望其他读者在这种背景下阅读他们的故事。因此，出于对参与者集体呈现的诉求的尊重，ProPublica 的技术部门将所有的 URL 保密，除非参与者选择了公开单独发布。所以，Unheard 网页上所有故事和肖像都在同一天在单个网页上展示。如果参与者愿意，他们可以分享他们个人故事的链接，但新闻媒体没有在网上或社交媒体上单独分享个人故事。互联网作为传播环境的一部分，其对于集体记忆的有效延续有助于达到更加广泛的传播效果和社会价值，即建设一个更加具有凝聚力和可持续性发展的社区。

有一些数字艺术家有意识地通过艺术项目设计来建立个人与社区的关系的叙事。2005 年，艺术家沃伦·萨克设计了《运动比赛学：一个语言游戏》。使用任何一个电子邮件程序，玩家都可以将消息发布到在线平台中以供公共讨论，然后项目将其转化为图形显示。根据消息的内容，玩家被分配到圆圈中的一个位置，并与其他发布相同主题消息的玩家关联。在每一条消息被发布并讨论之后，每个人的位置都会被算法重新计算。通过在讨论中发布一条消息来表达对某个主题的特定意见，玩家可以拉近或拉远自己与其他玩家的距离。萨克的项目利用了民主讨论、公共体育竞赛等观念，并将它们应用到在线讨论、论坛或跟进邮件列表中。基于艺术家建立的规则及其使用的算法，通过启用、参与和筛选运动，创造了一种增强的意识，即个体如何定位自己的意识，无论是在社交语境中，还是在他们表达意见的方式中。项目的参与者既是内容的积极生产者，也是内容的接受者，从而揭示了系统和社区如何能够创造个人之间关系的叙事。①

---

① 克里斯蒂安妮·保罗. 数字艺术：数字技术与艺术观念的探索：原书第 3 版 [M]. 李镇，彦风，译. 北京：机械工业出版社，2021：244 – 245.

本讲小结

本讲将数字叙事置于数字文化的视野之中加以考察,突出视觉化、参与性和社区性。就视觉化而言,数字叙事不只是提供互动性观看、图像化信息,在唤起叙事空间维度的同时也意味着视觉理性废弛的警报已经拉响。数字叙事的开放性鼓舞着不同主体参与、沟通,形成社区,但同时也无可避免地遭遇商业逻辑的冲击。数字叙事主体可以通过更多地介入公共性服务来维系积极的主体地位。已有的公共新闻社区、公共艺术社区实践,为数字叙事文化的未来发展预示了值得期待的前景。

【延伸阅读书目】

(1) Bolter J D. The Digital Plenitude: The Decline of Elite Culture and the Rise of New Media [M]. Cambridge: The MIT Press, 2019.

(2) 理查德·桑内特. 肉体与石头:西方文明中的身体与城市 [M]. 黄煜文,译. 上海:上海译文出版社,2016.

(3) 伦纳德·史莱因. 艺术与物理学:时空和光的艺术观与物理观 [M]. 暴永宁,吴伯泽,译. 长春:吉林人民出版社,2001.

(4) 科西莫·亚卡托. 数据时代:可编程未来的哲学指南 [M]. 何道宽,译. 北京:中国大百科全书出版社,2021.

(5) 邵燕君. 破壁书:网络文化关键词 [M]. 北京:生活·读书·新知三联书店,2018.

【思考题】

(1) 你认为视觉化为新闻叙事带来了哪些改变?

(2) 参与式文化在数字叙事中的体现与在其他领域的体现有何不同?

(3) 你加入过数字叙事社区吗?叙事对一个数字社区的建立有哪些作用?

参 考 文 献

中文译著

1. 莱辛. 拉奥孔［M］. 朱光潜，译. 北京：人民文学出版社，1979.
2. J. M. 布洛克曼. 结构主义：莫斯科—布拉格—巴黎［M］. 李幼蒸，译. 北京：商务印书馆，1980.
3. W. C. 布斯. 小说修辞学［M］. 华明，胡苏晓，周宪，等译. 北京：北京大学出版社，1987.
4. 特伦斯·霍克斯. 结构主义和符号学［M］. 瞿铁鹏，译. 上海：上海译文出版社，1987.
5. 王泰来，等编译. 叙事美学［M］. 重庆：重庆出版社，1987.
6. 里蒙-凯南. 叙事虚构作品［M］. 姚锦清，黄虹伟，傅浩，等译. 北京：生活·读书·新知三联书店，1989.
7. 张寅德. 叙述学研究［M］. 北京：中国社会科学出版社，1989.
8. 热拉尔·热奈特. 叙事话语 新叙事话语［M］. 王文融，译. 北京：中国社会科学出版社，1990.
9. 巴赫金. 陀思妥耶夫斯基诗学问题［M］. 白春仁，顾亚铃，译. 北京：生活·读书·新知三联书店，1988.
10. 诺思罗普·弗莱. 批评的剖析［M］. 陈慧，袁宪军，吴伟仁，译. 天津：百花文艺出版社，1998.
11. 钱中文. 巴赫金全集：第4卷：文本 对话与人文［M］. 白春仁，晓河，周启超，等译. 石家庄：河北教育出版社，1998.
12. 钱中文. 巴赫金全集：第5卷：诗学与访谈［M］. 白春仁，顾亚铃，译. 石家庄：河北教育出版社，1998.
13. 戴维·洛奇. 小说的艺术［M］. 王峻岩，等译. 北京：作家出版社，1998.
14. 雅克·德里达. 论文字学［M］. 汪堂家，译. 上海：上海译文出版社，1999.
15. 米歇尔·福柯. 规训与惩罚：监狱的诞生［M］. 刘北成，杨远婴，译. 北京：

生活·读书·新知三联书店，1999.

16. 马歇尔·麦克卢汉. 理解媒介：论人的延伸［M］. 何道宽，译. 北京：商务印书馆，2000.

17. 豪·路·博尔赫斯. 博尔赫斯全集：小说卷［M］. 王永年，陈泉，译. 杭州：浙江文艺出版社，2000.

18. 丹尼尔·戴扬，伊莱休·卡茨. 媒介事件：历史的现场直播［M］. 麻争旗，译. 北京：北京广播学院出版社，2000.

19. 马克·波斯特. 第二媒介时代［M］. 范静晔，译. 南京：南京大学出版社，2001.

20. 热拉尔·热奈特. 热奈特论文集［M］. 史忠义，译. 天津：百花文艺出版社，2001.

21. 伦纳德·史莱因. 艺术与物理学：时空和光的艺术观与物理观［M］. 暴永宁，吴伯泽，译. 长春：吉林人民出版社，2001.

22. 戴卫·赫尔曼. 新叙事学［M］. 马海良，译. 北京：北京大学出版社，2002.

23. 苏珊·S.兰瑟. 虚构的权威：女性作家与叙述声音［M］. 黄必康，译. 北京：北京大学出版社，2002.

24. 克里斯丁·麦茨. 电影与方法：符号学文选［M］. 李幼蒸，译. 北京：生活·读书·新知三联书店，2002.

25. 罗兰·巴特. 文之悦［M］. 屠友祥，译. 上海：上海人民出版社，2002.

26. 马克·柯里. 后现代叙事理论［M］. 宁一中，译. 北京：北京大学出版社，2003.

27. 赵毅衡. 符号学文学论文集. 天津：百花文艺出版社，2004.

28. 马克·波斯特. 第二媒介时代［M］. 范静晔，译. 南京：南京大学出版社，2005.

29. 华莱士·马丁. 当代叙事学［M］. 伍晓明，译. 北京：北京大学出版社，2005.

30. 安德烈·戈德罗，弗朗索瓦·若斯特. 什么是电影叙事学［M］. 刘云舟，译. 北京：商务印书馆，2005.

31. A.J.格雷马斯. 论意义：符号学论文集（上册）［M］. 吴泓缈，冯学俊，译. 天津：百花文艺出版社，2005.

32. 戴维·斯沃茨. 文化与权力：布尔迪厄的社会学［M］. 陶东风，译. 上海：上海译文出版社，2006.

33. 弗拉基米尔·雅可夫列维奇·普罗普. 故事形态学［M］. 贾放，译. 北京：中华书局，2006.

34. 凯瑟琳·奥兰斯汀. 百变小红帽:一则童话三百年的演变[M]. 杨淑智,译. 北京:生活·读书·新知三联书店,2006.

35. 詹姆斯·费伦,彼得·J. 拉比诺维茨. 当代叙事理论指南[M]. 申丹,马海良,宁一中,等译. 北京:北京大学出版社,2007.

36. 肖恩·库比特. 数字美学[M]. 赵文书,王玉括,译. 北京:商务印书馆,2007.

37. 大卫·波德维尔,克里斯汀·汤普森. 电影艺术:形式与风格(插图第8版)[M]. 曾伟祯,译. 北京:世界图书出版公司北京公司,2008.

38. 乔治·J.E.格雷西亚. 文本性理论:逻辑与认识论[M]. 汪信砚,李志,译. 北京:人民出版社,2009.

39. 热拉尔·热奈特. 热奈特论文选,批评译文选[M]. 史忠义,译. 开封:河南大学出版社,2008.

40. 沃尔特·佩特. 文艺复兴[M]. 李丽,译. 北京:外语教学与研究出版社,2010.

41. 莱恩·考斯基马. 数字文学:从文本到超文本及其超越[M]. 单小曦,陈后亮,聂春华,译. 桂林:广西师范大学出版社,2011.

42. 唐·伊德. 技术与生活世界:从伊甸园到尘世[M]. 韩连庆,译. 北京:北京大学出版社,2012.

43. 雷蒙德·威廉斯. 漫长的革命[M]. 倪伟,译. 上海:上海人民出版社,2012.

44. 杰拉德·普林斯. 叙事学:叙事的形式与功能[M]. 徐强,译. 北京:中国人民大学出版社,2013.

45. 西摩·查特曼. 故事与话语:小说和电影的叙事结构[M]. 徐强,译. 北京:中国人民大学出版社,2013.

46. 玛丽-劳尔·瑞安. 故事的变身[M]. 张新军,译. 南京:译林出版社,2014.

47. 汉娜·阿伦特. 启迪:本雅明文选[M]. 张旭东,王斑,译. 北京:生活·读书·新知三联书店,2014.

48. 雷吉斯·德布雷. 图像的生与死:西方观图史[M]. 黄迅余,黄建华,译. 上海:华东师范大学出版社,2014.

49. 米克·巴尔. 叙述学:叙事理论导论[M]. 谭君强,译. 北京:北京师范大学出版社,2015.

50. 罗伯特·斯科尔斯,詹姆斯·费伦,罗伯特·凯洛格. 叙事的本质[M]. 于雷,译. 南京:南京大学出版社,2015.

51. 戴安娜·卡尔，大卫·白金汉，安德鲁·伯恩，等. 电脑游戏：文本、叙事与游戏［M］. 丛治辰，译. 北京：北京大学出版社，2015.

52. 克里斯·克劳福德. 游戏大师 Chris Crawford 谈互动叙事［M］. 方舟，译. 北京：人民邮电出版社，2015.

53. 朱莉娅·克里斯蒂娃. 主体·互文·精神分析：克里斯蒂娃复旦大学演讲集［M］. 祝克懿，黄蓓，编译. 北京：生活·读书·新知三联书店，2016.

54. 贝丽尔·格雷厄姆，萨拉·库克. 重思策展：新媒体后的艺术［M］. 龙星如，译. 北京：清华大学出版社，2016.

55. 克劳斯·布鲁恩·延森. 媒介融合：网络传播、大众传播和人际传播的三重维度［M］. 刘君，译. 上海：复旦大学出版社，2012.

56. 罗兰·巴特. S/Z［M］. 屠友祥，译. 上海：上海人民出版社，2016.

57. 理查德·桑内特. 肉体与石头：西方文明中的身体与城市［M］. 黄煜文，译. 上海：上海译文出版社，2016.

58. 米克·巴尔. 绘画中的符号叙述：艺术研究与视觉分析［M］. 段炼，编. 成都：四川大学出版社，2017.

59. 罗伯特·K. 洛根. 被误读的麦克卢汉：如何矫正［M］. 何道宽，译. 上海：复旦大学出版社，2018.

60. 乔纳森·卡勒. 论解构：结构主义之后的理论与批评（25 周年版）［M］. 陆扬，译. 北京：中国人民大学出版社，2018.

61. 玛戈特·洛夫乔伊. 数字潮流：电子时代的艺术［M］. 徐春美，杨子青，冷俊岐，译. 北京：中国轻工业出版社，2019.

62. 康在镐. 本雅明论媒介［M］. 孙一洲，译. 北京：中国传媒大学出版社，2019.

63. 许煜. 论数码物的存在［M］. 李婉楠，译. 上海：上海人民出版社，2018.

64. 西奥多·R. 萨宾. 叙事心理学：人类行为的故事性［M］. 何吴明，舒跃育，李继波，译. 北京：北京师范大学出版社，2020.

65. 列夫·马诺维奇. 新媒体的语言［M］. 车琳，译. 贵阳：贵州人民出版社，2020.

66. 尼基·厄舍. 互动新闻：黑客、数据与代码［M］. 郭恩强，译. 北京：中国人民大学出版社，2020.

67. 罗伯特·希勒. 叙事经济学［M］. 陆殷莉，译. 北京：中信出版社，2020.

68. 克里斯蒂安妮·保罗. 数字艺术：数字技术与艺术观念的探索：原书第 3 版［M］. 李镇，彦风，译. 北京：机械工业出版社，2021.

中文著作

1. 罗钢. 叙事学导论［M］. 昆明：云南人民出版社，1994.
2. 杨义. 中国叙事学［M］. 北京：人民出版社，1997.
3. 朱立元. 当代西方文艺理论［M］. 上海：华东师范大学出版社，1997.
4. 赵毅衡. 当说者被说的时候：比较叙述学导论［M］. 北京：中国人民大学出版社，1998.
5. 申丹. 叙述学与小说文体学研究［M］. 北京：北京大学出版社，1998.
6. 申丹. 叙事、文体与潜文本：重读英美经典短篇小说［M］. 北京：北京大学出版社，2009.
7. 申丹，王丽亚. 西方叙事学：经典与后经典［M］. 北京：北京大学出版社，2010.
8. 张万敏. 认知叙事学研究［M］. 北京：中国社会科学出版社，2012.
9. 关萍萍. 互动媒介论：电子游戏多重互动与叙事模式［M］. 杭州：浙江大学出版社，2012.
10. 王贞子. 数字媒体叙事研究［M］. 北京：中国传媒大学出版社，2012.
11. 张新军. 数字时代的叙事学：玛丽-劳尔·瑞安叙事理论研究［M］. 成都：四川大学出版社，2017.
12. 叶舒宪. 探索非理性的世界：原型批评的理论与方法［M］. 成都：四川人民出版社，1988.

英文著作

1. Gibson J J. The Ecological Approach to Visual Perception［M］. New York：Psychology Press，1986.
2. Genette G. Narrative Discourse Revisited［M］. Ithaca：Cornell University Press，1988.
3. Spariosu M. Dionysus Reborn：Play and the aesthetic dimension in mordern philosophical and scientific discourse［M］. New York：Cornell University Press，1989.
4. Ihde D. Technology and the Lifeworld：From Garden to Earth［M］. Bloomington：Indiana University Press. 1990.
5. Landow G P. Hypertext：The Convergence of Contemporary Critical Theory and Technology［M］. Baltimore & London：The Johns Hopkins University Press，1991.
6. Thornton S. Club Culture：Music，Media and Subcutural Capital［M］. Middletown：Wesleyan University Press，1996.
7. Aarseth，Espen J. Cybertext：Perspectives on Ergodic Literature［M］. Baltimore &

London: The Johns Hopkins University Press, 1997.

8. Abercrombie N, Longhurst B J. Audiences: A Sociological Theory of Performance and Imagination[M]. London: Sage Publications, 1998.

9. Ryan M L. Narrative as Virtual Reality: Immersion and Interactivity in Literature and Electronic Media[M]. Baltimore & London: The Johns Hopkins University Press, 2001.

10. Herman D. Story Logic: Problems and Possibilities of Narrative[M]. Omaha: University of Nebraska Press, 2004.

11. Jenkins H. Convergence Culture: Where Old New Media Collide[M]. New York: New York University Press, 2008.

12. Gere C. Digital Culture[M]. 2nd ed. London: Reaktion Books, 2009.

13. Fludernik M. An Introduction to Narratology[M]. London: Routledge, 2009.

14. Gray J. Show Sold Separately: Promos, Spoilers, and Other Media Paratexts[M]. New York: New York University Press, 2010.

15. Page R, Thomas B. New Narratives: Stories and Storytelling in the Digital Age[M]. Lincoln: University of Nebraska Press, 2011.

16. Ryan M L, Thon J N. Storyworlds across Media: Toward a Media-Conscious Narratology[M]. Omaha: University of Nebraska Press, 2014.

17. Koenitz H, Ferri G, Haahr M. Interactive Digital Narrative: History, Theory and Practice[M]. London: Routledge, 2015.

18. Ingold T. Lines: A Brief History[M]. London: Routledge, 2016.

19. Murray J H. Hamlet on the Holodeck: The Future of Narrative in Cyberspace[M]. New York: The Free Press, 2016.

20. Svane M, Gergerich E, Boje D M. Fractal Change Management and Counter-narrative in Cross-cultural Change[M]//Counter-narratives and Organization. London: Routledge, 2016.

21. Dell'Aria A. The Moving Image as Public Art: Sidewalk Spectators and Modes of Enchantment[M]. London: Palgrave Macmillan, 2021.

22. Nakatsu R, Rauterberg M, Ciancarini P. Handbook of Digital Games and Entertainment Technologies[M]. Singapore: Springer Singapore, 2017.

23. Crowther P. Digital Art, Aesthetic Creation: The Birth of a Medium[M]. London: Routledge, 2018.

24. Punday D. Playing at Narratology: Digital Media as Narrative Theory[M]. Columbus: The Ohio State University Press, 2019.

25. Bolter J D. The Digital Plenitude: The Decline of Elite Culture and the Rise of New Media[M]. Cambridge: The MIT Press, 2019.